INFORMATIK 3

Funktionale Modellierung
Datenmodellierung
Objektorientierte Modellierung

Autoren
Peter Brichzin (München)
Franz Jetzinger (München)
Johannes Neumeyer (Erding)
Klaus Reinold (München)
Albert Wiedemann (Oberottmarshausen)

Berater
Julian Dorn (Leipzig)
Mike Ganshorn (Passau)
Dr. Andreas Grillenberger (Berlin)
Stefan Hüller (Landsberg)
Florian Janus (Markt Indersdorf)

Cornelsen

INFORMATIK 3

Funktionale Modellierung
Datenmodellierung
Objektorientierte Modellierung

Redaktion: Dr. Lutz Engelmann, Berlin

Technische Zeichnungen: Ingrid Schobel, Hannover
Illustrationen: Nicole Rademacher, Berlin; Natascha Welz
Umschlaggestaltung: Corinna Babylon, Berlin
Layout und technische Umsetzung: CMS – Cross Media Solutions GmbH, Würzburg

www.cornelsen.de

1. Auflage, 1. Druck 2021

Alle Drucke dieser Auflage sind inhaltlich unverändert
und können im Unterricht nebeneinander verwendet werden.

Druck: Mohn Media Mohndruck, Gütersloh

ISBN 978-3-637-02467-0
ISBN 978-3-637-02468-7 (E-Book)

PEFC
PEFC/04-31-1033

PEFC zertifiziert
Dieses Produkt stammt aus nachhaltig
bewirtschafteten Wäldern und kontrollierten
Quellen.

www.pefc.de

Mit * sind optionale Abschnitte und Aufgaben zur Vertiefung der im Lehrplan geforderten Kompetenzen gekennzeichnet.

Vorwort

Liebe Informatikerin, lieber Informatiker der nächsten Generation, damit du dich bei der Arbeit mit dem Buch gut zurechtfindest, wird hier der Aufbau kurz beschrieben.

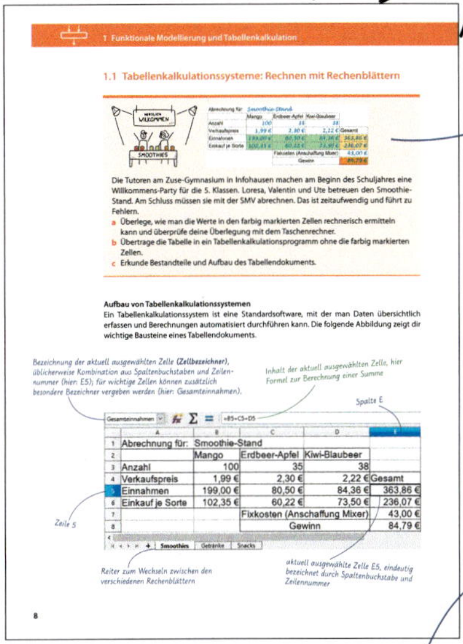

Inhaltliche Kapitel mit handlungsorientierten Einstiegsaufgaben, Erklärungen und Beispielen, damit du informatische Konzepte verstehen und deine Rechenblätter, Datenbanken oder Programme am Computer erstellen kannst

Vielfältige Aufgaben zum Üben und Vertiefen sowie spannende Forschungsaufträge als Blick über den Tellerrand und Lehrplan hinaus und Miniprojekte am Kapitelende

Dateivorlagen auch im Internet unter informatikschulbuch.de

„Teste dich selbst!“-Aufgaben zum Überprüfen, ob du die wesentlichen Aspekte eines Hauptkapitels verstanden hast (Lösungen zur Selbstkontrolle am Ende des Buches!)

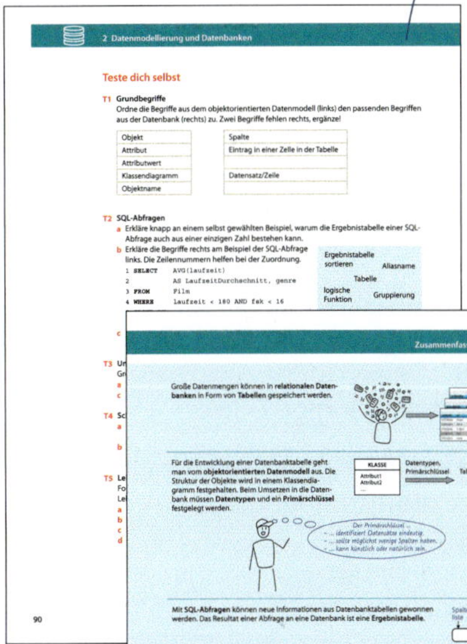

kurze und prägnante Zusammenfassungen am Ende jedes Hauptkapitels und Merkkästen mit den zentralen Inhalten am Ende jedes Kapitels

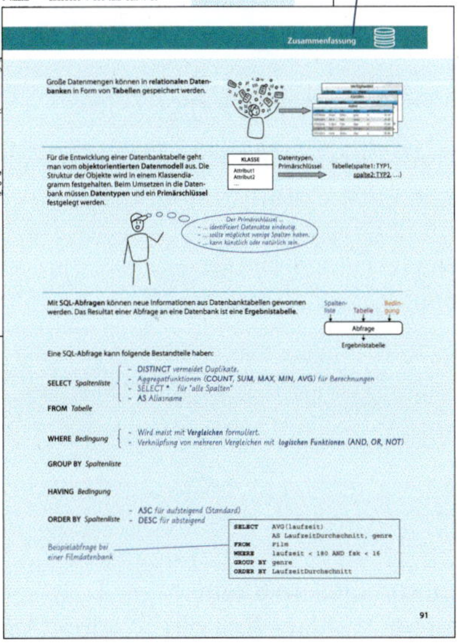

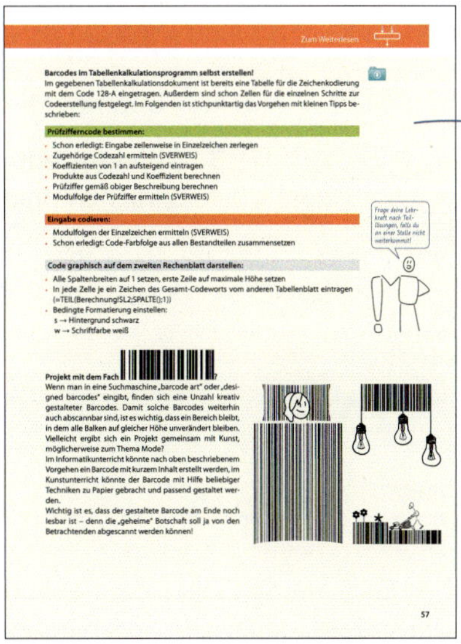

Texte Zum Weiterlesen, die dir Einblicke in Berufe und Ausblicke auf inhaltlich angrenzende Anwendungsbereiche geben

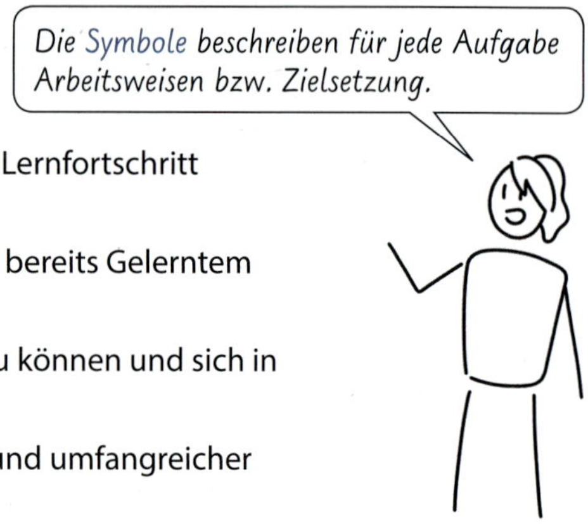

Recherchieren, lesen, damit du selbst Verantwortung für den Lernfortschritt übernehmen kannst.

Vernetzen, damit du neue Inhalte mit anderen Bereichen und bereits Gelerntem in Beziehung setzen kannst.

Kommunizieren, weil es wichtig ist, anderen etwas erklären zu können und sich in der Gruppe zu besprechen.

Kooperieren, damit eure Produkte vielseitiger, hochwertiger und umfangreicher werden.

Kreativ arbeiten, damit du originell und mit persönlicher Note arbeiten kannst.

Analysieren, um Strukturen, Verfahren und Zusammenhänge zu erkennen und zu erfassen.

Modellieren, um Probleme zu verstehen und Lösungen zu planen.

Mit Rechnereinsatz lösen/implementieren, um mithilfe des Computers praktische Umsetzungen zu schaffen.

Handlungsorientiert lösen, damit du auch ohne Rechner aktiv werden kannst, z. B. bei Rollenspielen.

Reflektieren, begründen, damit du dir Lösungswege bewusst machst und ähnliche Aufgaben künftig schneller lösen kannst.

Offene Aufgabenstellung individuell ausgestalten, damit du dir selbst Ziele setzen und deinen eigenen Lösungsweg suchen kannst!

Werkzeugunabhängigkeit in Lehrtext und Aufgaben:

1. **Funktionale Modellierung:** Arbeiten mit jedem gängigen Tabellenkalkulationsprogramm möglich *(Calc, Excel, Numbers)*
2. **Datenmodellierung**
   - viele Datenbanken online nutzbar
   - Datenbanken zum Download für gängige DBMS *(MySql/MariaDB, Base, Access)*
3. **Objektorientierte Modellierung:** Basisprojekte für viele gängige Sprachen und typische Entwicklungsumgebungen
   Java (BlueJ, Greenfoot), Python (Spyder), Stride (BlueJ, Greenfoot), Swift (Playground)

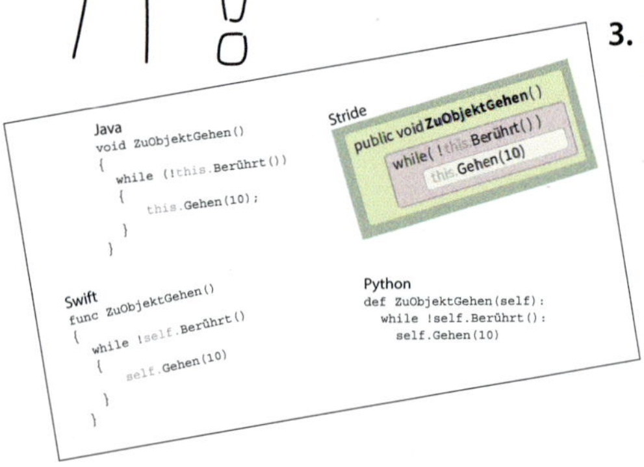

Wir wünschen Euch viel Spaß im Informatikunterricht mit diesem Buch!
Peter Brichzin Franz Jetzinger Johannes Neumeyer Klaus Reinold Albert Wiedemann

1 Funktionale Modellierung und Tabellenkalkulation

Dieses Kapitel hilft dir …

… ein Werkzeug zu verstehen, das dich bei Berechnungen unterstützt.

… in kurzer Zeit eine große Anzahl von Kalkulationen durchzuführen.

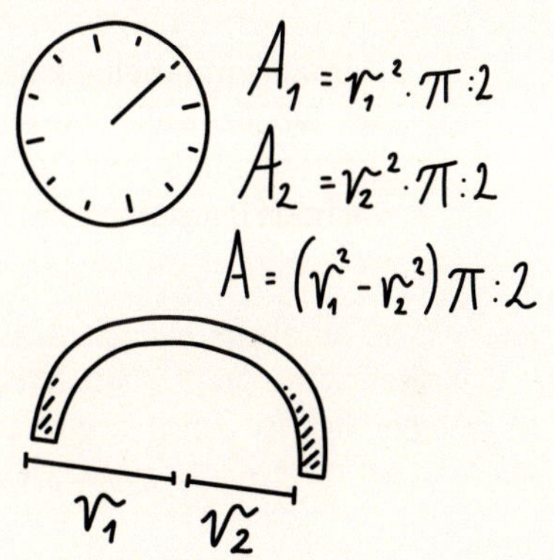

… eine schwierige Aufgabe durch Zerlegung des Problems in einzelne Schritte zu lösen.

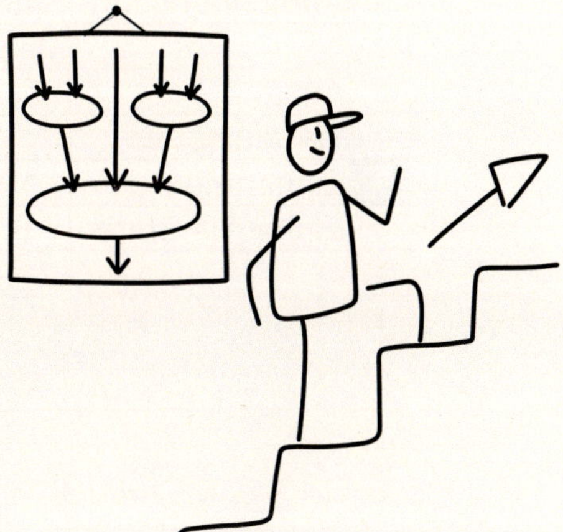

1.1 Tabellenkalkulationssysteme: Rechnen mit Rechenblättern

Abrechnung für:	Smoothie-Stand			
	Mango	Erdbeer-Apfel	Kiwi-Blaubeer	
Anzahl	100	35	38	
Verkaufspreis	1,99 €	2,30 €	2,22 €	Gesamt
Einnahmen	199,00 €	80,50 €	84,36 €	363,86 €
Einkauf je Sorte	102,35 €	60,22 €	73,50 €	236,07 €
		Fixkosten (Anschaffung Mixer)		43,00 €
		Gewinn		84,79 €

Die Tutoren am Zuse-Gymnasium in Infohausen machen am Beginn des Schuljahres eine Willkommens-Party für die 5. Klassen. Loresa, Valentin und Ute betreuen den Smoothie-Stand. Am Schluss müssen sie mit der SMV abrechnen. Das ist zeitaufwendig und führt zu Fehlern.

a Überlege, wie man die Werte in den farbig markierten Zellen rechnerisch ermitteln kann und überprüfe deine Überlegung mit dem Taschenrechner.

b Übertrage die Tabelle in ein Tabellenkalkulationsprogramm ohne die farbig markierten Zellen.

c Erkunde Bestandteile und Aufbau des Tabellendokuments.

Aufbau von Tabellenkalkulationssystemen

Ein Tabellenkalkulationssystem ist eine Standardsoftware, mit der man Daten übersichtlich erfassen und Berechnungen automatisiert durchführen kann. Die folgende Abbildung zeigt dir wichtige Bausteine eines Tabellendokuments.

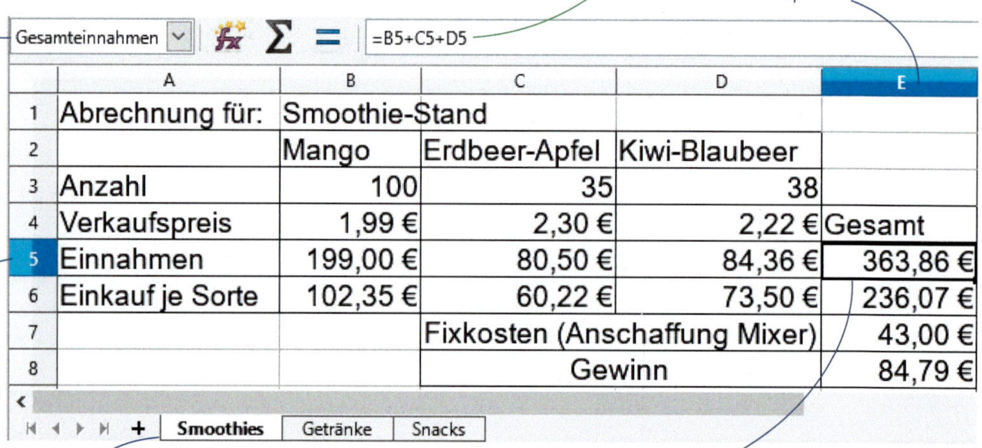

	A	B	C	D	E
1	Abrechnung für:	Smoothie-Stand			
2		Mango	Erdbeer-Apfel	Kiwi-Blaubeer	
3	Anzahl	100	35	38	
4	Verkaufspreis	1,99 €	2,30 €	2,22 €	Gesamt
5	Einnahmen	199,00 €	80,50 €	84,36 €	363,86 €
6	Einkauf je Sorte	102,35 €	60,22 €	73,50 €	236,07 €
7			Fixkosten (Anschaffung Mixer)		43,00 €
8			Gewinn		84,79 €

Das Klassendiagramm veranschaulicht den Aufbau eines Tabellendokuments:

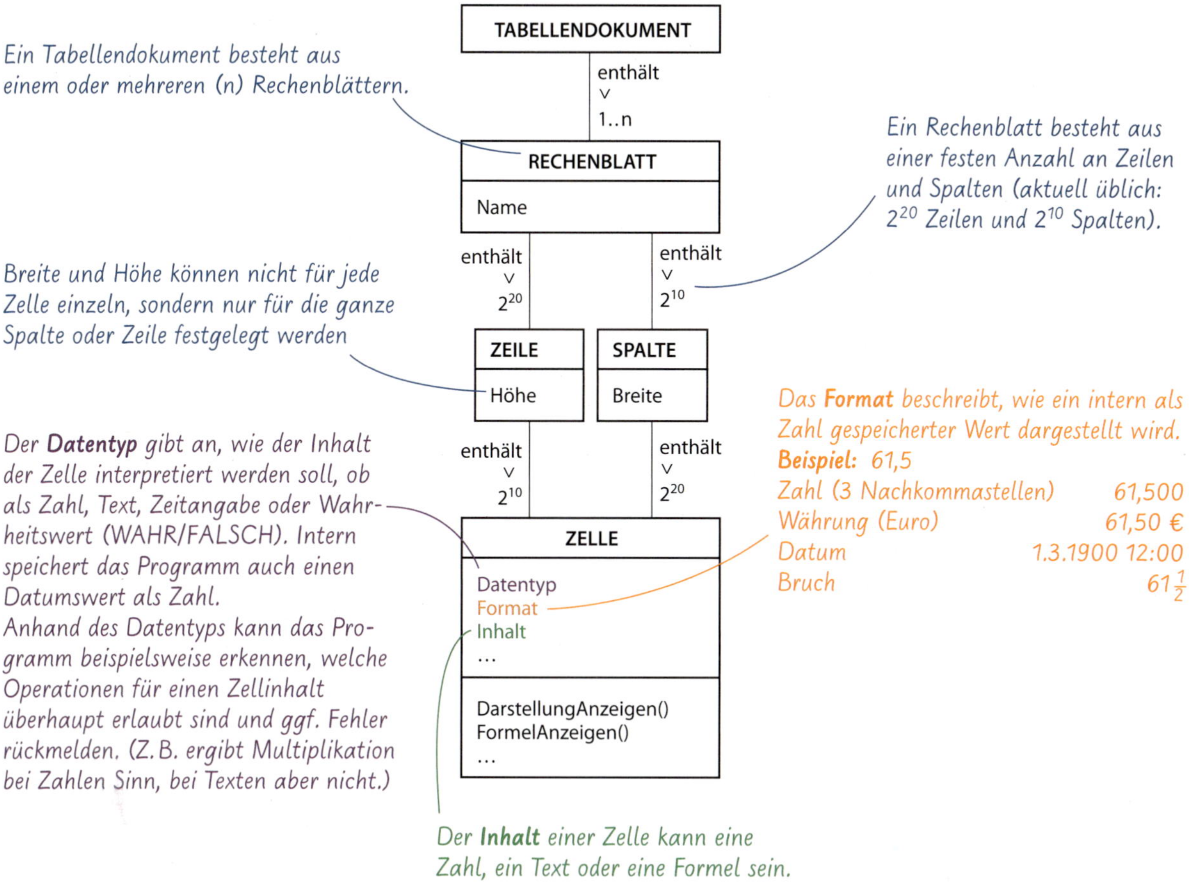

Die folgenden Objektkarten beschreiben Zellen des Rechenblatts auf der linken Seite:

B2: ZELLE

Datentyp=Text
Format=kein
Inhalt="Mango"

Darstellung

Mango

B3: ZELLE

Datentyp=Zahl
Format=Ganzzahl
Inhalt=100

Darstellung

100

E5: ZELLE

Datentyp=Zahl
Format=x,xx €
Inhalt="=B5+C5+D5"

Darstellung

363,86 €

Formeln

Mit einer Formel kann eine Berechnung im Tabellenkalkulationsprogramm vorgenommen werden. Formeln sind wie folgt aufgebaut:

=2*(B5+C5)

immer mit = eingeleitet

*kann Zahlen, Rechenzeichen (+, - *, /) und Klammern enthalten*

*Zellbezeichner können als **Parameter** (Platzhalter für Eingabewerte) verwendet werden. Bei der Auswertung werden die Zellbezeichner ersetzt durch die Werte, die aktuell in den Zellen stehen. Dadurch wird die Formel flexibel gegenüber unterschiedlichen Eingabewerten.*

Direkt nach Eingabe einer Formel erfolgt die Berechnung mit den aktuellen Werten und das Ergebnis wird dargestellt.

Die **Zelle** ist der Grundbaustein eines Tabellendokuments. Ihr **Datentyp** legt fest, welche Werte angenommen werden können und welche Operationen möglich sind. Neben einem Text oder einer Zahl kann der Inhalt einer Zelle auch eine **Formel** sein. Diese kann als **Parameter** (Platzhalter für Eingabewerte) die Adressen anderer Zellen enthalten. Aus Datentyp, **Format** und **Inhalt** wird die **Darstellung** ermittelt.

Aufgaben

1 Smoothieabrechnung vollständig

- **a** Ergänze in der Smoothieabrechnung die notwendigen Formeln.
- **b** Verändere die Werte bei den Anzahlen und den Preisen und teste, ob sich die berechneten Werte passend verändern.
- **c** Über den Menüpunkt „Spur zum Vorgänger" kann man sich anzeigen lassen, wie die Daten und Berechnungen zusammenhängen. Überprüfe damit, ob du alle relevanten Daten in deinen Berechnungen berücksichtigt hast.

2 Formatierung genauer betrachtet

- **a** Die Elemente der nebenstehenden Wortwolke haben alle den gleichen Inhalt, aber eine unterschiedliche Formatierung. Notiere den Inhalt im Tabellenkalkulationsprogramm mehrfach und formatiere so, dass du möglichst viele verschiedene Darstellungen erhältst.
- **b** Gib das aktuelle Tagesdatum mit Uhrzeit ein und stelle es in möglichst vielen unterschiedlichen Formaten dar.

3 Suche nicht nach Fehlern, suche nach Lösungen!
Bei der Lösung von Problemen kommt es häufig zu Fehlern. Fehler sind ganz normal und kein Zeichen von Schwäche! Sie bieten immer die Chance, aus ihnen zu lernen.
Loresa, Valentin und Ute richten als Tutoren ihrer 5. Klasse ein Klassenfrühstück aus. In die Berechnung haben sich einige Fehler eingeschlichen.

	A	B	C	D	E
1	**Klassenfrühstück**				
2	Datum:	######			
3	**Artikel**	**Anzahl**	**Stückpreis**	**Zwischensumme**	
4	Vollkornsemmeln	18	0,75 €	13,50 €	
5	Brezen	10	0,75 €	7,50 €	
6	Croissants	16	1,10 €	#WERT!	
7	**Gesamtkosten:**			#NAME?	
8				**Preis pro Person:**	
9	**Anzahl Personen:**	0		#DIV/0!	

a Korrigiere die Fehler im vorliegenden Rechenblatt. Als Hilfe kannst du das Spurwerkzeug (siehe Hinweis in Vorlage) nutzen. Das zweite Rechenblatt enthält Lösungshinweise, falls du selbst nicht weiterkommst!

b Erstelle eine Zusammenfassung (z. B. Mindmap, FAQ-Liste) zu Fehlerarten, Fehlermeldungen, ihren Ursachen und möglichen Lösungen. Vergleiche innerhalb deiner Schulklasse. Ergänze die Zusammenfassung im Verlauf des Schuljahres und nutze sie als Nachschlagewerk.

c Auch im nebenstehenden Rechenblatt hat sich ein Fehler eingeschlichen. Erprobe und begründe!

	A	B
1	Kreisradius:	=B2/2
2	Kreisdurchmesser:	=B1*2

4 Datumsrechnerei

a Jana gibt ihr Geburtsdatum 22.4.2010 in der Zelle B3 ein und fügt in der Zelle darunter die Formel ein, die zum Inhalt der Zelle B3 den Wert 5000 addiert. Das Ergebnis formatiert sie als Datum. Baue ihr Rechenblatt nach und interpretiere den Wert, den du erhältst.

b In einer weiteren Zelle trägt Jana den Geburtstag ihres Vaters ein, den 14.6.1974. Davon subtrahiert sie ihr Geburtsdatum und formatiert das Ergebnis als Zahl. Baue das Rechenblatt nach und interpretiere den Wert, den du erhältst.

c Experimentiere mit weiteren Datumsrechnungen. Dokumentiere deine Überlegungen durch prägnante Erläuterungen neben den berechneten Zellen.

d Untersuche durch Ausprobieren, ob die Multiplikation von Datumswerten möglich ist. Begründe, ob diese auch sinnvoll ist.

5 Altersbestimmung bei Schildkröten

Fünf Schildkröten feiern gemeinsam Geburtstag. Schildkröte Speedy erzählt: „Ich bin 10 Jahre jünger als Schnecke. Flauschi ist doppelt, Trödelliese sogar dreimal so alt wie ich, Rennate ist 5 Jahre jünger als Flauschi."

	Alter
Speedy	33
Schnecke	43
Flauschi	66
Trödelliese	99
Rennate	61
zusammen	**302**

a Erstelle ein Rechenblatt „Schildkröten", in dem du ausgehend von Speedys Alter Formeln für das Alter der anderen Schildkröten angibst.

b Trödelliese ergänzt: „Zusammen sind wir in diesem Jahr 500 Jahre alt geworden!" Gib eine Formel für die Alterssumme der Schildkröten an und experimentiere mit verschiedenen Werten für das Alter von Speedy, bis du das korrekte Alter aller Schildkröten ermittelt hast.

c Überlege, wie die Aufgabe auch ohne Tabellenkalkulation zügig lösbar ist. Vergleiche und bewerte die beiden Ansätze.

6 Analyse eines Tabellendokuments zur Prozentrechnung

Öffne das Tabellendokument mit den vorgegebenen Berechnungen. Analysiere die beiden Rechenblätter Zinsberechnung 1 + 2 unter Verwendung der „Spur zum Vorgänger" und notiere jeweils in Spalte A eine passende Beschreibung.

7 Der kleine Mathe-Helfer (Teil 1)

Das Tabellenkalkulationsprogramm kann dir dabei helfen, deine Hausaufgaben zu überprüfen, dir selbst Aufgaben zu stellen, und es kann dir, falls du schon hinreichend geübt hast, aufwendige Berechnungen abnehmen.

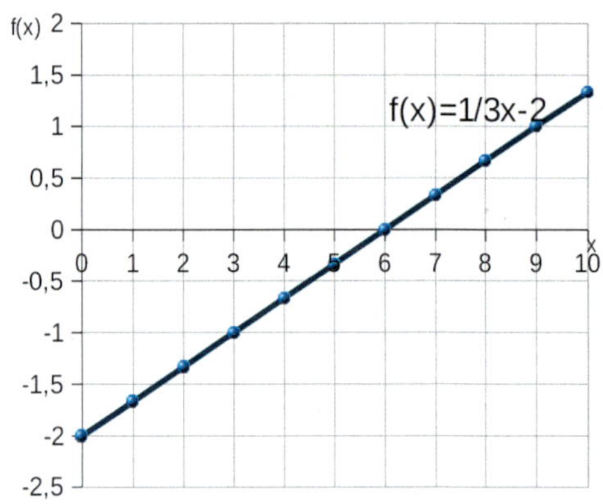

a Erstelle ein Rechenblatt „Wertetabelle", das zur Funktion mit der Gleichung $f(x) = \frac{1}{3}x - 2$ die Werte für die ganzen Zahlen von 0 bis 10 ermittelt.
**Zusatzaufgabe:* Erzeuge ein Diagramm, das dir den Graphen der Funktion anzeigt.

b Beim freien Fall gilt in Erdnähe näherungsweise die Formel:
Strecke_in_Metern = ½ * 9,81 * (Zeit_in_Sekunden)^2
Erstelle in einem Rechenblatt „Freier Fall" eine Wertetabelle für den Zeitraum von 0 bis 4 Sekunden (Intervallgröße 0,5 s). Hinweis: Verwende die Schreibweise „^2" für das Quadrat.
**Zusatzaufgabe:* Erzeuge ein passendes Zeit-Ort-Diagramm.

8 Arbeitszeit im Praktikum

Amelie macht ein Praktikum bei der Sozialstation in Mittelalterhausen. Dort erfolgt die Erfassung der Arbeitszeit in Textdokumenten. Das ist aufwendig, weil alles von Hand berechnet werden muss. Hilf Amelie, eine verbesserte Erfassung zu erstellen.

Datum	Arbeitszeit	Stundenzahl
Mo, 1.7	8:00–16:00	8,00
Di, 2.7.	8:00–14:00	6,00
	...	...
	Summe	29,50

a Begründe, weshalb die Spalte „Arbeitszeit" bei der Umsetzung in ein Rechenblatt aufgeteilt werden muss.

b Setze die Tabelle in einem Rechenblatt um, so dass möglichst viel automatisch berechnet wird.
c Verbessere das Rechenblatt weiter: Layout, Eintragen von Pausen, …

9 Wechselkurs

a Setze die nebenstehenden Objektkarten im Tabellenkalkulationsprogramm um. Nutze dabei die Möglichkeiten, Zellen zu benennen und Formate selbst zu definieren.
b Erstelle eine Formel für den Dollarbetrag und skizziere die zugehörige Objektkarte.
c Gestalte das Rechenblatt nachvollziehbar und optisch ansprechend.
d Für Schnelle: Recherchiere den aktuellen Wechselkurs und passe dein Rechenblatt daran an. Ergänze die Umrechnung für ein weiteres Land deiner Wahl.

Eurobetrag: ZELLE
Datentyp=Zahl
Format=x,xx €
Inhalt=100

Wechselkurs: ZELLE
Datentyp=Zahl
Format=x,xxx $/€
Inhalt=1,112

10 Klassendiagramme in neuer Darstellung

a Aus der Unterstufe kennst du Klassendiagramme in der Darstellung links. Benenne Gemeinsamkeiten und Unterschiede zur „neuen" Darstellung und gib an, weshalb die neue Darstellung präziser ist.

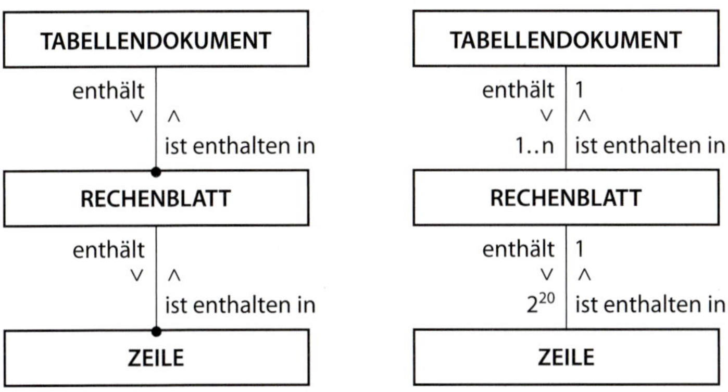

b Zeichne in der neuen Notation: Ein Auto hat genau vier Räder und zwischen 0 und 5 Insassen. Ergänze auch die umgekehrte Leserichtung.
c Skizziere ein weiteres selbstgewähltes Beispiel in der neuen Notation.

11 Forschungsauftrag: an die Grenzen des Tabellenkalkulationsprogramms

a Gehe zur letzten Zeile eines Rechenblattes; notiere die Zeilennummer. Lösche einige Zeilen, die sich darüber befinden. Vergleiche nun die letzte Zeilennummer und erkläre die Beobachtung. Begründe, wozu das Löschen von Zeilen dennoch sinnvoll ist.
b Notiere in der Zelle A1 die Zahl 10, in der Zelle A2 die Zahl 10^{20}. Addiere in A3 die Werte der Zellen darüber. Subtrahiere in A4 vom gerade berechneten Wert wieder den Wert in A2. Begründe, welchen Wert du als Ergebnis erwarten würdest und stelle eine Vermutung an, weshalb es hier zu einem Fehler kommt. Hinweis: Verwende die Schreibweise „^20" für die zwanzigste Potenz.
c Notiere in der Zelle A1 die Zahl 1 und multipliziere in der Zelle A2 den Wert von A1 mit 10. Kopiere die Formel aus A2 und füge die Kopie in die nächsten 500 Zeilen darunter ein. Ermittle so die Größenordnung der größten möglichen Zahl im Tabellendokument. Informiere dich dazu, was die Schreibweise 1E+100 bedeutet.

1.2 Geschickt kopieren: relative und absolute Zellbezüge

Schnell Kopieren und Einfügen:
Windows/Linux:
Strg + C bzw.
Strg + V
macOS:
command + C bzw.
command + V

	A	B	C	D	E	F
1			Monatliches Taschengeld:		30,00 €	
2						
3		Essen/Trinken	Musik/Filme/Gaming	Sport/Aktivitäten	Ausgaben	
4	Januar	15,40 €	7,80 €	15,00 €	=B4+C4+D4	=E$1-E4
5	Februar	18,20 €	16,00 €	7,00 €	*Kopierte Formel*	
6	März	10,00 €	6,90 €	12,00 €	*einfügen*	
7	April	22,80 €	7,80 €	14,00 €	=B7+C7+D7	=E$1-E7

Georg hat ein Problem: Oft ist Mitte des Monats nichts mehr von seinem Taschengeld übrig. Um herauszufinden, wie viel er ausgibt und in welchen Bereichen er ein bisschen sparsamer sein könnte, trägt er seine Ausgaben vier Monate lang in ein Rechenblatt ein.
Um die verschiedenen Posten zu addieren, muss Georg in Spalte E immer den gleichen Berechnungsschritt durchführen. Er beschließt, die Formel aus E4 einfach zu kopieren.

a Öffne das Rechenblatt im Tabellenkalkulationsprogramm, kopiere die Formel aus E4 und erkläre, wie sich die Formel nach dem Einfügen in E5, E6 und E7 jeweils verändert hat.

b Überlege zunächst, was die Formel in F4 leistet und ergänze eine passende Spaltenbezeichnung. Kopiere dann auch diese Formel in die drei darunterliegenden Zellen. Beschreibe präzise, welche Besonderheit die Formel aufweist und wie sich diese Besonderheit beim Kopieren auswirkt.

Formeln kann man wiederverwenden!
Da Georg notorisch pleite ist, darf er dreimal wöchentlich im elterlichen Betrieb mithelfen, um sein Taschengeld aufzubessern. Er hat mit seinen Eltern vereinbart, dass er anfallende Arbeiten erledigt und sich in einem Rechenblatt möglichst genau notiert, wie lange er dafür gebraucht hat. Am Ende jeder Woche erhält er seinen Lohn. Um zu bestimmen, welcher Betrag ihm zusteht, muss Georg erst einmal seine Gesamtarbeitszeit bestimmen:

Arbeitszeit in Minuten

	A	B	C	D
1		Woche 1	Woche 2	Woche 3
2	Montag	45	30	45
3	Mittwoch	60	60	45
4	Samstag	90	75	105
5	Summe in Stunden	=(B2+B3+B4)/60	=(C2+C3+C4)/60	

Die Zellbezüge sind unterschiedlich, die Formelstrukturen aber komplett gleich!

Da Georg den immer gleichen Berechnungsschritt in jeder Spalte durchführen muss, liegt die Idee nahe, die einmal erstellte Formel künftig wiederzuverwenden!

Zellbezüge, die sich automatisch anpassen …
Solche Situationen treten beim Arbeiten mit Tabellenkalkulationsprogrammen häufig auf. Daher wurde die Kopierfunktion im Tabellenkalkulationsprogramm standardmäßig so eingerichtet, dass sich die Zellbezüge beim Kopieren automatisch anpassen. Dahinter steckt folgendes Prinzip:

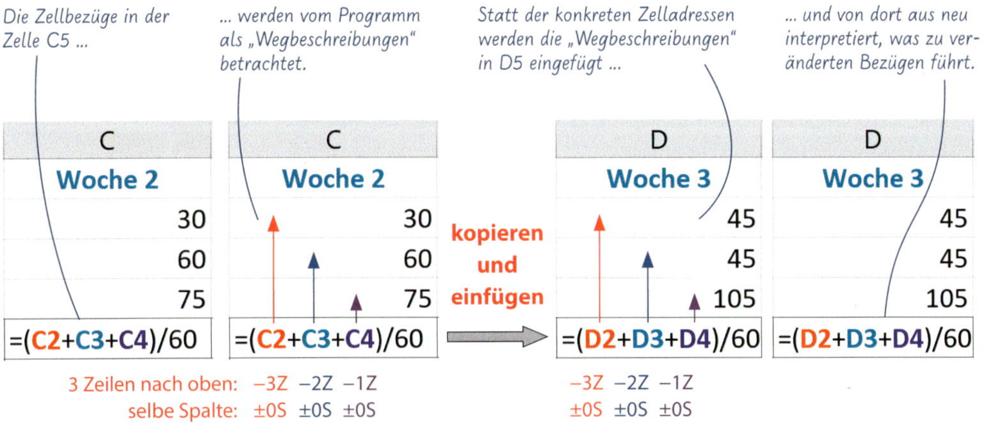

Weil die Zelladressen in einer Formel immer aus Sicht der Zelle betrachtet werden, die die Formel enthält, heißt diese Art der Adressierung → **relative Adressierung**. Ein Tabellenkalkulationsprogramm interpretiert Zelladressen standardmäßig auf diese Weise.

→ relativ von lat. relatum: bezogen auf, zurückzuführen auf

… oder eben nicht!

Manchmal ist es aber auch unpraktisch, wenn sich die Zellbezüge automatisch anpassen: In A8 hat Georg seinen Stundenlohn eingetragen. In Zeile 6 möchte er seinen jeweiligen Wochenlohn berechnen: Arbeitszeit mal Stundenlohn. Kopiert er aber die korrekte Formel aus B6 in C6 und D6, ergeben sich dort falsche Berechnungsvorschriften:

	A	B	C	D
5	Summe in Stunden	3,25	2,75	3,25
6	Wochenlohn	=A8 * B5	=B8 * C5	=C8 * D5
7	Stundenlohn			
8	8,50 €			

Erwünschte Anpassung

Unerwünschte Anpassung: Auch der Bezug auf Spalte A verändert sich mit!

Um eine automatische Anpassung beim Kopieren zu verhindern, setzt man ein Dollarzeichen direkt vor den Adressteil, der sich beim Kopieren nicht verändern soll. Man teilt dem Tabellenkalkulationsprogramm auf diese Weise mit, dass ein bestimmter Bezug nicht relativ interpretiert werden soll. Diese Art der Adressierung heißt **absolute Adressierung**:

	A	B	C	D
5	Summe in Stunden	3,25	2,75	3,25
6	Wochenlohn	=$A8 * B5	=$A8 * C5	=$A8 * D5
7	Stundenlohn			
8	8,50 €			

Anpassung verhindert: Der Bezug zu Spalte A bleibt fest!

Wird eine kopierte Formel in eine andere Zelle eingefügt, dann ändern sich auch die Bezüge in der Formel um so viele Spalten und Zeilen, wie die Formeln voneinander entfernt sind (**relative Adressierung**). Möchte man die automatische Anpassung verhindern, muss man vor jeden Adressteil, der sich nicht verändern soll, ein Dollarzeichen setzen (**absolute Adressierung**).

Das $-Zeichen fixiert den nachfolgenden Adressteil.

Aufgaben

1 Die SMV rechnet ab

Die SMV beschließt, am Sommerfest Obst und Beeren anzubieten – in Form von Fruchtspießen. Die Spieße werden in verschiedensten Größen angeboten und nach Gewicht abgerechnet. Die Buchführung ist dank des Tabellenkalkulationssystems unproblematisch.

a Das erste Rechenblatt ist noch nicht vollständig ausgefüllt. Erstelle für die Spalten D und F einmalig eine passende Formel und kopiere sie in die übrigen Zellen.

b Im zweiten Rechenblatt fehlen einige Werte. Rekonstruiere sie, indem du passende Formeln erstellst und diese geschickt kopierst.

2 Finanzanalyse 2.0

Seit Georg wöchentlich Geld verdient, hat er seine Buchführung verbessert und analysiert seine Finanzen nun jede Woche. Ergänze in der Vorlage in Zelle E4 eine geeignete Formel, die unverändert sowohl in die ganze Spalte E als auch in Spalte L kopiert werden kann. Erstelle dann eine einzige Formel für die Spalten F und M.

3 Buntes Adressieren

Die gegebene Formel wird kopiert und jeweils eine Kopie wird an den durch die Pfeile beschriebenen Stellen eingefügt. Gib jeweils die vier Formeln an, die sich ergeben. Vergleicht dann zu zweit eure Lösungen.

a

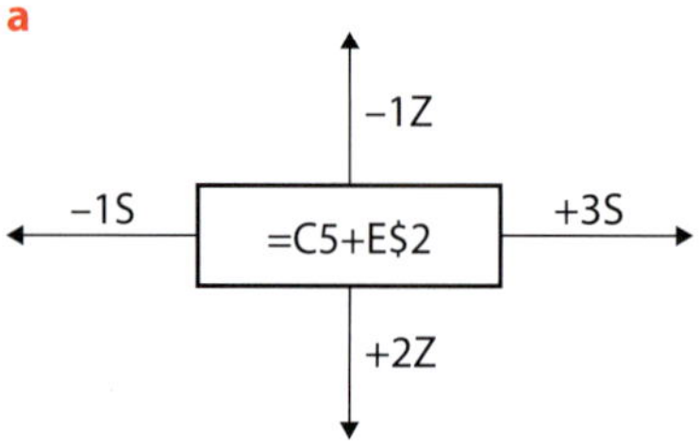

b

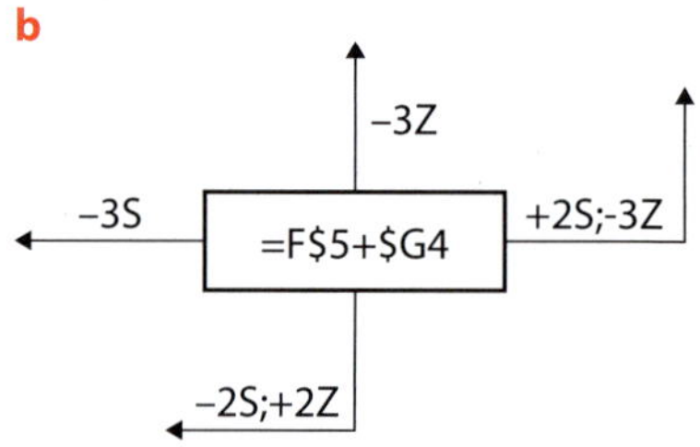

4 Großes Einmaleins

Das kleine Einmaleins hat man ja im Kopf, das große Einmaleins sitzt manchmal nicht ganz hundertprozentig … – Gut, dass man es im Tabellenkalkulationsprogramm mit nur einer einzigen Formel sehr übersichtlich und ganz schnell darstellen kann!

	A	B	C	I	J	K
1		11	12 ...		19	20
2	11				⋮	
3	12	···	···	···	228	
4	...					
10	19					
11	20					

a Erstelle ein Dokument "Großes Einmaleins" und darin den grünen Zahlenrahmen. (Arbeite möglichst effizient – du darfst höchstens vier Zahlen per Hand eintippen!)

b Überlege dir dann eine einzige Formel (mit geeignet adressierten Zellbezügen) für die Produkte und kopiere sie in alle Zellen.

5 Wahl der Verbindungslehrkräfte

Im gegebenen Tabellenkalkulationsdokument ist der Ausgang des letzten Wahlgangs der Wahl der Verbindungslehrkräfte gegeben. Die Ergebnisse sollen visualisiert und am digitalen schwarzen Brett angezeigt werden.

a Ergänze eine geschickt adressierte Formel zur Berechnung der Stimmanteile und füge eine Kopie in die übrigen Zellen ein.

***b** Experimentiere mit den Diagrammen. Begründe, warum sich Kreisdiagramme sehr gut für relative Häufigkeiten eignen. Setze eine andere passende Visualisierung der absoluten Stimmzahlen um.

6 Gehaltsberechnung

Frieda arbeitet als angestellte Hotelfachfrau und hat ein monatliches Bruttoeinkommen von 2200 €. Ihr Nettogehalt erhält sie nach den Abzügen von Lohnsteuer (hier: 14 %), Rentenversicherung, Krankenversicherung, Pflegeversicherung und Arbeitslosenversicherung. Informiere dich über die ungefähre Höhe der Versicherungen. Ermittle die Abgaben und das zu erwartende Nettogehalt in einem übersichtlichen Rechenblatt. Vergleicht dann zu zweit eure Berechnungswege.

7 Trainingsdatenanalyse

Matilda ist eine begeisterte Langläuferin. Jeden Donnerstag läuft sie genau acht Kilometer in einem Stadion, an drei weiteren Wochentagen peilt sie eine bestimmte „Wunschdistanz“ an. Ihre Trainingsdaten notiert sie sich genau. Daraus berechnet sie, welche Strecke sie wöchentlich zurücklegt hat. Zudem bestimmt sie, wie viel sie pro Training von ihrer jeweiligen „Wunschdistanz“ abgewichen ist.

	A	B	C	D	E	F	G	H
1		Mein Langlauftrainingsplan						
2	jeden Do	8,0						
3		Wunschdistanz	Woche 1	Abweichung	Woche 2	Abweichung	Woche 3	Abweichung
4	Mo	15,0	14,2	=C4-B4	13,7		13,8	
5	Mi	15,0	13,0		11,2		11,9	
6	Sa	20,0	21,0		18,0		22,4	
7	Strecke pro Woche		=C$4+C$5+C$6+$B$2					

In C7 und D4 hat Matilda zwei Formeln festgelegt, die sie in die in der entsprechenden Farbe gekennzeichneten Zellen kopieren möchte. Analysiere,

- welche der Dollarzeichen notwendig sind.
- welche der Dollarzeichen nicht falsch, aber überflüssig sind.
- welche der Dollarzeichen falsch sind.

Besprecht eure Lösungen anschließend zu zweit.

8 Der kleine Mathe-Helfer (Teil 2): Heron-Verfahren

Zum Bestimmen einer Wurzel kann das Heron-Verfahren angewendet werden: Bei diesem Vorgehen müssen die gleichen Schritte immer wieder durchgeführt werden, bis die Wurzel genügend genau bestimmt wurde – ideal also, um sich vom Tabellenkalkulationsprogramm helfen zu lassen!

Theresa hat die Berechnung in einem Rechenblatt umgesetzt; die Werte werden auch korrekt bestimmt. Bei genauerer Betrachtung fällt aber auf, dass die Formeln ungeschickt eingetragen wurden. Analysiere, welche Änderungen an den Formeln der drei Spalten jeweils sinnvoll wären, damit möglichst einfach auch weitere Näherungsschritte durchgeführt werden können. Erklärt euch dann zu zweit gegenseitig eure Überlegungen und verändert die Formeln auch passend.

9 Immobilienkauf

Die Eltern von Louisa kaufen eine Wohnung und nehmen dafür einen Kredit über 218 000 € auf. Monatlich kommen zu diesen Schulden noch 0,2 % Zinsen pro Jahr hinzu. Die Finanzberaterin empfiehlt, die Summe mit einer monatlichen Rate von 920 € abzubezahlen. Die monatliche Tilgung (also der Betrag, um den die Gesamtschulden tatsächlich weniger werden) ist der Wert der Differenz aus Abzahlrate und einem Zwölftel der Jahreszinsen.

a Trage in ein Rechenblatt zunächst den Zinssatz und die Abzahlrate ein (und stelle das Zellenformat korrekt ein). Erstelle dann eine Übersicht, aus der hervorgeht, wie viele Schulden im ersten, zweiten, dritten, … Monat noch übrig sind und wie hoch Zinsen und Tilgung jeweils ausfallen.

b Lies ab, nach wie vielen Monaten (Jahren) der Kredit vollständig abbezahlt ist; variiere dann die Werte für Zinssatz und Abzahlrate und vollziehe die Veränderungen nach.

10 US-Amerikanische Temperaturangaben

Beim Schüleraustausch in den USA stellst du fest, dass dort eine andere Temperaturskala verwendet wird: Die Wettervorhersage sagt für den nächsten Tag 98° Fahrenheit voraus. Pullover oder T-Shirt?

Erstelle im Tabellenkalkulationsdokument eine Umrechnungstabelle für Temperaturangaben in °C und °F, die in Schritten von 5 °C den Bereich von −10 °C bis +100 °C abdeckt. Nutze dazu die angegebene Umrechnungsformel.

11 Kalender erstellen

Erstelle für das gesamte aktuelle Schuljahr einen Kalender der abgebildeten Form. Nutze geschickt Kopieren und Einfügen!

	A	B	C	D	E	F	G
1	Montag	Dienstag	Mittwoch	Donnerstag	Freitag	Samstag	Sonntag
2		10. Sep.	11. Sep.	12. Sep.	13. Sep.	14. Sep.	15. Sep.
3	16. Sep.	17. Sep.	18. Sep.	19. Sep.	20. Sep.	21. Sep.	22. Sep.
4	23. Sep.	24. Sep.	25. Sep.	26. Sep.	27. Sep.	28. Sep.	29. Sep.
5	30. Sep.	1. Okt.	2. Okt.	3. Okt.	4. Okt.	5. Okt.	6. Okt.

12 Ein bescheidener Wunsch

Gemäß einer alten indischen Legende gewährte ein Herrscher einem weisen Mann einen Wunsch. Dieser erbat sich Reiskörner: Auf dem ersten Feld eines Schachbretts sollte eins, auf dem nächsten zwei, dann vier, acht, sechzehn usw. liegen. Der Herrscher lachte schallend und versprach, die Bitte zu erfüllen …

a Berechne die Anzahl der Reiskörner für jedes Feld mit Hilfe eines Tabellenkalkulationsprogramms.

b Bestimme die Gesamtzahl aller Reiskörner, indem du die Summe wie links beschrieben → iterativ berechnest.

c Für Schnelle: Ein Reiskorn hat ein Durchschnittsvolumen von etwa 40 mm³, einer der größten gängigen Schiffscontainer fasst etwa 86 m³. Bestimme mit Hilfe deines Rechenblatts, wie viele Container voller Reis der weise Mann erhalten hätte.

→ iterativ von lat. iterare: wiederholen

13 „Kannste Abschreiben!"
Bearbeite die Aufgabe im bereitgestellten Tabellenkalkulationsdokument zum Thema steuerliche Abschreibungen.

14 Adressierungsbingo – natürlich digital!
Deine Lehrkraft zeigt dir ein Rechenblatt mit neun Ausgangsformeln. Im Spiel wird der Reihe nach angesagt, welche Formel gewählt wird und wohin sie kopiert wird: möglich ist jeweils nur eine Zeile nach oben oder eine Spalte nach rechts. So können insgesamt 18 neue „Ergebnisformeln" entstehen. Du erhältst ein Tabellenkalkulationsdokument, auf dessen erstem Rechenblatt („Erzeugung") ein Bingoquadrat mit neun zufällig ausgewählten der „Ergebnisformeln" ist. (Durch einen eingebauten Zufallsgenerator starten alle mit einer anderen Formelkonfiguration!) Diese neun Formeln kopierst du dir auf das zweite Rechenblatt. Nach einer Ansage deiner Lehrkraft (s. Abb.) musst du dir überlegen, welche Formel durch die genannte Aktion entsteht. Dann überprüfst du, ob sie in deinem Bingoquadrat enthalten ist. Falls ja, darfst du dir den Treffer farbig markieren und bei drei Treffern in einer Reihe „Bingo" rufen!

15 An der Schwelle zum Gewinn: Breakeven-Point bestimmen
An Moritz' Schule dürfen alle aus der 9. Klasse eine Woche lang ein Praktikum absolvieren, um ins Arbeitsleben hineinzuschnuppern. Im Betrieb seiner Wahl soll gerade ein neues Produkt auf den Markt gebracht werden. Sein Chef erklärt ihm, welche Überlegungen dabei angestellt werden. Vollziehe die Kommunikation im bereitgestellten Tabellenkalkulationsdokument nach und bearbeite anschließend die Aufgaben dazu.

16 Forschungsauftrag: Weitere Funktionalitäten
a Varianten beim Kopieren: Viele Programme bieten heutzutage verschiedene Wege an, um ein und dieselbe Aktion auszuführen: Von den klassischen Schaltflächen in der Menüleiste bis zu Tastenkombinationen für sogenannte „Poweruser". Finde mindestens eine weitere (noch nicht im Lehrtext erwähnte) Art heraus, auf die du eine Formel im Tabellenkalkulationssystem kopieren kannst. Finde außerdem heraus, wie du statt der kopierten Formel nur das berechnete Ergebnis in eine andere Zelle einfügen kannst.
b Effizient Adressieren: In den meisten Tabellenkalkulationssystemen gibt es die Möglichkeit, die Adressierungsarten von einzelnen Zellbezügen zu wechseln, ohne $-Zeichen per Hand eintippen zu müssen. Finde heraus, ob dein Tabellenkalkulationsprogramm über diese Funktionalität verfügt und gegebenenfalls, wie man vorgehen muss.
c Bezüge zwischen Rechenblättern: Finde heraus, wie du Zellen eines Rechenblatts von einem anderen Rechenblatt (innerhalb desselben Dokuments) aus adressieren kannst.

1.3 Funktionen

In Hugos Fahrradwerkstatt werden die Rechnungen mit einem Tabellenkalkulationsprogramm erstellt. Je nach Auftrag sind das viele unterschiedliche Posten, die addiert werden müssen. Da ist es zu mühsam, jedes Mal eine unterschiedliche Summenformel einzugeben.
In den Formeln eines Tabellendokuments kann man nicht nur die mathematischen Operatoren +, –, / und * verwenden. Das Tabellenkalkulationsprogramm bietet Funktionen, die Berechnungen vereinfachen oder überhaupt erst ermöglichen.
Betrachte das Rechenblatt unten: Finde die Bedeutung der orange markierten Funktionen heraus und beschreibe ihre Wirkung.

	A	B	C	D
1	**Hugos Fahrradwerkstatt**			
2				
3	Frau			*Nebenrechnungen:*
4	Klara Fall		10	=LÄNGE(A4)
5	Javastr. 8		6	=FINDEN(" ";A4)
6	81822 Infohausen	Fall,		
7			Fall	=RECHTS(A4;D4-D5)
8	Sehr geehrte Frau	=VERKETTEN(D7;",")		
9	für Ihren Auftrag berechnen wir:			
10				
11	Rechnung	Infohausen, den	=HEUTE()	
12	Öl	2,24 €		
13	Schlauch	10,00 €		
14	Speiche	2,00 €		
15	Arbeitszeit	36,00 €		
16				
17	Gesamt:	=SUMME(B12:B15)		
18	Darin enthaltene MWSt.	=RUNDEN(D18;2)		=0,19/1,19*B17
19				
20	zahlbar bis:	=HEUTE()+7		

Neben mathematischen Funktionen zum Berechnen (wie SUMME zur Vereinfachung der Addition von mehreren Zellen und RUNDEN zum Runden auf eine bestimmte Anzahl an Stellen) gibt es auch Funktionen zum Arbeiten mit Texten (FINDEN, um die Position eines bestimmten Zeichens zu ermitteln, LÄNGE, um die Anzahl der Zeichen zu berechnen, TEIL, um einen bestimmten Abschnitt eines Textes auszuwählen) und Datumsfunktionen (HEUTE zur Ermittlung des Tagesdatums).
Diese und eine Auswahl weiterer Funktionen findest du auf der übernächsten Seite zusammengestellt.

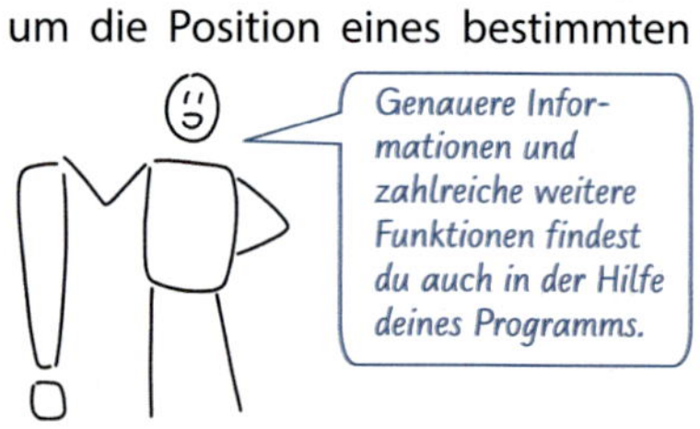

Grundsätzliches über Funktionen

Eine **Funktion** kann man sich als einen klar umrissenen Vorgang (**Prozess**) vorstellen, der Daten verarbeitet. Tabellenkalkulationssysteme bieten über 700 vordefinierte Funktionen an. Anders als im Mathematikunterricht, wo Funktionen in der Regel f und Parameter x heißen, haben die Funktionen in der Tabellenkalkulation sprechende Bezeichner und oft auch mehrere Parameter, die neben Zahlen auch Texte oder Datumswerte sein können.

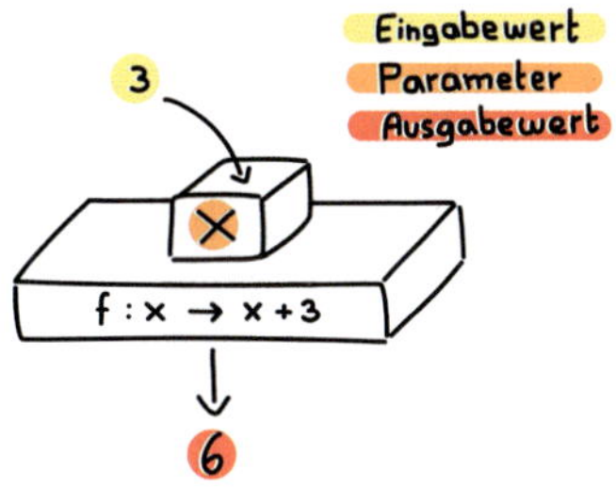

Parameter dienen als Platzhalter für die nötigen Eingabewerte.

Beim Aufruf der Funktion werden die Parameter durch die Eingabewerte ersetzt und der Ausgabewert ermittelt

Als Parameter dienen im Rechenblatt häufig Zelladressen.
Die Termnotation im Rechenblatt für das Beispiel rechts lautet:

Funktionen in der Termnotation immer mit einem Klammerpaar!

=RUNDEN(A4; A5)

Die einzelnen Parameter werden durch ein Semikolon getrennt.

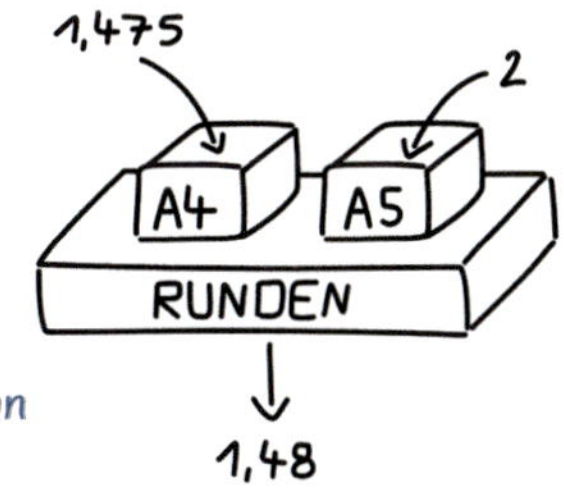

Einige wenige Funktionen wie VERKETTEN, SUMME und MITTELWERT können auch eine unterschiedliche Anzahl von Eingabewerten verarbeiten.

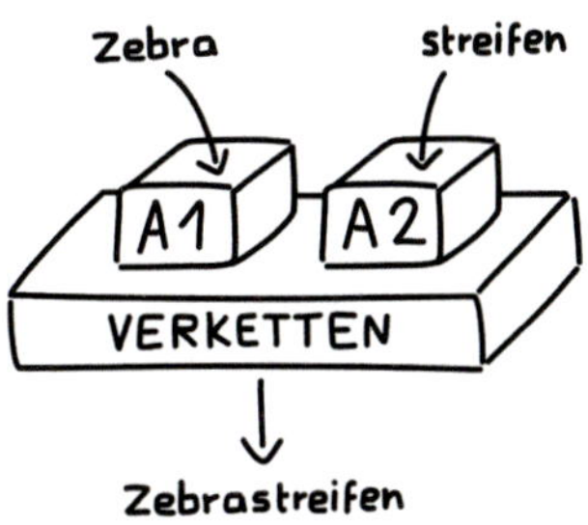

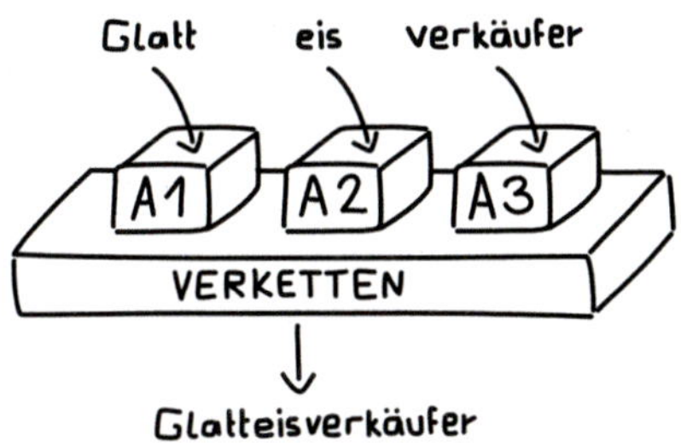

	A	B	C
1	1	2	3
2	4	5	6
3	=MITTELWERT(A1:C2)		

Erste und letzte Zelle des Bereichs, getrennt durch einen Doppelpunkt.

Damit die Parameter eines zusammenhängenden Bereichs von Zellen nicht einzeln aufgelistet werden müssen (A1; B1; C1; usw.), hilft der **Bereichsoperator „:"**

Es gibt auch Funktionen, die für ihre Arbeit gar keine Eingangsinformation benötigen, z. B. die Funktion HEUTE, die das aktuelle Datum ausgibt.

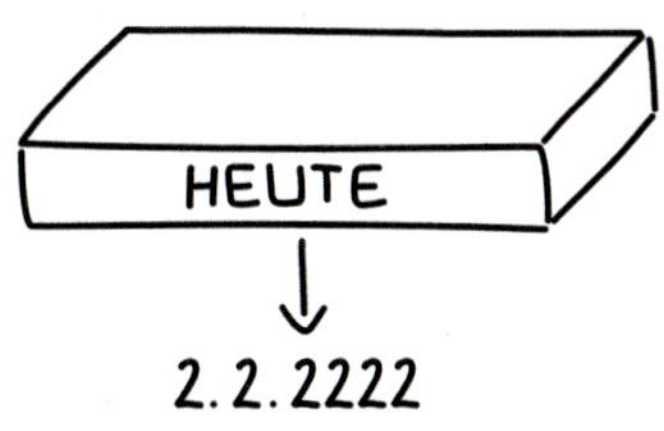

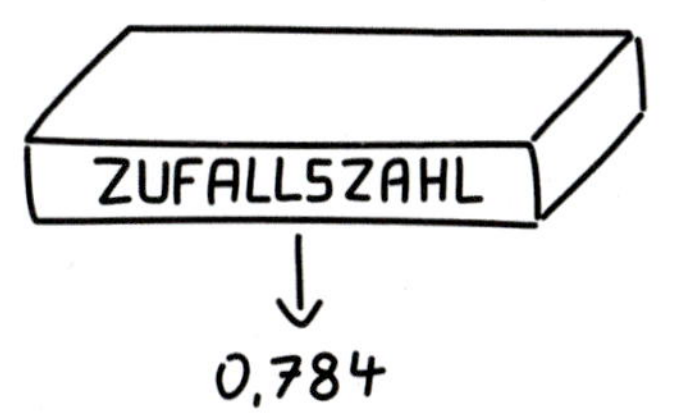

Einfache Darstellung einer Funktionsmaschine

Vereinfachend notieren wir Funktionen künftig in der normierten Schreibweise des Datenflussdiagrammes, wobei wir je nach Bedarf Eingangsparameter oder konkrete Werte an den Eingabepfeilen notieren:

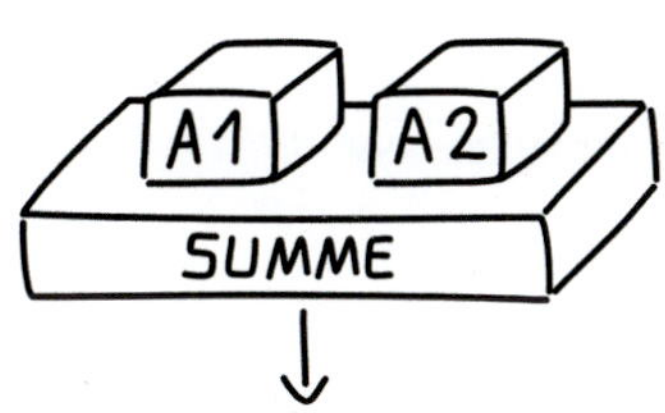

Funktionsmaschine

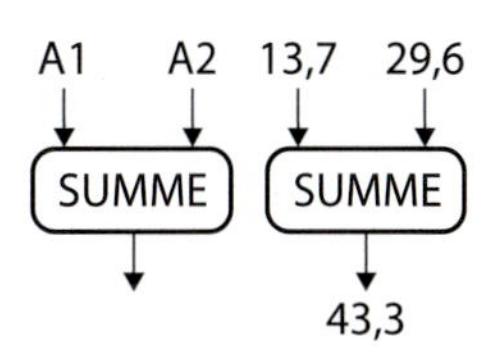

Datenflussdiagramm

Vordefinierte Funktionen (Auswahl)

mathematische Funktionen	Beschreibung des Ausgabewerts
RUNDEN(Zahl; Nachkommastellen)	Zahl, gerundet nach den üblichen Rundungsregeln
ABRUNDEN(Zahl; Nachkommastellen)	Zahl, auf die Anzahl an Nachkommastellen abgerundet
AUFRUNDEN(Zahl; Nachkommastellen)	Zahl, auf die Anzahl an Nachkommastellen aufgerundet
GANZZAHL(Zahl)	Zahl, auf die nächstkleinere ganze Zahl abgerundet
GGT(Zahl1; Zahl2)	größter gemeinsamer Teiler der Zahlen Zahl1 und Zahl2
KGV(Zahl1; Zahl2)	kleinstes gemeinsames Vielfaches der Zahlen Zahl1 und Zahl2
QUOTIENT(Dividend; Divisor)	ganzzahliger Anteil der Division
REST(Dividend; Divisor)	Rest bei der ganzzahligen Division
ABS(Zahl)	Betrag der Zahl (auch Absolutbetrag genannt)
SUMME(Zahl1; Zahl2; ...)	Summe aller Zahlen; auch Angabe eines Zellenbereichs möglich
PRODUKT(Zahl1; Zahl2; ...)	Produkt aller Zahlen; auch Angabe eines Zellenbereichs möglich
ANZAHL(Zahl1; Zahl2; ...)	Anzahl aller Zahlen; auch Angabe eines Zellenbereichs möglich
MAX(Zahl1; Zahl2; ...)	größte aller Zahlen; auch Angabe eines Zellenbereichs möglich
MIN(Zahl1; Zahl2; ...)	kleinste aller Zahlen; auch Angabe eines Zellenbereichs möglich
MITTELWERT(Zahl1; Zahl2; ...)	Mittelwert der aufgeführten Zahlen; auch Angabe eines Zellenbereichs möglich
ZUFALLSZAHL()	zufällige Zahl aus dem Intervall [0; 1[(d. h. 1 ausgeschlossen)
ZUFALLSBEREICH(Zahl1; Zahl2)	zufällige Ganzzahl zwischen Zahl1 und Zahl2
PI()	der Wert der Kreiszahl π
Zeitfunktionen	
HEUTE()	aktuelles Tagesdatum
JETZT()	aktuelle Zeitangabe; Tag und Uhrzeit
JAHR(Zeitangabe)	Jahreszahl zu einer bestimmten Zeitangabe
MONAT(Zeitangabe)	Monat zu einer bestimmten Zeitangabe
WOCHENTAG(Zeitangabe)	Zahl für den Wochentag; 1 = Sonntag bis 7 = Samstag
Textfunktionen	
FINDEN(Text1; Text2)	Position von Text1 in Text2, z. B. FINDEN("au"; "Bau") → 2
LÄNGE(Text)	Anzahl der Zeichen in einem Text
TEIL(Text; abZeichenNummer; Anzahl)	Teil eines Textes, z. B. TEIL("Andi Tür"; 6; 3) → "Tür"
VERKETTEN(A1; A2; ...)	Verkettet die Zeichenketten zu einer einzigen Zeichenkette.
WECHSELN(Text; TextGesucht; TextNeu)	Ersetzt im Text das gesuchte Stück durch das neue, z. B. WECHSELN("Stube"; "St"; "Gr") → "Grube".
GLÄTTEN(Text)	Löscht Leerzeichen in einem Text.
KLEIN(Text)/GROSS(Text)	Wandelt einen Text in Klein- bzw. Großbuchstaben um.
LINKS(Text; AnzahlZeichen) RECHTS(Text; AnzahlZeichen)	Liefert die ersten/letzten Zeichen des Textes, z. B. LINKS("Auto"; 2)→"Au".
UNICODE(Text)	Liefert den Unicode, d. h. eine Zahl, des ersten Zeichens.
UNIZEICHEN(Zahl)	Liefert das Zeichen zum eingegebenen Unicode.

Unterschiedliche Schreibweisen für Funktionen

Die Funktion SUMME(A1; A2) leistet das gleiche wie der Rechenausdruck A1+A2. Auch diesen Term kann man wie viele andere Rechenausdrücke als eine Funktion auffassen. Es handelt sich um zwei unterschiedliche, aber gleichwertige Schreibweisen.

SUMME(A1; A2)	A1+A2
Präfixschreibweise (lat. prae = vor, fix = fest)	Infixschreibweise (lat. in = in, fix = fest)
Das Funktionssymbol steht vor den Operanden.	Das Funktionssymbol steht zwischen den Operanden.

Genauso verhält es sich bei den Funktionen PRODUKT(A1; A2) und POTENZ(A1; A2), die man auch als A1*A2 bzw. A1^A2 notieren kann.

Durch **Funktionen** werden **Daten** verarbeitet. Beim Aufruf werden die **Parameter** ersetzt durch konkrete **Eingabewerte**. Nach einer eindeutigen Zuordnungsvorschrift wird ein **Ausgabewert** ermittelt. Mit dem **Bereichsoperator „:“** können zusammenhängende Zellen knapp adressiert werden.

Aufgaben

1 Funktionsglossar

Entsprechend der Aufteilung durch die Lehrkraft stellt jedes Team eine oder zwei vordefinierte Funktionen gemäß dem folgenden Beispiel vor.

Funktion:	NETTOARBEITSTAGE
Eingangsparameter:	Startdatum, Enddatum, ggf. Feiertage
Beschreibung:	Berechnet die Anzahl der Arbeitstage (ohne Samstag und Sonntag) in einem Zeitraum.
Kategorie:	Zeitfunktionen
Beispiel:	=NETTOARBEITSTAGE(A2;B2;C2:D2)

	A	B	C	D
1	Start	Ende	Feiertage	
2	13.09.22	10.11.22	03.10.22	01.01.22
3	Arbeitstage	42		

Kombinierbar mit:	HEUTE()

2 Notenblatt für Herrn Schlaukopf

a Herr Schlaukopf würde die Noten seiner Klasse gerne mit Tabellenkalkulation erfassen. Eine Vorlage hat er bereits vorbereitet. Hilf ihm, indem du bei den farbigen Markierungen geeignete Formeln wie beschrieben ergänzt!

b In Zeile 27 soll gezählt werden, wie oft die einzelnen Noten im Zellbereich G5:G20 aufgeführt sind. Informiere dich über die Funktion ZÄHLENWENN und setze sie geeignet ein.

3 Notenberechnung

Die Berechnung einer Zeugnisnote erfolgt in manchen Fächern nach dem folgenden Verfahren: Zunächst werden die Durchschnitte der kleinen und der großen Leistungsnachweise separat ermittelt. Aus diesen beiden Werten wird wiederum der Durchschnitt gebildet, wobei die großen Leistungsnachweise doppelt gewichtet werden. Dieser Durchschnitt wird gerundet, wobei bei „…,50" anders als beim Runden in Mathe noch die bessere Note vergeben wird.

	A	B	C	D	E	F
1	Große Leistungsnachweise			Kleine Leistungsnachweise		
2	1	1	3	2	4	1
3	Durchschnitt groß:		1,67	Durchschnitt klein:		2,33
4						
5	Durchschnitt gesamt:		1,89			
6	Zeugnisnote:		2			

a Erstelle ein Rechenblatt zur Notenberechnung nach dem vorliegenden Muster. Verwende die nachfolgenden Elemente jeweils einmal, sofern nicht anders angegeben: RUNDEN, ANZAHL, SUMME, MITTELWERT (zweimal verwenden!), –0,01

b Informiere dich, wie deine Noten in den verschiedenen Fächern berechnet werden; erstelle geeignete Rechenblätter für jede Kategorie und teste diese.

4 Der kleine Mathe-Helfer (Teil 3)

a Bei mathematischen Funktionen kann dir das Tabellenkalkulationsprogramm eine große Hilfe sein. Erstelle eine Wertetabelle zur Funktion mit der Gleichung $A(r) = r^2\pi$ im Wertebereich von –5 bis +5. **Zusatz:* Lass dir den Graphen der Funktion anzeigen.

b Es ist sehr nützlich, grundlegende mathematische Vorgehensweisen immer wieder aufzufrischen und zu vertiefen. Das funktioniert besonders gut, indem man das Verfahren selbst nachvollzieht. Setze die im Folgenden beschriebene Addition von Brüchen schrittweise im Tabellenkalkulationsprogramm um: „Zwei Brüche kann man addieren, indem man jeden Bruch zunächst mit dem Nenner des anderen Bruches erweitert. Die Nenner der beiden Brüche sind dann gleich. Danach addiert man die Zähler. Teilt man nun Zähler und Nenner des so ermittelten Bruches durch den größten gemeinsamen Teiler, so erhält man den vollständig gekürzten Ergebnisbruch."

	A	B	C
1	1	+	2
2	2		3

c Gruppenarbeit: Verteilt die Themen und Hausaufgaben der letzten Wochen im Fach Mathematik und erarbeitet in einem Kurzreferat, wie das Tabellenkalkulationsprogramm hier gewinnbringend eingesetzt werden könnte.

5 Zufallsfunktion

Mit der Funktion ZUFALLSZAHL(), die ohne einen Eingangsparameter auskommt, kannst du eine Zufallszahl aus dem Bereich [0;1[erzeugen.

	A
1	=ZUFALLSZAHL()
2	=A1*6
3	=ABRUNDEN(A2;0)
4	=A3+1

a Begründe, weshalb sich mit dem nebenstehend abgebildeten Rechenblatt ein Würfelwurf simulieren lässt. Übertrage die Formeln in ein Tabellendokument und teste die Neuberechnung durch Drücken der Taste F9.

b Simuliere neben dem ersten Würfelwurf einen zweiten Würfelwurf mit der Funktion ZUFALLSBEREICH und berechne die Augensumme beider Würfel. Fertige im Heft eine Strichliste mit den möglichen Ergebnissen der Augensumme an und führe ca. 50-mal eine Neuberechnung aus. Begründe, weshalb die Augensumme 6 in der Regel häufiger auftritt als die Werte 2 oder 12.

c Wäge ab, für welche Problemstellungen welche der beiden Funktionen besser geeignet ist.

d Zeige, dass du nun mit Zufallsfunktionen umgehen kannst, indem du im Rechenblatt ein Roulette-Spiel mit den Werten von 0 bis 36 simulierst.

6 Datumsfunktionen

a Jana notiert in einer Zelle eine Funktion zur Bestimmung des aktuellen Datums und daneben ihren Geburtstag und den Geburtstag weiterer Personen. Baue das Rechenblatt mit erfundenen Werten nach. Ermittle über die Differenz, wie viele Tage die einzelnen Personen auf der Welt sind, wie viele Tage es bis zu Janas 18. Geburtstag sind, …

b Ermittle die Wochentage, an denen die Personen geboren wurden.

c Damit du keine runden Geburtstage vergisst: Ermittle das Alter, das die Personen in diesem Jahr erreichen (Differenz aus dem Jahr des aktuellen Datums und dem Jahr der Geburt). Verwende die Funktion JAHR.

d Countdown zu den Sommerferien: Ermittle mit der Funktion NETTOARBEITSTAGE (s. Abbildung bei Aufgabe 1) die Schultage bis zum Schuljahresende.

7 Textfunktionen

Häufig ist es notwendig, vorgegebene Daten weiterzuverarbeiten:

a Frau Kluge hat eine Liste von Schülernamen in der Form „Nachname, Vorname“ erhalten und benötigt nun Nachname und Vorname separat. Ermittle zunächst die Position des Kommas und mit Hilfe des Ergebnisses den links davon stehenden Nachnamen.
Schwierige Zusatzaufgabe für Schnelle: Ermittle auch den Vornamen.

	A	B	C	D
1	Zist, Polly	5	Zist	Polly
2	Pan, Peter	4	Pan	Peter

b Herr Schlaukopf koordiniert die Projekttage und erhält vom Sekretariat eine Liste mit Klasse und Nachnamen aller Schülerinnen und Schüler. Für das Online-Buchungssystem benötigt er Benutzernamen in der Form „9a_Mayer“. Generiere diese für einige selbst gewählte Datensätze.

8 Präfix- und Infixschreibweise

a Berechne die Potenzen der Zahl 2 von 2^0 bis 2^{10} in der Präfixschreibweise und in der Infixschreibweise in je einer eigenen Spalte.

b Fertige im Tabellenkalkulationsprogramm eine Gegenüberstellung von Funktionen an, die in Präfix- und in Infixschreibweise notiert werden können. Finde auch einen Operator, zu dem es keine identische Präfixdarstellung gibt.

9 Forschungsauftrag: noch mehr Funktionen

a Das Tabellenkalkulationsprogramm verfügt noch über eine Vielzahl weiterer Funktionen. Erprobe die Aussagefunktionen ISTFORMEL, ISTZAHL, ISTTEXT, ISTGERADE und TYP und überlege dir sinnvolle Anwendungssituationen.

b Die Funktion UMRECHNEN erlaubt die Umrechnung zwischen verschiedenen Maßeinheiten. Informiere dich über ihre Parameter und mögliche Werte und experimentiere mit der Funktion.

c Informiere dich über weitere Funktionen des Tabellenkalkulationsprogramms und gestalte dazu ein Kurzreferat.

1.4 Berechnungen analysieren: Das Datenflussdiagramm

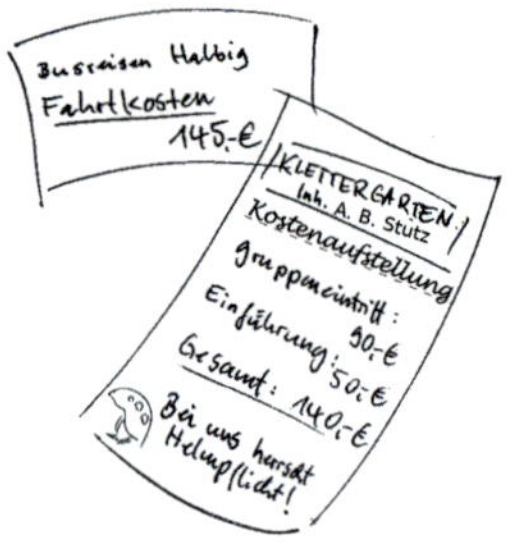

Klassenausflug! Die 9b fährt mit zwei Begleitlehrkräften in den Klettergarten. Vorab müssen die Kosten kalkuliert werden, die für die insgesamt 30 Personen jeweils anfallen.

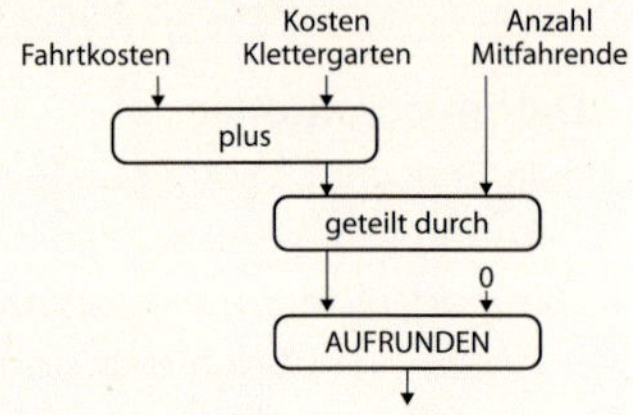

a Ein möglicher Berechnungsvorgang ist in einem Datenflussdiagramm dargestellt. Diskutiert zu zweit, wie das Diagramm zu verstehen ist und bestimmt mit Hilfe des Diagramms die Kosten für den Ausflug.

b Es stellt sich heraus, dass pro Person noch eine Leihgebühr für einen Helm anfällt. Zeichne ein ergänztes Datenflussdiagramms in dein Heft, in dem die Helmkosten berücksichtigt werden.

Die neunten Klassen fahren am Ende des Schuljahres auf Klassenfahrt. Dazu muss vorab ein Geldbetrag überwiesen werden. Doch wie wird eigentlich der genaue Preis pro Person bestimmt? Solche komplexeren Berechnungsvorgänge lassen sich oft nicht auf Anhieb beschreiben. Daher ist ein schrittweises Vorgehen empfehlenswert: Zunächst ermittelt man alle Größen, die bei der Berechnung eine Rolle spielen. Zudem legt man einen Funktionsnamen fest, der erkennen lässt, was überhaupt berechnet wird. Mit diesen Informationen kann die Funktion übersichtlich in einem **Datenflussdiagramm** beschrieben werden. Die → normierte Darstellungsform ermöglicht einen schnellen Überblick darüber, welche Informationen benötigt werden und was die Funktion leistet.

→ normiert: einem einheitlichen, festgelegten Schema folgend

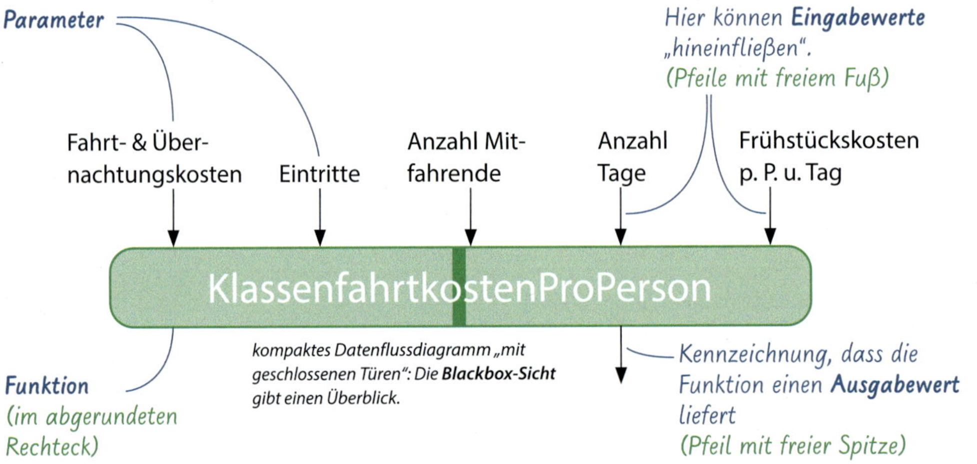

*kompaktes Datenflussdiagramm „mit geschlossenen Türen": Die **Blackbox-Sicht** gibt einen Überblick.*

Anhand der Parameter ist nun schon einmal klar dargestellt, welche Werte benötigt werden und der Funktionsname beschreibt, welche Größe berechnet wird. Für die Erstellung dieser Blackbox-Sicht hat man sich aber noch keine Gedanken gemacht, auf welche Weise der Ausgabewert bestimmt wird.

So wird im nächsten Schritt die Abfolge der einzelnen Berechnungsschritte überlegt. Um sie übersichtlich zu notieren, ist die kompakte Blackbox-Sicht aber nicht ausreichend. Daher wird die Darstellung verfeinert: Ein ausführliches Datenflussdiagramm entsteht. In dieser ausführlicheren Form des Datenflussdiagramms, der Whitebox-Sicht, kann man eine komplexere Funktion mit ihren einzelnen Berechnungsvorgängen eindeutig, übersichtlich und gut nachvollziehbar darstellen.

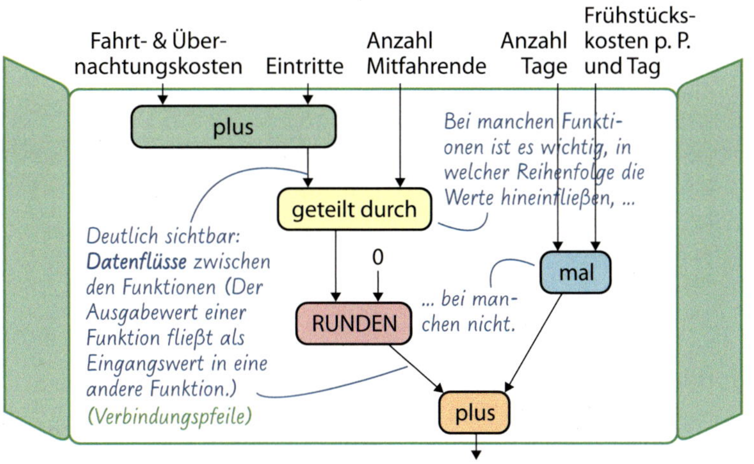

*ausführliches Datenflussdiagramm „mit geöffneten Türen": Die **Whitebox-Sicht** zeigt Details der Berechnung.*

Übertragung ins Rechenblatt

Wenn man genau weiß, in welcher Reihenfolge und auf welche Weise einzelne Funktionen kombiniert (**verkettet**) werden, kann man den Berechnungsvorgang anderen gut anhand des Datenflussdiagramms erklären und ihn auch schrittweise in ein Tabellenkalkulationsprogramm übertragen.
Dabei legt man zuerst Zellen für die Eingabewerte fest. Anschließend kann man die einzelnen Funktionen nach und nach anwenden.

	A	B
1	**Fahrt- & Übernachtungskosten**	8.422,50 €
2	**Eintritte**	23,75 €
3	**Anzahl Mitfahrende**	29
4	**Anzahl Tage**	5
5	**Frühstückskosten p. P. u. Tag**	3,20 €
6		
7		=B1+B2
8		=B7/B3
9		=RUNDEN(B8;0)
10		=B4*B5
11	**Kosten pro Person**	=B9+B10

Unterschiedliche Darstellungsformen

Für die Bezeichnung von Funktionen gibt es keine exakten Vorschriften; abhängig vom Namen variiert gelegentlich auch die Anzahl der Eingangsparameter. Bei einem Modell wie dem Datenflussdiagramm kommt es darauf an, dass die Berechnungsvorgänge eindeutig und leicht nachvollziehbar beschrieben werden:

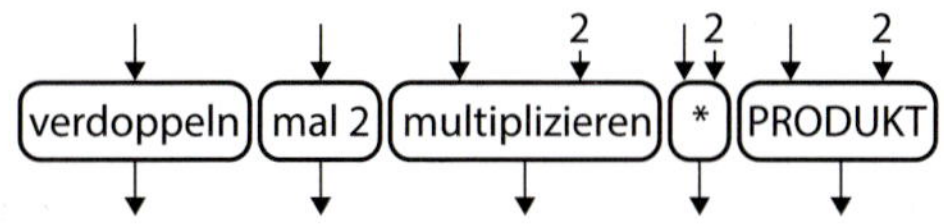

Falls die vordefinierten Funktionen für die anschließende Umsetzung im Tabellenkalkulationsprogramm bereits bekannt sind, können auch diese (in Großbuchstaben) angegeben werden. Dann muss man allerdings darauf achten, die korrekte Anzahl der Eingangswerte abzubilden:

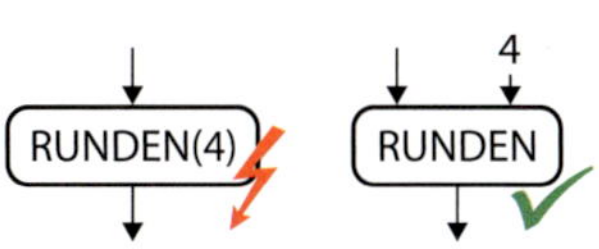

Um komplexere Berechnungen durchführen zu können, muss man analysieren,
1. welche Eingabewerte benötigt werden,
2. welche Rechenschritte/Funktionen benötigt werden und
3. wie diese kombiniert (**verkettet**) werden müssen.

Das **Datenflussdiagramm** ist eine Möglichkeit, einen komplexeren Berechnungsvorgang eindeutig, übersichtlich und gut nachvollziehbar darzustellen. Es ist bei der Planung einer Berechnung in einem Tabellenkalkulationsprogramm hilfreich.

Aufgaben

1 Schlussverkauf

a Kim hat beim Schlussverkauf zugeschlagen. Bestimme mit Hilfe der angegebenen Grafiken im Kopf, wie viel sie für ihren Einkauf bezahlen muss. Nutze das Datenflussdiagramm als Hilfe, wenn nötig.

b Mit verschiedenen Programmen können Datenflussdiagramme erstellt und Datenflüsse visualisiert werden. Betrachte zur Ergebniskontrolle die Visualisierung auf informatikschulbuch.de für die Werte aus a).

c Übertrage den Berechnungsvorgang vom Datenflussdiagramm in ein Tabellenkalkulationsprogramm. Gib die Werte aus a) ein und überprüfe, ob der Berechnungsvorgang stimmt.

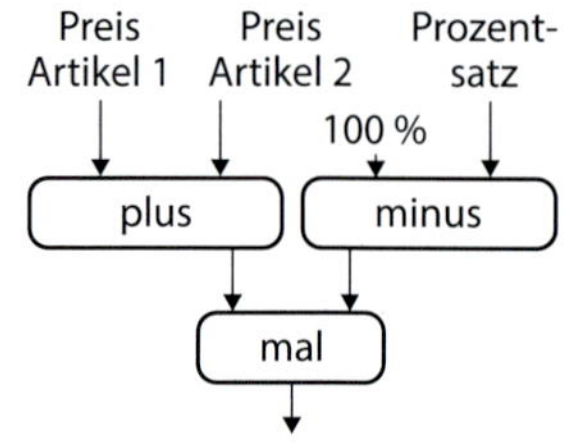

2 Zahlen nach Malen

Die SMV bezieht ein neues Quartier. Eine Malerin soll die Wände und die Decke des würfelförmigen Zimmers aber erst einmal neu streichen. Sie arbeitet für einen festen Stundenlohn. Pro Quadratmeter benötigt sie durchschnittlich zwei Minuten. Weil viele SMV-Mitglieder helfen werden und die Malerin daher weniger Zeit benötigen wird, kann der kalkulierte Gesamtpreis um ca. 25 % verringert werden. Dazu kommt dann aber noch die Mehrwertsteuer von 19 %. Abschließend wird der Betrag auf ganze Cent abgerundet.

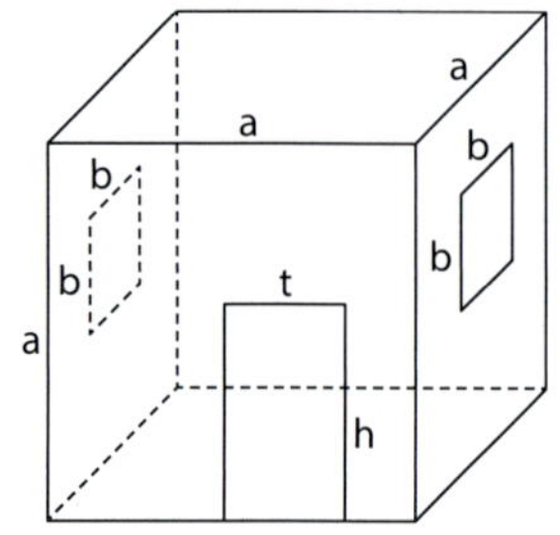

a Erstelle ein übersichtliches Datenflussdiagramm, mit dessen Hilfe die Gesamtkosten vorab abgeschätzt werden können. Für die Parameter aus der Planzeichnung sowie für den Stundenlohn sollen Werte flexibel eingesetzt werden können.

b Übertrage das Datenflussdiagramm schrittweise in ein Tabellenkalkulationsprogramm. Überprüft dann die Korrektheit eurer Kostenfunktionen stichprobenartig im Zweierteam, indem ihr jeweils die gleichen Eingangswerte wählt und die Ergebnisse vergleicht.

Informatisches Prinzip: Teile ein komplexes Problem in weniger komplexe Teilprobleme auf und „erobere" so die Lösung.

3 Streng geheim!

Im Datenflussdiagramm ist ein Verschlüsselungsmechanismus dargestellt, mit dessen Hilfe eine Botschaft zeichenweise codiert werden kann.

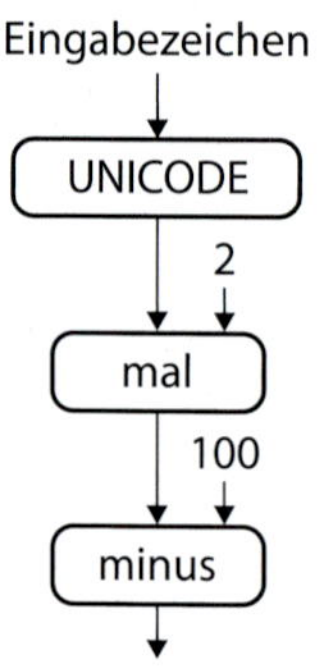

a Entwirf ein Datenflussdiagramm, mit dessen Hilfe ein so verschlüsselter Text wieder decodiert (entschlüsselt) werden kann.

b Überprüfe die Funktionalität deiner entwickelten Funktion: Übertrage sie ins Tabellenkalkulationsprogramm und entschlüssele die geheime Botschaft aus der Sprechblase. (Hinweis: UNICODE ist in der Tabelle der vordefinierten Funktionen auf Seite 22 erklärt.) Überlege, inwiefern dir das Datenflussdiagramm beim "Teilen und Erobern" hilft.

c Für Schnelle: Überlege dir dein eigenes Ver- und Entschlüsselungsverfahren, modelliere es erst im Datenflussdiagramm und übertrage es dann schrittweise in ein Tabellenkalkulationsprogramm.

4 Das geht auch besser!

Bei der Hausaufgabe hat sich Niklas wirklich bemüht – dennoch hat sein Datenflussdiagramm mehrere Schwächen …

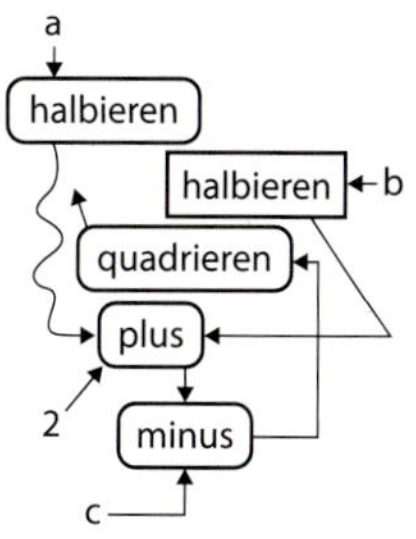

a Analysiere, wo die Probleme liegen und formuliere auf dieser Grundlage grundsätzliche Anforderungen an ein Datenflussdiagramm.

b Zeichne das Datenflussdiagramm auf Grundlage der Ergebnisse aus a) neu.

5 Der kleine Mathe-Helfer (Teil 4)

Mit Hilfe von Rechenblättern lassen sich Vorlagen zur Berechnung von Volumina und Oberflächen geometrischer Körper erstellen, in die man dann nur noch die gegebenen Werte eintragen muss.

a Erstelle ein Rechenblatt zur Berechnung des Volumens und der Oberfläche eines Prismas mit der Grundfläche eines regelmäßigen Fünfecks. Falls es dir hilft, kannst du vorab ein Datenflussdiagramm erstellen.

b Für Schnelle: Verändere dein Rechenblatt so, dass du die Volumina von Prismen mit einer anderen Grundfläche (z. B. Dreieck, Sechseck) bestimmen kannst. Recherchiere gegebenenfalls die Flächenformeln online.

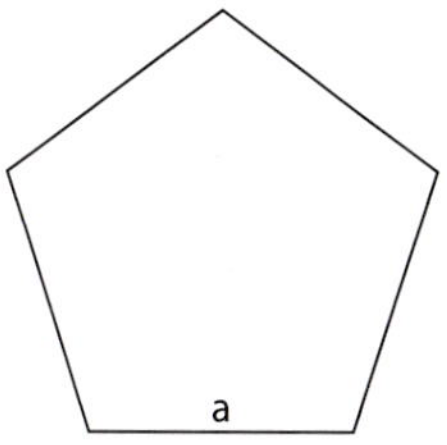

$A = \frac{a^2}{4}\sqrt{25 + 10\sqrt{5}}$

6 Happy birthday!

Zum Geburtstag hat dir deine reiche Tante aus Amerika unerwartet ein kleines Aktiendepot übertragen – die einzelnen Werte sind aber in US-Dollar notiert. Natürlich möchtest du sofort aus Anzahl und Wert der Aktien sowie dem aktuellen Wechselkurs den aktuellen Gesamtwert des Depots in Euro bestimmen.

Überlege dir ein Datenflussdiagramm, gemäß dem sich der Wert in zwei Rechenschritten ergibt. Stelle es entweder in einem Programm zur Erstellung von Datenflussdiagrammen dar oder übertrage es ins Tabellenkalkulationssystem.

7 Verkaufspreis bestimmen

Ausgehend vom Listenpreis eines Großhändlers möchte ein Obsthändler den Verkaufspreis für 1 kg Äpfel berechnen. Pro kg Äpfel verlangt der Großhändler 1,49 €. Da der Obsthändler eine große Menge auf einmal abnimmt, wird ein Rabatt von 10 % vereinbart. Zusätzlich erhält er 2 % Rabatt auf den Grundpreis, da er umgehend bar bezahlt (Skonto). Zum Ergebnis dieser Kalkulation addiert er pauschal 25 % Geschäftskosten und 12 % Gewinnspanne. Nimmt man zu diesem Nettopreis noch die Mehrwertsteuer von 7 % hinzu, so ergibt sich der Verkaufspreis pro kg.

a Erstelle ein Datenflussdiagramm, das den beschriebenen Berechnungsvorgang abbildet. Verwende Parameter für den Kilopreis beim Großhändler und für alle Prozentangaben.

b Übertrage die Berechnungsvorschriften vom Datenflussdiagramm ins Tabellenkalkulationssystem.

Setze dann die gegebenen Werte ein und bestimme den Verkaufspreis.

8 Informatik-Biber

Beim jährlichen Wettbewerb „Informatik-Biber" können Schulklassen deutschlandweit mitmachen. Bei der Registrierung der Teilnehmenden ist es wichtig, dass jeder Anmeldename möglichst nur einmal vergeben wird. Ein denkbarer Aufbau ist der folgende:

Schulname (Kürzel) — Nachname — dreistellige Zufallszahl

TMG9bSteinerGer313

Klasse — Teil des Vornamens (z. B. die ersten drei Buchstaben)

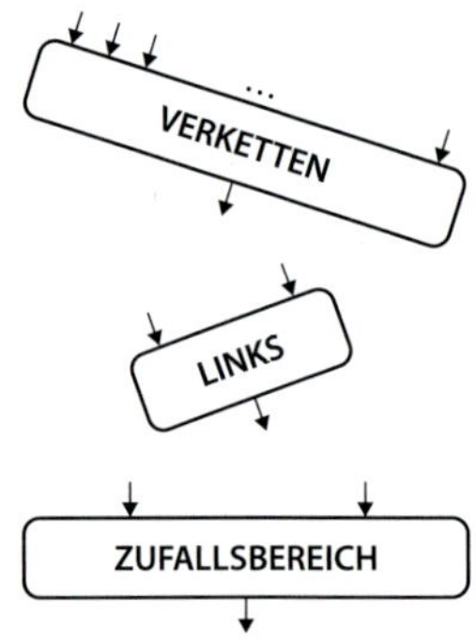

Liste vordefinierter Funktionen → 1.3

a Skizziere in einem Datenflussdiagramm, wie die einzelnen Eingangswerte und die rechts gegebenen vordefinierten Funktionen bei der Erzeugung des Anmeldenamens zusammenwirken.

b Generiere die beiden letzten Bestandteile im vorbereiteten Dokument in separaten Spalten und setze dann die Anmeldenamen zusammen.

c Inwiefern ist hier Datenschutz ein Thema? Diskutiert zu zweit!

d Für Schnelle: Erzeuge auch das Schulkürzel in B4 aus dem Schulnamen.

9 GTIN

Die GTIN (Global Trade Item Number) ist eine international verwendete und unverwechselbare Nummer, die beispielsweise zur Identifikation von Produkten im Einzelhandel dient: In Form eines Strichcodes kann die Nummer an der Kasse eingescannt werden; das Produkt wird „erkannt" und der passende Preis wird angezeigt.

Allerdings können beim Abscannen auch Fehler passieren, etwa einzelne Ziffern falsch übertragen werden. Deshalb ist die letzte Stelle einer GTIN eine Prüfziffer: Sie ergibt sich durch festgelegte Rechenoperationen aus den vorhergehenden Ziffern und soll sicherstellen, dass Übertragungsfehler erkannt werden.

→ L3

Berechnung der Prüfziffer: Die einzelnen Ziffern werden von rechts nach links abwechselnd mit den Faktoren 3 und 1 multipliziert (Es wird immer mit drei begonnen!). Anschließend wird die Summe aller Produkte gebildet. Dann bestimmt man den ganzzahligen Rest der Division der Summe durch 10. Die Prüfziffer ist der Wert der Differenz aus 10 und diesem Rest.

GTIN als Strichcode

5 901234 12345

GTIN in Zahlenform — Prüfziffer

a Im Kasten ist der Berechnungsvorgang für die Prüfziffer beschrieben. Vollzieht zu zweit nach, wie das System funktioniert und ermittelt die fehlende Prüfziffer der angegebenen GTIN.

b Das Tabellenkalkulationssystem kann helfen, GTINs auf Korrektheit zu überprüfen: Übertrage den beschriebenen Berechnungsvorgang in ein Datenflussdiagramm (Zi1, Zi2, …, Zi13) und dann die einzelnen Berechnungsschritte ins Tabellenkalkulationssystem.

c Überprüfe mit Hilfe deines Programms, ob es sich bei den drei links abgedruckten Nummern um gültige GTINs handelt. Wenn es deine Lehrkraft erlaubt, kannst du den Barcode dann mit einer Scanner-App scannen und mit deinem Programm vergleichen.

4 070071 977071

5624 4105

5 901234 133456

d Für Schnelle: Überlegt euch zu zweit, ob Übertragungsfehler mit Hilfe dieses Verfahrens auf jeden Fall vermieden werden können.

e Für ganz Schnelle: Recherchiere, wie die Prüfziffer einer ISBN (International Standard Book Number) berechnet wird und erstelle ein Rechenblatt zur Überprüfung.

10 Ein teures Vergnügen

Die jährlichen Ausgaben für Treibstoff sind von den folgenden drei Größen abhängig:
km: km/Jahr, **T**: durchschnittlicher Treibstoffpreis, **Verbr**: Verbrauch in l/100 km

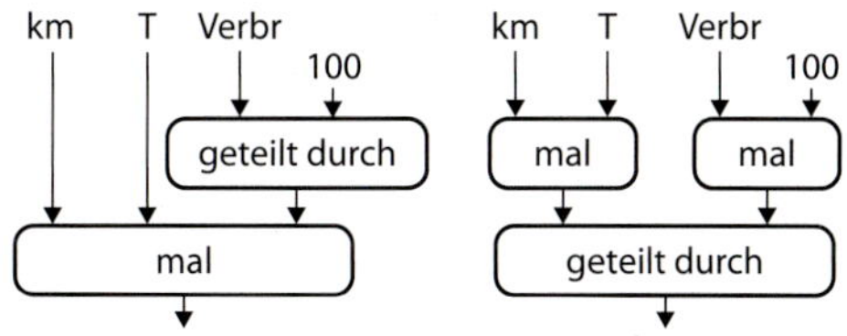

km: 18000/Jahr
T: 1,39 €/l
Verbr: 6,2 l/100 km
St: 84 €/Jahr
Vers: 165 €/Quartal
W: 225,50 €/Jahr
L: 28500 €

a Analysiert zu zweit, welches der beiden Datenflussdiagramme die Berechnung der jährlichen Spritkosten korrekt beschreibt.

b Daneben fallen jährlich zu bezahlende Steuern, eine quartalsweise (vierteljährliche) Versicherungssumme, immer wieder Reparaturkosten und Gebühren für die Haupt- und Abgasuntersuchung (Wartungskosten) an. Weiterhin muss einbezogen werden, dass ein Auto jedes Jahr an Wert verliert: Über die ersten zehn Jahre kann man von einem Durchschnittsverlust von 8 % des Listenpreises pro Jahr ausgehen. Modelliere mit Hilfe eines Datenflussdiagramms eine Funktion, mit der die jährlichen Kosten, die ein Auto verursacht, abgeschätzt werden können. Verwende den Bestandteil aus a) sowie folgende Größen als weitere Parameter:
St: Steuer/Jahr, **Vers**: Versicherung/Quartal, **W**: durchschnittliche Wartungskosten/Jahr, **L**: Listenpreis des Autos (vom Hersteller angegebener Preis ohne Rabatte)

c Übertrage ins Tabellenkalkulationsprogramm und berechne die Kosten für die gegebenen Werte eines Mittelklassewagens oder für ein anderes Fahrzeug, dessen Daten du kennst.

d Recherchiere, wie viel eine Jahreskarte der Bahn kostet und diskutiert zu zweit neben finanziellen Aspekten, welche weiteren Gesichtspunkte bei der Entscheidung für oder gegen ein Auto eine zentrale Rolle spielen.

11 Den Funktionen auf der Spur: Stromkostenberechnung nachvollziehen

Mit Hilfe des gegebenen Rechenblatts lassen sich jährliche Stromkosten berechnen. Analysiere den Berechnungsvorgang und stelle die Berechnungsschritte mit Hilfe eines Datenflussdiagramms übersichtlich dar. Einige Zellen wurden umbenannt – möglicherweise hilft dir „Spur zum Vorgänger“ weiter.

12 Forschungsauftrag: Kugelstoßen

Bei der Notenerhebung für das Kugelstoßen hat man üblicherweise drei Versuche. Das beste Ergebnis wird dann (gemäß einer Bewertungstabelle) benotet. Der grundsätzliche Ablauf der Berechnung ist im Datenflussdiagramm dargestellt. Recherchiere, wie die vordefinierte Funktion VERWEIS arbeitet und wie hier mit den Parametern umgegangen werden muss. Setze die Berechnung der Note dann im Tabellenkalkulationsprogramm um.

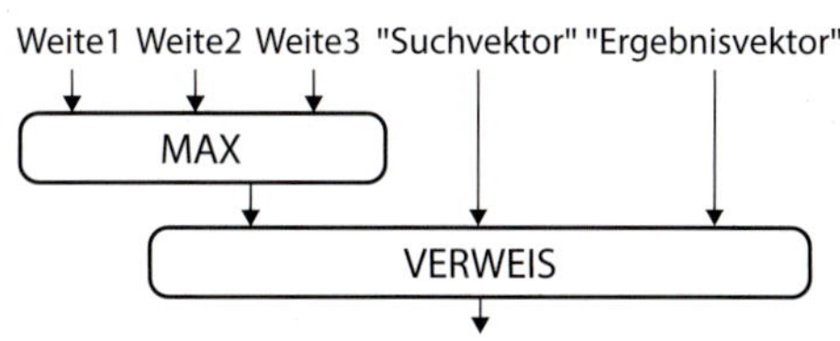

Jungen (4 kg) ab m:	Note
0	6
4,5	5
5,8	4
7	3
8,1	2
9	1

Mädchen (3 kg) ab m:	Note
0	6
3,8	5
5	4
6	3
6,8	2
7,5	1

1.5 Die Übersicht behalten: Funktionen zusammenfassen

Henry hat die Berechnung des Gesamtschnitts in Mathe vom Datenflussdiagramm in ein Rechenblatt übertragen:

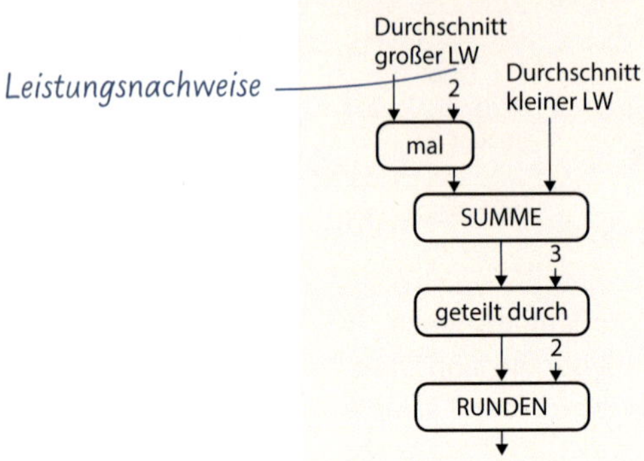

	A	B
1	**Durchschnitt großer LW**	**Durchschnitt kleiner LW**
2	2,00	3,16
3		
4		=A2*2
5		=SUMME(B4;B2)
6		=B5/3
7	Gesamtschnitt	=RUNDEN(B6;2)

a Erkläre, warum Christine die Angabe aller Zwischenergebnisse als unübersichtlich bezeichnet und nenne die Zellen, auf die sie sich bezieht.

b Nachdem Christine Kritik geäußert hat, beschließt Henry, das Rechenblatt zu überarbeiten: Er überlegt sich, dass er die Einzelfunktionen zu einer einzigen Formel, die dasselbe leistet, zusammenzufassen könnte. Aus den ersten beiden Funktionen hat er bereits die Formel =SUMME(A2*2;B2) erstellt.
Analysiere, wie Henry vorgegangen ist, und vervollständige die Formel.

Die 9b hat sich für die Projekttage etwas Besonderes ausgedacht: Die Jugendlichen helfen einen Tag lang bei der Ernte in Obstgärten mit und spenden das verdiente Geld für einen guten Zweck. Die Konditionen sind bereits ausgehandelt: Alle erhalten einen bestimmten Grundbetrag, zu dem pro kg geernteten Obsts noch eine Prämie hinzukommt. Grundbetrag und Prämie variieren je nach Fruchtsorte. Ausbezahlt werden nur ganze Eurobeträge. Marie hat die Berechnungsvorgaben bereits in einem Datenflussdiagramm dargestellt und in ein Rechenblatt übertragen, damit alle am Ende der Ernte ihre Einnahmen schnell bestimmen können:

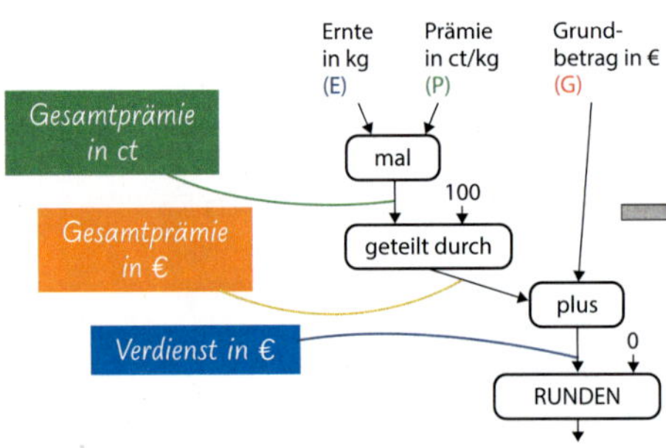

	A	B
1	Erntemenge in kg **(E)**	34,2
2	Prämie in ct/kg **(P)**	69
3	Grundbetrag in € **(G)**	35,5
4		=B1*B2
5		=B4/100
6		=B5+B3
7	Verdienst in € (gerundet)	=RUNDEN(B6;0)

Für die Analyse und das Verständnis der Berechnung war es für Marie als Entwicklerin des Rechenblatts wichtig, die einzelnen Funktionen und ihre Abfolge zu kennen. Bei der Verwendung des Rechenblatts bieten die Einzelschritte aber keinen Mehrwert – ganz im Gegenteil: die vielen Zwischenergebnisse könnten eher Verwirrung stiften, insbesondere, wenn nicht Marie selbst das Rechenblatt nutzt, sondern jemand anderes aus der 9b. Daher ist es in einem solchen Fall sinnvoll, im Rechenblatt mehrere Funktionen zu einer Formel zusammenzufassen. Gerade bei komplexeren Berechnungen kann es hierbei hilfreich sein, diesen Term schrittweise zu entwickeln: Nach und nach werden die einzelnen Funktionen in **Termschreibweise** verkettet.

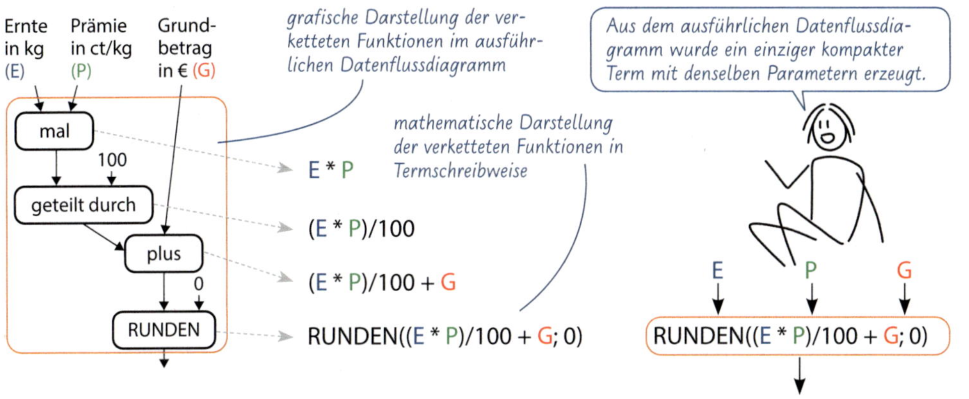

Übertragung ins Rechenblatt

Soll der entstandene Term nun in eine Formel des Rechenblatts übertragen werden, müssen nur noch die Parameter durch die Zelladressen der entsprechenden Eingangswerte ersetzt werden.

	A	B
1	Erntemenge in kg **(E)**	34,2
2	Prämie in ct/kg **(P)**	69
3	Grundbetrag in € **(G)**	35,5
4	**Verdienst in €**	=RUNDEN((B1*B2)/100+B3;0)

Alternativ kann man die Zellen, die die Eingangswerte enthalten, mit den Parameterbezeichnungen benennen. Dazu wählt man eine Zelle aus und ersetzt den bisherigen Zellbezeichner im Namenfeld entsprechend.

bisher: B1

E | × ✓ fx | 34,2

	A	B
1	Erntemenge in kg **(E)**:	34,2
2	Prämie in ct/kg **(P)**:	69
3	Grundbetrag in € **(G)**:	35,5
4	Verdienst in €:	=RUNDEN((E*P)/100+G;0)

Der Term kann so direkt als Formel übernommen werden.

Verwende beim Verketten Klammern, wenn ...
- *... die Reihenfolge der Berechnungsschritte sonst nicht korrekt wäre.*
- *... vordefinierte Funktionen verwendet werden.*
- *... sie dir helfen, die Übersicht zu behalten.*

Zum Nachvollziehen und Analysieren einer komplexeren Berechnung ist ihre Zerlegung in einzelne Teilschritte für den Entwickler unerlässlich.
Im Tabellenkalkulationsprogramm sollen Berechnungsvorgänge für Benutzer aber oft auf das Wesentliche reduziert dargestellt werden. Es ist daher nötig, mehrere Funktionen zu einem einzigen Term zusammenzusetzen. Eine schrittweise Übertragung vom Datenflussdiagramm in **Termschreibweise** kann bei der Verkettung hilfreich sein.

Aufgaben

1 Rechenblätter übersichtlicher gestalten

Da du jetzt weißt, wie du Funktionen verketten kannst, ist es dir möglich, Rechenblätter aus dem vorigen Teilkapitel noch übersichtlicher zu gestalten. Falls du diese nicht hast, kannst du dir entsprechende Vorlagen herunterladen.

Fasse die Einzelschritte jeweils zusammen, soweit es dir sinnvoll erscheint …

a … bei „Zahlen nach Malen".
b … bei „Streng geheim!".
c … bei „Verkaufspreis bestimmen".
d … bei „Informatik-Biber".
e … bei „Den Funktionen auf der Spur: Stromkostenberechnung nachvollziehen".

2 Notenberechnung

In den beiden Ausschnitten eines Datenflussdiagramms ist angegeben, wie jeweils ein Durchschnitt kleiner und großer Leistungsnachweise (LW) bestimmt wird.

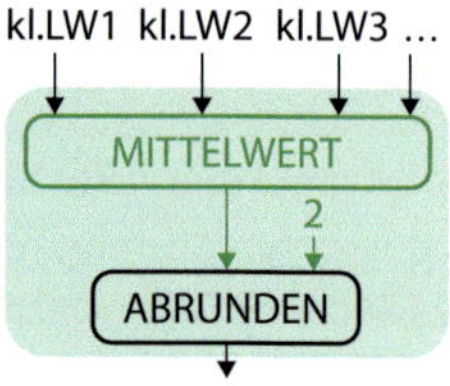

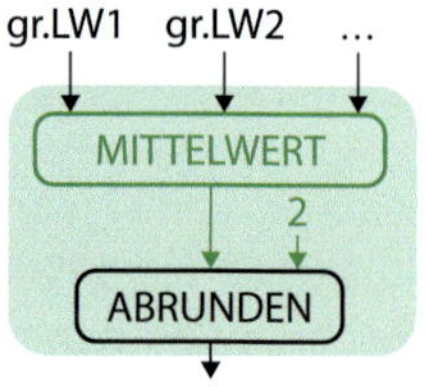

a Fasse jeweils die beiden Funktionen zusammen und trage die entsprechenden Formeln in die dafür vorgesehenen Zellen des Rechenblatts ein.
b Die Funktionen zur Berechnung des Gesamtschnitts wurden bereits zusammengefasst und im Rechenblatt als eine Formel eingetragen. Betreibe → „reverse engineering": Analysiere, aus welchen Funktionen sich die Formel zusammensetzt und in welcher Reihenfolge diese verkettet wurden. Zeichne dann das vollständige Datenflussdiagramm zur Notenberechnung.

→ reverse engineering: ein fertiges System analysieren und „rückwärtsarbeitend" die zugrunde liegenden Strukturen ermitteln

3 Was kommt zuerst?

Samuel hätte gerne einige Möbel für sein Zimmer sowie ein neues Fahrrad. Nach zähen Verhandlungen mit seinen Eltern wird beschlossen, dass er nur den billigeren der beiden Posten selbst bezahlen muss – und zwar in sechs Raten. Im Tabellenkalkulationsprogramm ist die Berechnung der Höhe einer Rate dargestellt.

	A	B	C	D	E	F	G
1			Möbel			Fahrrad	
2	44,95 €	245,00 €	129,90 €	89,50 €	24,90 €	685,00 €	=RUNDEN((MIN(SUMME(A2:E2);F2)/6);2)

a Gib die Reihenfolge an, in der die Werte der vier Funktionen berechnet werden.
b Zeichne das zugehörige Datenflussdiagramm.

4 Der kleine Mathe-Helfer (Teil 5)

a Erstelle ein Rechenblatt, mit dem man mittels einer einzigen Formel das Volumen eines Zylinders berechnen kann.
b Ergänze eine Funktion, die das Volumen eines Hohlzylinders berechnet. Verwende dazu die Funktion aus a). Als einziger zusätzlicher Eingabewert soll die Wanddicke des Hohlzylinders angegeben werden können.

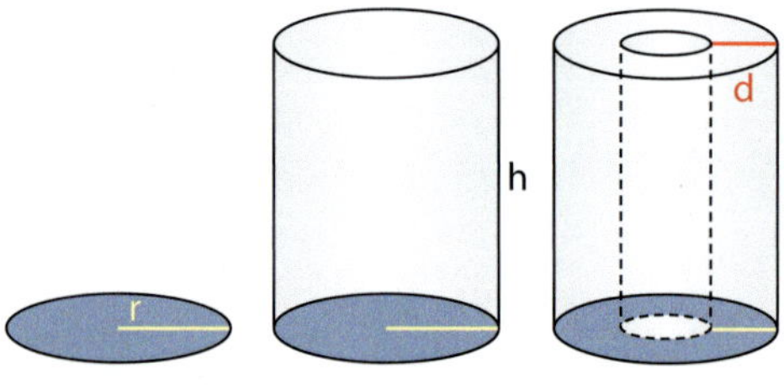

5 Urlaubskosten

Nachdem ihr zu viert beim Campen wart, bist du mit einem Freund aus der Parallelklasse dafür zuständig, dass die Urlaubskosten gerecht auf alle Mitreisenden verteilt werden. Glücklicherweise haben sich alle Elternpaare bereit erklärt, jeweils ein Drittel der Kosten zu übernehmen. Dein Freund hat auch schon die meiste Arbeit erledigt und ein Rechenblatt erstellt. Allerdings ist die Parallelklasse erst bei Kapitel 1.4 und er hat die Funktionen alle einzeln übertragen. Gib stattdessen eine einzige Formel an, die alle Funktionen zusammenfasst.
Tauscht euch dann zu zweit über die Wirkungsweise der Schreibweise aus, über die sich die Figur wundert.

	A	B	C
1	Ausgaben	#Reisende	4
2	12,20 €		
3	9,95 €		=SUMME(A2:A9)
4	169,00 €		=C3/C1
5	14,40 €		=C4*2/3
6	27,25 €	Kosten p. P.	=RUNDEN(C5;2)
7	19,80 €		
8	18,75 €		
9	320,40 €		

6 Förmlich oder persönlich?

In Hugos Fahrradwerkstatt werden Briefe individuell ausgestellt: Während „normale“ Kundschaft förmlich adressiert wird, wird die Stammkundschaft nur mit dem Vornamen angesprochen.

a Teste die Funktionsweise der Formel in B7, indem du verschiedene Namen in A4 eingibst. Analysiere dann, wie die Funktion arbeitet. Überprüfe dazu zunächst die Funktionsweisen aller Teilfunktionen in eigenen Zellen und notiere dir jeweils kurz, was die jeweilige Funktion leistet.

	A	B
1	**Hugos Fahrradwerkstatt**	
2		
3	Frau	
4	Klara Fall	
5	...	
6		
7	Sehr geehrte Frau	Fall,
8	...	
9	Liebe	Klara,
10	...	

=VERKETTEN(TEIL(A4;FINDEN(" ";A4)+1;LÄNGE(A4)-FINDEN(" ";A4));",")

b Ergänze eine Funktion in B9, die eine Anrede mit dem Vornamen ermöglicht. Vergiss nicht das Komma am Ende!

7 Forschungsauftrag: Filter, Passwortschutz und Zeilenumbruch

a Oft ist es hilfreich, Informationen im Tabellenkalkulationsprogramm nach verschiedenen Kriterien sortieren und filtern zu können. Finde heraus, wie du die gegebenen Daten in einer sortierbaren Tabelle darstellen und Filter anwenden kannst.

b Einmal erstellte Formeln kann man schützen, damit sie bei der Rechenblattnutzung nicht aus Versehen überschrieben und dadurch gelöscht werden. Probiere die Funktionalität für dein Tabellenkalkulationssystem aus. Nutze auch Passwortschutz!

c Stehen mehrere Wörter in einer Zelle, ist manchmal ein Zeilenumbruch innerhalb der Zelle nützlich. Der Übersichtlichkeit dient es außerdem, wenn man die Spaltenbreite automatisch an ihren Inhalt anpasst. Finde heraus, wie man einen solchen Zeilenumbruch macht und wie man die Spaltenbreite automatisch an den Inhalt anpasst.

1.6 Eingabewerte mehrfach nutzen: Datenverteiler

Jedes Jahr findet an Annas Schule ein Spendenlauf statt: Den Teilnehmenden wird pro gelaufenem km ein bestimmter Betrag von ihren Eltern oder Verwandten gesponsert. Das gesamte Geld wird dann für einen guten Zweck gespendet. Die SMV zieht davon nur noch ihre Unkosten für die Werbeplakate ab. Auch der Förderverein unterstützt das Projekt und gibt am Ende noch einmal 50 % der erlaufenen Summe dazu.

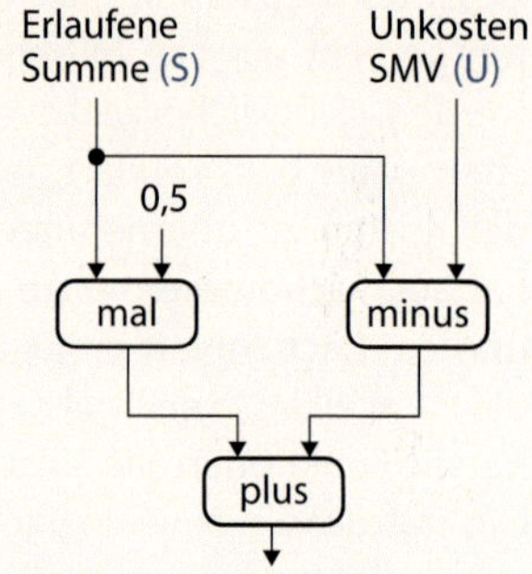

a Für eine solche Berechnung wird im Datenflussdiagramm ein neues Element verwendet. Finde es und überlege, welche Aufgabe es erfüllt, und berechne dann die Gesamtsumme für „erlaufene" 1200 € und Unkosten von 30 €.

b Übertrage das Datenflussdiagramm in Termnotation und benenne die Besonderheit, die sich im Term aufgrund des neuen Elements ergibt.

Verzweigungen im Datenflussdiagramm

Es gibt eine neue Schulverfassung: Darin sind Grundsätze aufgeschrieben, die ein erfolgreiches Miteinander aller Mitglieder der Schulfamilie gewährleisten sollen. Bei ihrer feierlichen Verabschiedung dürfen alle einen farbigen Handabdruck auf einem Betonquader im Pausenhof verewigen, um ihre Zustimmung zu den gemeinsamen Werten zu signalisieren.
Damit ein ansprechendes Denkmal entsteht, müssen die Ausmaße des Quaders vorab so kalkuliert werden, dass alle 910 Hände abgedrückt werden können, gleichzeitig aber möglichst wenig Platz für leere Stellen bleibt. Für jeden Handabdruck wird durchschnittlich eine Fläche von 10 cm mal 10 cm eingeplant, insgesamt wird also eine Fläche von 910 mal 100 cm^2 benötigt.
In einem Rechenblatt soll mit verschiedenen Werten für Länge, Breite und Höhe des Quaders so lange experimentiert werden, bis die Quaderfläche möglichst nahe an der gewünschten Fläche ist.

__Verteiler:__ In jeden Verzweigungsast fließen dieselben Daten.

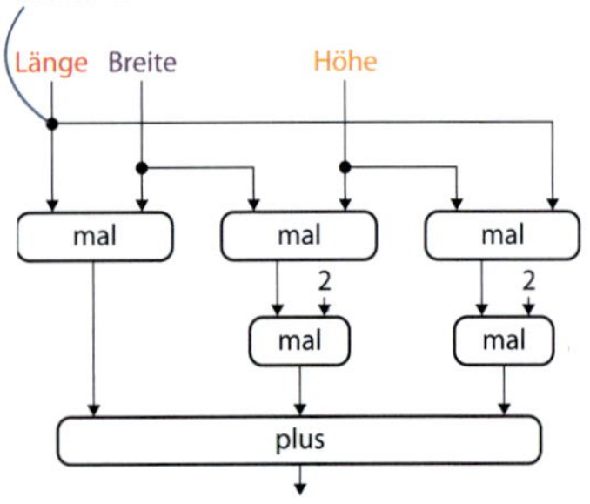

Im Datenflussdiagramm der Funktion zur Berechnung der Quaderoberfläche ist zu erkennen, dass die Eingabewerte für Länge, Breite und Höhe hier für mehrere Rechenschritte benötigt werden:
Der Datenfluss muss **verzweigt** werden.
Überträgt man das Datenflussdiagramm in Termnotation, entsteht die folgende Vorschrift:
Länge*Breite + Breite*Höhe*2 + Höhe*Länge*2

	A	B
1	Länge	
2	Breite	
3	Höhe	
4	**Fläche**	=B1*B2+B2*B3*2+B3*B1*2

Aufgrund der Verteiler treten dieselben Parameter bzw. Zelladressen nun mehrfach auf.

Auch wenn dieselben Eingabewerte in mehreren Funktionen verarbeitet werden, notiert man die Parameter im Datenflussdiagramm nur einmal.
Mit dem **Verteiler-Symbol** wird der Datenfluss **verzweigt**; es kann beliebig viele Ausgänge besitzen, wobei in alle Zweige dieselben Daten fließen.
Im Term (bzw. der Formel) erfolgt diese Verzweigung durch Mehrfachverwendung desselben Parameterbezeichners (bzw. derselben Zelladresse).

Aufgaben

1 Quaderoberfläche bestimmen

Ergänze die Formel zur Berechnung der Quaderoberfläche aus dem Lehrtext, so dass die Differenz der aktuellen Quaderfläche zur gewünschten Fläche ausgegeben wird, und übertrage die Formel dann in ein Rechenblatt.

Variiere die Parameterwerte und versuche, eine möglichst geringe Differenz zu erhalten. Beachte dabei auch, dass die Form des Quaders in etwa der aus der Abbildung entsprechen soll!

2 Textsprachen automatisiert analysieren

Damit ein Textverarbeitungsprogramm automatisch Hinweise zur Rechtschreibung anzeigen kann, muss erst einmal klar sein, in welcher Sprache der Text vorliegt.

Dies lässt sich automatisiert beispielsweise mit Hilfe der Häufigkeiten von Buchstaben ermitteln: In verschiedenen Sprachen treten Buchstaben verschieden häufig auf (s. Tabelle).

	Deutsch	Englisch	Polnisch
a	6,51%	8,17%	8,00%
e	17,40%	12,70%	6,90%
o	2,51%	7,51%	7,10%
z	1,13%	0,07%	5,10%

Text1:
400 Zeichen
16 % der Zeichen sind „E/e"

Text2:
4000 Zeichen
7,2 % der Zeichen sind „O/o"
8 % der Zeichen sind „E/e"

a Diskutiert zu zweit, inwieweit die rechts beschriebenen Texte einer der drei Sprachen zugeordnet werden können.

Im Datenflussdiagramm ist eine Funktion dargestellt, die die relative Häufigkeit eines Buchstabens in einem Text bestimmt.

b Analysiere, wie die dargestellte Funktion arbeitet.

c Trage im Rechenblatt eine passende Funktion in A6 ein. Fasse den Rest des Datenflussdiagramms zu einer Funktion zusammen und ergänze diese in A12. (Die Bezeichner geeigneter vordefinierter Funktionen sind rechts als blaue "Schnipsel" angegeben.)

d In der Vorlage findest du einen Text in den drei Sprachen. Überprüfe für jeden Text, ob er mit Hilfe deines Rechenblatts relativ klar einer Sprache zugeordnet werden kann.

e Diskutiert zu zweit, wovon es abhängig ist, wie genau die tatsächlichen Häufigkeiten der Zeichen mit den Werten aus der Tabelle übereinstimmen.

Schreibweise für „kein Zeichen": Zwischen Anführungs- und Schlusszeichen steht nichts.

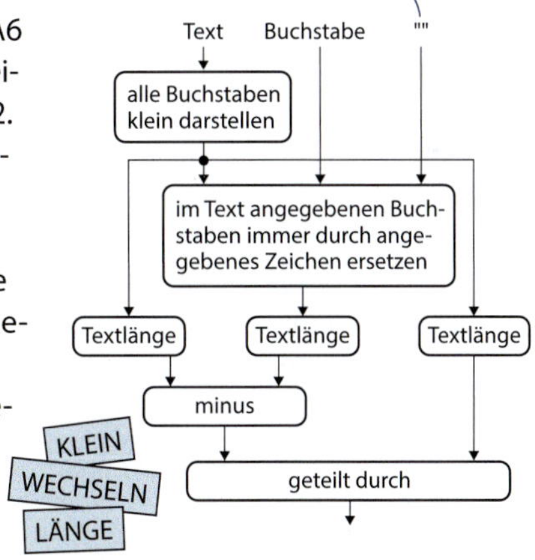

3 Der kleine Mathe-Helfer (Teil 6)

Das Tabellenkalkulationssystem kann dir bei den verschiedensten Berechnungen helfen:

a Nimm dein Mathematik-Übungsheft zur Hand und suche dir Aufgaben heraus, die du auch mit dem Tabellenkalkulationsprogramm hättest lösen können. Erstelle dann jeweils ein passendes Rechenblatt.

b Überprüfe, ob sich dieselben Ergebnisse ergeben und bewerte die beiden Lösungsvarianten.

4 Höhenprofil aus GPS-Daten

Geodaten können im GPX-Dateiformat gespeichert werden: So kann man beispielsweise eigene Touren aufzeichnen oder aufgezeichneten Touren folgen. Ein GPX-Dokument ist so aufgebaut, dass Inhalte mit Hilfe sich öffnender und schließender → Tags, z. B. <name>…</name>, übersichtlich strukturiert werden. Diese können auch ineinander verschachtelt werden:

→ engl. tag: Abgrenzer, Etikett, Namensschild

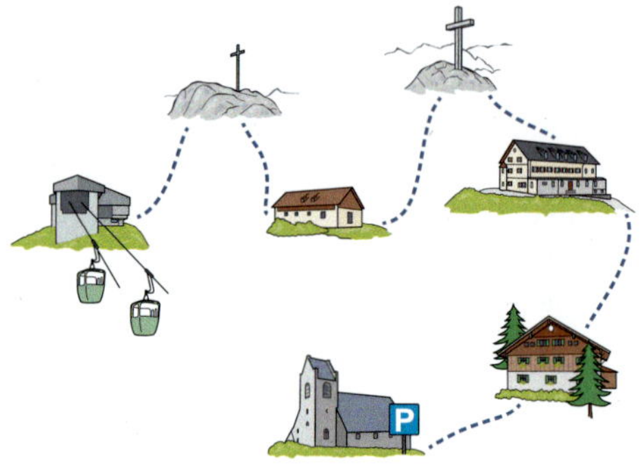

```
<gpx version="1.1">
  <metadata>
    <name>Zweigipfeltour am Spitzingsee</name>
  </metadata>
  <rte>
    <rtept lat="47.661818" lon="11.888427">
      <name>Parkplatz Kirche am Spitzingsee</name>
      <ele>1092</ele>
    </rtept>
    <rtept lat="47.648125" lon="11.890650">
      <name>Blecksteinhaus</name>
      ...
  </rte>
</gpx>
```

„latitude": geografische Breite

„route": Folge von Wegpunkten

„longitude": geografische Länge

„routepoint": (Wegpunkt)

„elevation": Höhe über NN

Der Inhalt der vollständigen GPX-Datei „Zweigipfeltour am Spitzingsee" wurde bereits ins Tabellenkalkulationsdokument eingefügt. Mit Hilfe von Funktionen soll nun u. a. ein Höhenprofil erstellt werden.

a Die Namen der einzelnen Routenpunkte werden in Zeile 5 aus den GPX-Daten ausgelesen. Analysiert zu zweit die Arbeitsweise der verwendeten Funktion.

b Vervollständige die Zeile „Höhe über → NN", indem du die jeweilige Höhe der Routenpunkte mit der Funktion TEIL ausliest und als Zahl formatiert angibst. (Hinweis: Mit der Funktion ZAHLENWERT kannst du einen Text in eine Zahl umwandeln.)
Visualisiere das Höhenprofil dann mit Hilfe eines geeigneten Diagramms.

→ NN: Normal Null, die Höhe des Meeresspiegels

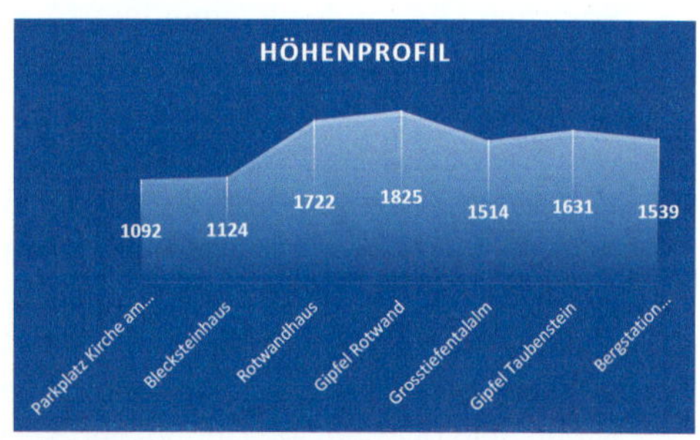

c Ergänze in der Tabelle eine weitere Zeile „Höhendifferenz": Darin soll jeweils die Höhendifferenz zum vorigen Routenpunkt ausgegeben werden. (Diese kann positiv oder negativ sein!)

d Entwickle in zwei weiteren Zellen je eine Funktion, die die gesamten Höhenmeter bergauf bzw. bergab berechnet. (Hinweis: SUMMEWENN)

e Für Schnelle: Kopiere den gesamten GPX-Code in eine Textdatei, speichere ab und ändere die Dateiendung dann zu „gpx". Öffne die Datei nun in einem geeigneten Programm/App, betrachte die Route und lasse dir die Höhenmeter anzeigen. Erkläre, warum die Angaben nicht genau mit den von dir berechneten Werten übereinstimmen.

5 Mit Zins und Zinseszins

Bei vielen Tagesgeldkonten ist der letzte Tag im Jahr der Stichtag für die Gutschrift der Zinsen. Diese werden zum Kapital addiert.

Hat man sein Geld aber nicht am Jahresanfang, sondern erst während des Jahres eingezahlt, erhält man die Zinsen nur für die Tage seit Einzahlung (Zinstage).

Im Datenflussdiagramm ist die Funktion zur Berechnung des neuen Kapitals dargestellt.

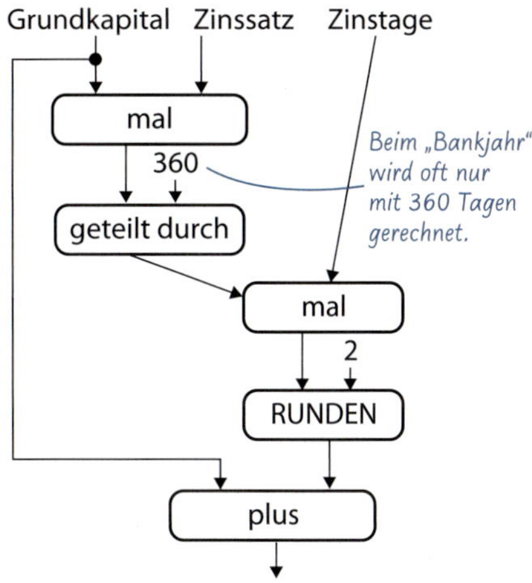

Zinsen pro Jahr

neues Kapital nach diesem Zeitraum

Zinsen für diesen Zeitraum

Zinsen pro Tag

a Ordne die bunten „Schnipsel" den Ausgabewerten der einzelnen Funktionen zu.

b Übertrage die Berechnung in ein Rechenblatt. Stelle das Format der Eingabezellen richtig ein und fasse die Einzelschritte zu einer Formel zusammen.

Ab dem 1. Januar sind gutgeschriebene Zinsen im Kapital enthalten und man bekommt im Weiteren auch dafür Zinsen (Zinseszins).

c Ergänze passende Formeln für die Berechnung in den Spalten B, C und D des vorbereiteten Rechenblatts. Beachte, dass du in C11 und C17 die Zinstage des jeweiligen Jahrs berücksichtigen musst. Nutze ansonsten das Kopieren geschickt adressierter Formeln.

d Für Schnelle: Ersetze die Eingabemöglichkeiten für die Zinstage durch Zellen für ein Start- und ein Enddatum des Anlagezeitraums; berechne daraus dann (z. B. unter Verwendung von TAGE360) die Zinstage des jeweiligen Jahres.

6 Forschungsauftrag: Im freien Fall

Ein Fallschirmspringer der Masse 100 kg springt in 4000 m Höhe aus einem Flugzeug. Der beschleunigenden Gewichtskraft $F = m_g \cdot g$ mit $g = 9{,}81\,\frac{N}{kg}$ wirkt die mit höherer Geschwindigkeit wachsende Luftreibungskraft

$F_{Luftreibung} = -c \cdot A \cdot v^2$ mit $c = \frac{0{,}68\,kg}{m^3}$ entgegen. Der geschlossene Fallschirm hat eine Fläche von $A = 1\,m^2$, der geöffnete von $A = 40\,m^2$.

Insgesamt ergibt sich daraus mit der Formel $F = m \cdot a$ eine Beschleunigung des fallenden Springers von $a = g - \frac{c \cdot A \cdot v^2}{m}$

Mithilfe der Methode der kleinen Schritte („Schritte" sind kleine Zeitintervalle, in denen sich der Ort und damit die Kraft nur unwesentlich verändern) kann man nun aus den Anfangswerten den Verlauf des Falls berechnen. Für jeden Zeitschritt berechnet man die neuen Werte für Zeit, Beschleunigung, Geschwindigkeit und Ort.

a Analysiere die Formeln in Zeile 7 und schreibe sie mit den physikalischen Formelbuchstaben.

b Diskutiert in kleinen Gruppen die Bedeutung der Formeln.

c Erzeugt im Team analog zum gegebenen Zeit-Ort-Diagramm ein Zeit-Geschwindigkeit-Diagramm.

d Zum Weiterdenken: Entwickelt analog zum freien Fall eine Berechnung für einen anderen Bewegungsvorgang (z. B. Raketenstart).

1.7 WENN-Funktion

Das John-von-Neumann-Gymnasium feiert in diesem Jahr 50-jähriges Jubiläum! Lehrkräfte und Schülerschaft wollen diesen Anlass gebührend feiern.

a Alle ehemaligen Schülerinnen und Schüler, die genauso alt sind wie die Schule, werden zum großen Festakt eingeladen. Betrachte das Rechenblatt zum Festakt und beschreibe, wie die Funktion arbeitet, die die Einzuladenden ermittelt.

	A	B	C	D
1	**Name**	**Vorname**	**Alter**	**Einladung?**
2	Bär	Johannes	17	nein
3	Mauer	Kai	50	ja
4	Panse	Jim	43	=WENN(C4=50;"ja";"nein")
5	Ross	Albert	57	nein
6	Zarbeit	Kurt	50	ja

b Die SMV veranstaltet ein Preisrätsel zur Schulgeschichte. Dabei erhält man maximal 50 Punkte. Wer mehr als 45 Punkte erreicht, darf an einem Ausflug teilnehmen! Pia erhält von den Schülersprechern den Auftrag, die Gewinner zu ermitteln. Hilf Pia, indem du das Rechenblatt „Preisrätsel" passend auswertest.

Manchmal müssen in Abhängigkeit von einer **Bedingung** unterschiedliche Werte ausgegeben oder unterschiedliche Berechnungen durchgeführt werden. So erhält man beim Informatik-Biber nur dann einen Preis, wenn man die Bedingung erfüllt, dass man mehr als 135 Punkte hat. Die Bedingung kann mit einem **Wahrheitswert** (**WAHR** oder **FALSCH**) beantwortet werden.

In solchen Situationen verwendet man die bedingte Funktion (**WENN-Funktion**). Die WENN-Funktion hat drei Eingangsparameter:

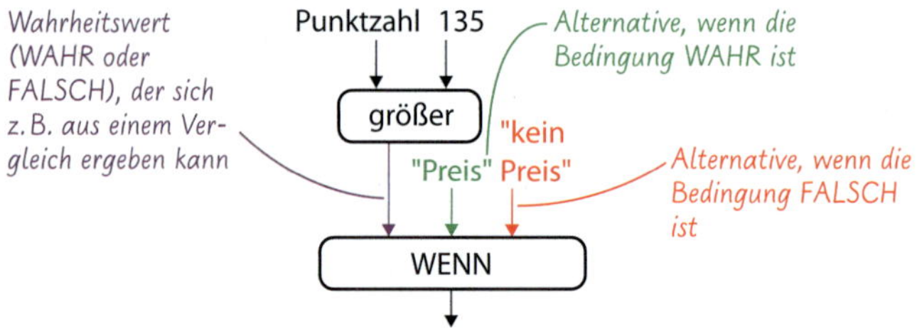

Operatoren für Vergleiche	
größer	a>b
kleiner	a<b
gleich	a=b
ungleich	a<>b
größer gleich	a>=b
kleiner gleich	a<=b

In der Termnotation schreibt man:

=WENN(Punktzahl > 135; "Preis"; "kein Preis")

Bedingung (Punktzahl > 135) – *Alternative bei WAHR* ("Preis") – *Alternative bei FALSCH* ("kein Preis")

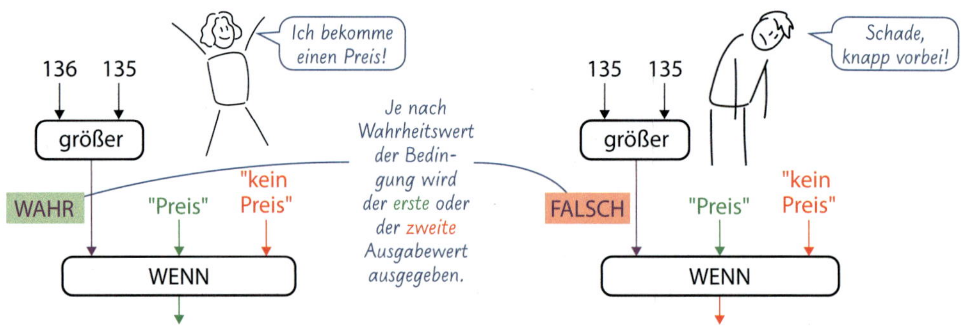

Man kann sich die WENN-Funktion als einen Schalter vorstellen: Je nach Wahrheitswert wird der mittlere oder der rechte Eingang geöffnet und der dort angegebene Wert fließt in den Ausgang.

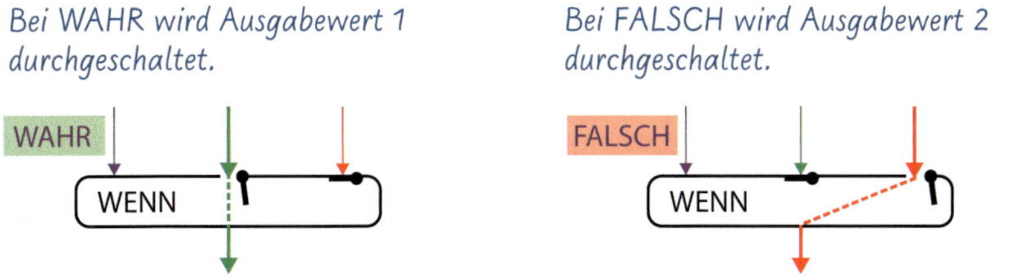

Mehr als zwei Alternativen

Beim Informatik-Biber gibt es erste und zweite Preise. Es sind also drei Fälle zu unterscheiden. In so einem Fall kann man zwei WENN-Funktionen verschachteln. Das Ergebnis der einen WENN-Funktion fließt als Eingangswert in die zweite WENN-Funktion.

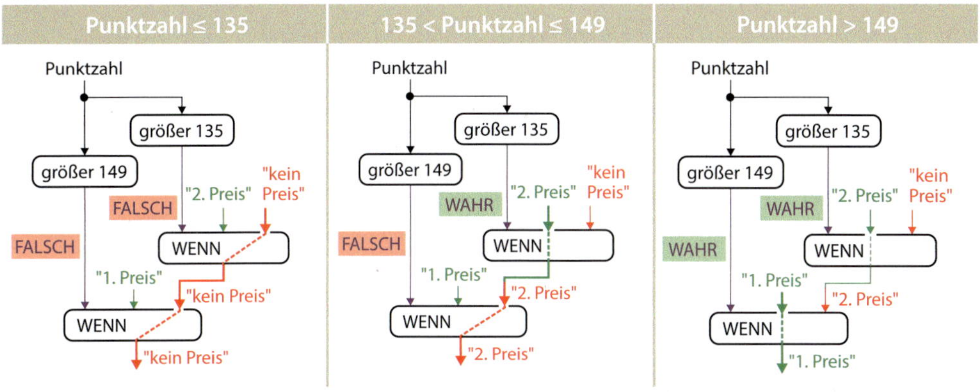

Die zugehörige Termnotation lautet:
WENN(Punktzahl>149;"1. Preis";WENN(Punktzahl>135;"2. Preis";"kein Preis"))

Die **WENN-Funktion** hat drei Eingangsparameter: einen **Wahrheitswert** und zwei alternative Werte für die Ausgabe. Je nachdem, ob der Wahrheitswert WAHR oder FALSCH ist, nimmt der Ausgabewert den Wert der ersten oder der zweiten Alternative an. Termschreibweise: WENN(Wahrheitswert; AlternativeBeiWahr; AlternativeBeiFalsch)
Der Wahrheitswert ergibt sich durch die Auswertung einer **Bedingung**, häufig durch einen Vergleich.

Aufgaben

1 Satte Rabatte am Schulflohmarkt

a Am Schulflohmarkt muss man eine Standgebühr bezahlen. Bei einem Stand unter drei Metern Breite zahlt man 3 Euro pro laufendem Meter; bei breiteren Ständen sind es 2,50 Euro pro Meter. Entwickle ein Rechenblatt, das die Gebühren für einen Stand mit gegebener Breite ermittelt.

b Susi möchte ihren ganzen Krimskrams am Ende des Flohmarkts los sein. Deshalb überlegt sie sich eine Rabattaktion: Wer mehr als zwei Artikel kauft, bekommt 30 % Rabatt auf den Gesamtpreis. Entwickle ein Rechenblatt.

2 Bundesjugendspiele: Der Beste zählt!

a Alex hat beim Weitsprung zwei Versuche: Der weitere von beiden zählt! Skizziere unter Verwendung der WENN-Funktion ein Datenflussdiagramm (Verteiler beachten!) und setze dieses anschließend im Rechenblatt um.

b Alex weiß, dass sie ein Recht auf drei Versuche hat! Erweitere das Rechenblatt um eine geschachtelte WENN-Funktion.

c Für Schnelle: Formuliere eine weitere Lösung unter Verwendung einer geeigneten vordefinierten Funktion. Vergleiche und bewerte die Lösungswege.

3 Rechentrainer

	A	B	C	D	E	F
1	3	+	1	=	4	richtig!
2	4	+	2	=		

a Der kleine Lukas (1. Klasse) braucht Nachhilfe beim Addieren im Zahlenraum bis 10. Entwickle eine Aufgabe, bei der er mithilfe der WENN-Funktion ein Feedback erhält, ob er die richtige Lösung eingetragen hat.

b Verbessere das Rechenblatt unter Verwendung geschachtelter WENN-Funktionen, so dass je nach Bearbeitungsstand in Spalte F „richtig“, „falsch“ oder „noch nicht bearbeitet“ steht.

c Informiere dich über die Funktion ZUFALLSBEREICH. Erzeuge für Lukas 100 Rechnungen, damit er intensiv üben kann. Hinweis: Damit sich die Werte nicht verändern, während Lukas damit übt, musst du die Werte nach dem Erzeugen kopieren und mittels „Inhalte einfügen → Werte“ unveränderlich machen.

d Für Schnelle: Verbessere weiter, z. B. durch die zufällige Auswahl der Rechenart.

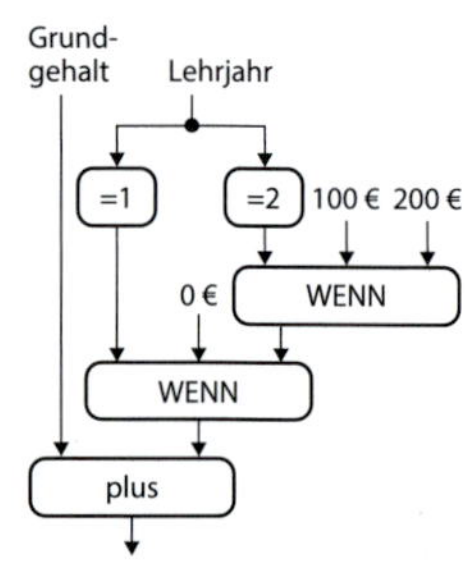

4 Gehaltsberechnung

Gaya macht eine dreijährige Ausbildung zur Fachinformatikerin. Ihr Grundgehalt beträgt 900 €. Interpretiere das Datenflussdiagramm und setze es anschließend im Rechenblatt um.

5 Nur heute: Teppiche besonders billig!

Ein Teppichhaus bietet gestaffelte Rabatte an (siehe Abbildung). Wenn man in bar bezahlt, erhält man zusätzlich 3 % Skonto. Erstelle eine Rechnung mit mehreren Posten, die nach Berechnung der Summe den Endpreis nach Abzug des Rabatts berechnet.

6 Die passende Anrede

Die Schulleiterin am John-von-Neumann-Gymnasium lädt zum Jubiläumsempfang. Das Einladungsschreiben soll mit einer persönlichen Anrede beginnen: Für Eltern und Lehrkräfte z. B. mit „Sehr geehrter Herr Schlaukopf", für Schülerinnen und Schüler z. B. mit „Liebe Sonja". In ihrem Rechenblatt stehen bereits Vorname, Name, Geschlecht und Alter der Personen.

a Hilf der Schulleiterin, indem du zunächst in einem Datenflussdiagramm deutlich machst, wie man die passende Anrede erzeugt.

b Implementiere das Datenflussdiagramm im Rechenblatt der Schulleiterin.

7 Der kleine Mathe-Helfer (Teil 7)

a Skizziere ein Datenflussdiagramm, aus dem hervorgeht, wie man den Betrag einer Zahl mit Hilfe der WENN-Funktion ermitteln kann.

b Fertige für die Funktion mit der Gleichung $f(x) = |2x - x^2|$ unter Verwendung der WENN-Funktion eine Wertetabelle im Bereich [−3; 7] an.
**Zusatz:* Stelle den zugehörigen Graphen in einem Diagramm dar.

c Löse Aufgabe b) mit der Funktion ABS; vergleiche und bewerte beide Lösungen.

8 Fehlermeldungen vermeiden

a Bei Divisionsaufgaben bzw. Wurzelberechnungen erscheint im Dokument ein Fehler, wenn man durch 0 teilt oder unter der Wurzel eine negative Zahl steht. Fange diese Fehlermeldungen jeweils durch eine WENN-Funktion ab, so dass eine passende Rückmeldung erscheint (z. B. „Du darfst nicht durch 0 teilen!").

b Mithilfe der quadratischen Lösungsformel kann man die beiden Lösungen einer quadratischen Gleichung bestimmen, wenn die Diskriminante nicht negativ ist. Erstelle ein Rechenblatt, das alle Lösungen der quadratischen Gleichung ermittelt und zusätzlich meldet, wie viele Lösungen es gibt.

9 Würfelbild (Teil 1)

Nach der Berechnung einer Zufallszahl von 1 bis 6 soll nun für ein „echtes Würfelfeeling" das Würfelbild wie in der Abbildung rechts mit Hilfe einer geschachtelten WENN-Funktion realisiert werden. So muss etwa im Feld in der Mitte bei den Augenzahlen 1, 3 und 5 ein * angezeigt werden…

	A	B	C	D
1	Augenzahl	5		
2				
3	Würfelbild	*		*
4			*	
5		*		*

10 Forschungsauftrag: bedingte Formatierung

a Um die Ausgabe in Abhängigkeit von den Werten passend darzustellen, gibt es die bedingte Formatierung. Informiere dich in der Hilfe des Tabellenkalkulationsprogramms, wie man diese einsetzt und entwickle ein Beispiel zum sinnvollen Einsatz. Stelle das Beispiel in einer kurzen Präsentation vor.

b In Zelle A1 steht eine Zahl. Finde heraus, was die folgende Formel leistet:
=WENN(GANZZAHL(WURZEL(A1))*GANZZAHL(WURZEL(A1))=A1;WURZEL(A1);"")

1.8 Logische Funktionen

Unter den Eltern herrscht Frust: Viele Kinder essen täglich Pommes oder Spaghetti. Deshalb überlegt die Schulleitung des John-von-Neumann-Gymnasiums zusammen mit Mensapächter und Schülervertretung die Einführung einer Empfehlung für das Mensaessen. Das erste Kriterium ist die biologische Erzeugung, die sichergestellt ist, wenn die Zutaten ein Biosiegel des Handels haben oder direkt von regionalen Biobauern stammen. Für den Genusswert müssen Geschmack, Aussehen und Geruch stimmen. Zum Dritten soll gesichert sein, dass die Ernährung nicht einseitig ist.

	A	B	C	D	E	F	G	H	I
1	Biologische Erzeugung			Genusswert				Einseitigkeit	
2	Biosiegel	regional		guter Geschmack	sieht gut aus	riecht gut		ist einseitig	
3	WAHR	FALSCH		WAHR	WAHR	WAHR		FALSCH	
4	empfehlenswert:	=ODER(A3;B3)		empfehlenswert:	=UND(D3:F3)			empfehlenswert:	=NICHT(H3)

a Experimentiere mit dem vorliegenden Tabellendokument, indem du die Wahrheitswerte in Zeile 3 veränderst. Untersuche die Auswirkungen in den Berechnungen von Zeile 4.

b Die Schülervertretung wünscht sich eine Auszeichnung „rundum empfehlenswert", wenn alle drei Kriterien gleichzeitig erfüllt sind. Begründe, welche der Funktionen aus Zeile 4 du dafür benötigst. Erstelle für die Präsentation im Schulforum ein anschauliches Datenflussdiagramm, das auch Schulleitung und Mensapächter überzeugt.

c Ergänze das Rechenblatt um die Auszeichnung „rundum empfehlenswert".

Als **logische Funktionen** bezeichnet man Funktionen, bei denen sowohl Eingangswerte als auch der Ausgabewert jeweils ein Wahrheitswert sind. Grundlegende logische Funktionen sind:

UND-Funktion

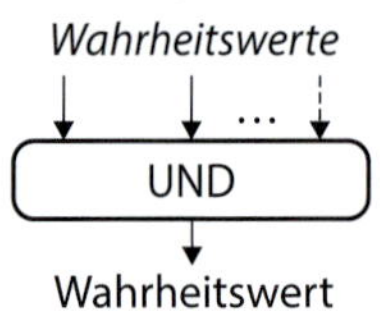

Nur, wenn alle Wahrheitswerte WAHR sind, ist das Ergebnis WAHR, sonst FALSCH

Wert 1	Wert 2	mögliche weitere Werte	UND(Wert1; Wert2)
WAHR	WAHR	*alle WAHR*	WAHR
WAHR	FALSCH	*beliebig*	FALSCH
FALSCH	WAHR	*beliebig*	FALSCH
FALSCH	FALSCH	*beliebig*	FALSCH

Notation im Tabellendokument: UND(Wert1; Wert2; ...)

ODER-Funktion

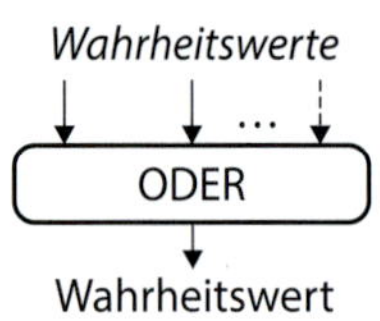

Wert 1	Wert 2	mögliche weitere Werte	ODER(Wert1; Wert2)
WAHR	WAHR	*beliebig*	WAHR
WAHR	FALSCH	*beliebig*	WAHR
FALSCH	WAHR	*beliebig*	WAHR
FALSCH	FALSCH	*alle FALSCH*	FALSCH

Nur, wenn alle Wahrheitswerte FALSCH sind, ist das Ergebnis FALSCH, sonst WAHR

Notation im Tabellendokument: ODER(Wert1; Wert2; ...)

NICHT-Funktion

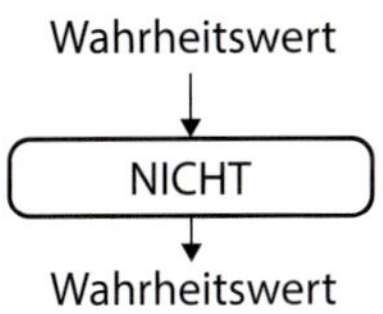

Aus WAHR wird FALSCH, aus FALSCH wird WAHR

Wert	NICHT(Wert)
WAHR	FALSCH
FALSCH	WAHR

Notation im Tabellendokument: NICHT(Wert)

Einbettung der logischen Funktionen
Die Wahrheitswerte, die in eine logische Funktion fließen, können Ergebnis eines Vergleichs sein. Der Ausgabewert kann weiterfließen, z. B. als Wert einer Bedingung in eine WENN-Funktion, wie das folgende Beispiel zeigt:
Zwei Spieltage vor Schluss der Bundesliga: Bayern hat 72, Dortmund 70 Punkte. Für einen Sieg gibt es drei Punkte, für ein Unentschieden einen Punkt. Wenn Bayern gewinnt und Dortmund nicht gewinnt oder Bayern unentschieden spielt und Dortmund verliert, dann ist Bayern Deutscher Meister, sonst ist die Meisterschaft noch offen.

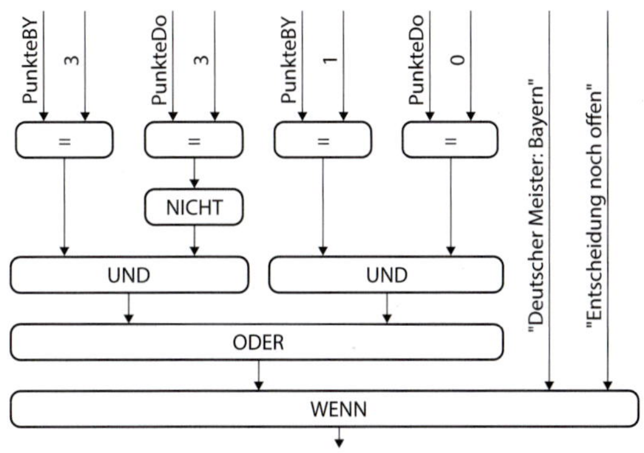

Übersetzt in die Termnotation des Tabellenkalkulationsprogramms ergibt sich:

	A	B	C	D
1	Punkte Bayern:	0	Punkte Dortmund:	3
2	=WENN(ODER(UND(B1=3;NICHT(D1=3));UND(B1=1;D1=0));"Deutscher Meister: Bayern";"Entscheidung offen")			

Eine Funktion mit Eingangsparametern vom Typ Wahrheitswert, die als Ausgabewert einen Wahrheitswert liefert, bezeichnet man als **logische Funktion**. Grundlegende logische Funktionen sind **UND**, **ODER** und **NICHT**.

Aufgaben

1 Das Runde muss ins Eckige

a Suche in der vorliegenden Tabelle der kompletten D-Jugend eines Fußballvereins mit logischen Funktionen alle Mädchen, die 16 Jahre alt und nicht verletzt sind.

b Die genannten Mädchen sollen zu einem Turnier eingeladen werden. Verwende eine WENN-Funktion, damit am Ende der jeweiligen Zeile ggf. das Wort „einladen“ erscheint.

2 Hauptsaison und Nebensaison

In einem Skigebiet ist jeweils in den Weihnachtsferien und in den Faschingsferien Hauptsaison, der Skipass kostet dann 40 Euro. Zwischen den Ferien kostet er 30 Euro. In der Nebensaison vor den Ferien an Weihnachten und nach Fasching kostet er 25 Euro.
Ermittle auf der Basis der Termine für Ferienbeginn und -ende des aktuellen Jahres den jeweiligen Skipasspreis. Passe die Termine an das aktuelle Jahr an.

3 Mensaessen: Insgesamt empfehlenswert

Dem Mensapächter sind die Regeln für ein empfehlenswertes Essen aus der Einstiegsaufgabe zu streng. Er schlägt vor, dass nur zwei der drei Wertungen „biologisch erzeugt“, „genießbar“ und „nicht einseitig“ gleichzeitig WAHR sein müssen, um die Empfehlung „insgesamt empfehlenswert“ zu erzielen.

a Entwickle ein Datenflussdiagramm zu den beschriebenen Regeln.

b Übersetze das Datenflussdiagramm ins Programm und teste mit verschiedenen Eingaben.

4 Wegen Überfüllung geschlossen

Das John-von-Neumann-Gymnasium ist eine sehr beliebte Schule, die an ihre Kapazitätsgrenze kommt. Für den Übertritt in die 5. Klasse gelten deshalb ab sofort strengere Bedingungen, die im nebenstehenden Datenflussdiagramm dargestellt sind.

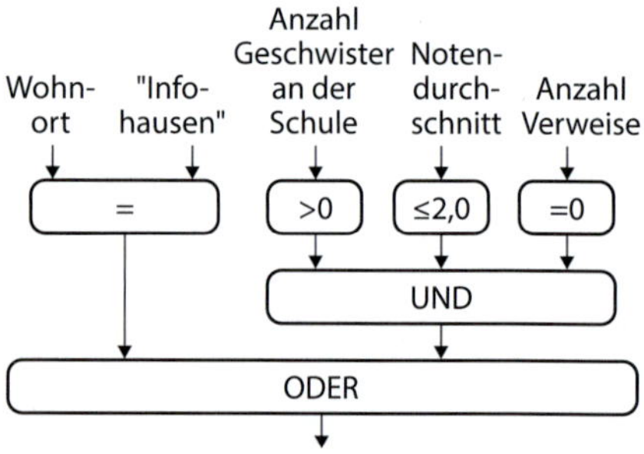

a Beschreibe in Worten, wann ein Kind aufgenommen werden soll.

b Übertrage das Datenflussdiagramm in ein Rechenblatt und ergänze eine WENN-Funktion, so dass ein User nach Eingabe der Daten die Rückmeldung „wird aufgenommen“ oder „wird nicht aufgenommen“ erhält.

5 Würfelbild (Teil 2)

a Nach der Berechnung einer Zufallszahl von 1 bis 6 soll das Würfelbild im Rechenblatt dargestellt werden (siehe Abbildung rechts). Verwende logische Funktionen und nur eine WENN-Funktion pro Zelle.

b Vergleiche mit der Lösung aus dem vorigen Kapitel und bewerte die Lösungen hinsichtlich Klarheit und Einfachheit. Vergleicht dann zu zweit eure Lösungen und optimiert weiter, so dass ihr eine möglichst einfache Lösung erhaltet.

	A	B	C	D
1	Augenzahl	5		
2				
3	Würfelbild	*		*
4			*	
5		*		*

6 Klassenziel erreicht?

Am Gymnasium hat man das Klassenziel erreicht, wenn man keine 6 und höchstens eine 5 in den Vorrückungsfächern hat. Ermittle mit logischen Funktionen und einer WENN-Funktion, welche Schülerinnen und Schüler in die nächste Jahrgangsstufe vorrücken und welche nicht.

7 Schaltjahre

Ein Kalenderjahr dauert normalerweise 365 Tage. Ein Umlauf der Erde um die Sonne dauert genau 365,2422 Tage. Um diesen Unterschied auszugleichen, wurde 1582 unter Papst Gregor VIII der sogenannte gregorianische Kalender eingeführt. Danach wird bei allen durch 4 teilbaren Jahreszahlen ein Schalttag (29. Februar) eingeschoben. Dieser entfällt bei einem vollen Jahrhundert, mit Ausnahme der durch 400 teilbaren Jahreszahlen.

Erstelle ein Rechenblatt für die Funktion Schaltjahr, in die eine Jahreszahl hineinfließt und welche die Ausgabe „ja" oder „nein" liefert.

Hinweis: Benutze für die Teilbarkeit die vordefinierte Funktion REST.

8 E-Mails überprüfen

Ein Geheimdienst scannt E-Mails: Wenn darin entweder die Worte Bombe oder Anschlag in Kombination mit einem Monatsnamen oder einem Wochentag auftreten, sollen die Personen vorsichtshalber genauer unter die Lupe genommen werden.

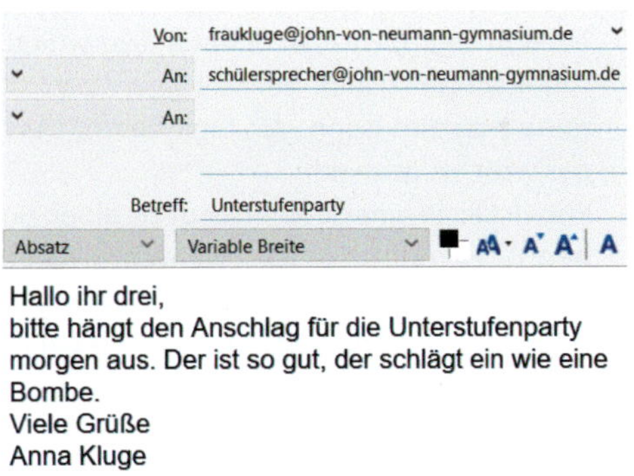
Von: fraukluge@john-von-neumann-gymnasium.de
An: schülersprecher@john-von-neumann-gymnasium.de
An:
Betreff: Unterstufenparty
Absatz | Variable Breite

Hallo ihr drei,
bitte hängt den Anschlag für die Unterstufenparty morgen aus. Der ist so gut, der schlägt ein wie eine Bombe.
Viele Grüße
Anna Kluge

a Entwickle eine geeignete Überprüfung mit Hilfe von logischen Funktionen. Bewerte dann auf Grundlage des nebenstehenden Texts und eigener Texte die Qualität des Verfahrens.

b Ergänze die Überprüfung durch weitere Schlagwörter.

c Bewerte Chancen und Risiken, die von einer solchen Überprüfung aller E-Mails bzw. der E-Mails von Verdächtigen ausgehen.

9 Forschungsauftrag: SVERWEIS

Die Funktion SVERWEIS hilft bei vielen Problemen, die sonst mit komplexen logischen Funktionen und verschachtelten WENN-Funktionen zu lösen sind. Recherchiere ein anschauliches Beispiel und stelle es in der Klasse vor.

1.9 Miniprojekte und weiterführende Aufgaben

Methode: Pair Programming
Das Pair Programming ist eine agile Arbeitstechnik, bei der zwei Personen an einem Arbeitsplatz zusammenarbeiten. Die eine arbeitet im Programm mit Blick auf die aktuelle Stelle („Driver“), während die andere die „Richtung weist“ („Navigator“; Ideen für nächste Schritte, Verbesserungen, Suche nach logischen Fehlern). Die beiden wechseln sich in ihren Rollen regelmäßig ab. Probiert es gleich mal aus bei den folgenden Aufgaben!

1 Die böse Sechs

Beim Würfelspiel „Die böse 6“ werfen die Spieler abwechselnd mit fünf Würfeln. Die Summe der Augenzahlen bekommt man auf dem Punktekonto gutgeschrieben. Ist allerdings eine 6 darunter, bekommt man 0 Punkte, außer es sind 5 Sechsen, wofür man 36 Punkte erhält. Gewonnen hat, wer zuerst 100 Punkte erreicht.

	A	B	C	D	E	F
1	Würfel1	Würfel2	Würfel3	Würfel4	Würfel5	Punkte
2	5	2	6	1	4	0
3						
4		Klara	Fritz			
5	GESAMT	23	12	Noch kein Gewinner!		
6	Zug 1	0	12			
7	Zug 2	23	0			

Simuliert im Team den Spielzug eines Spielers und wertet die erhaltenen Punkte automatisch aus. Verwendet dabei auch logische Funktionen. Erprobt das Spiel, indem ihr nach jedem Spielzug die erhaltenen Punkte notiert.

2 Bachstuben verwechslet

"luat enier sidtue an eienr elgnhcsien uvrsnäiett ist es eagl in wcheler rhnfgeeloie die bstuchbaen in eniem wrot snid. das eniizg whictgie ist, dsas der etrse und der lztete bstuchbae am rtigeichn paltz snid. der rset knan tatol deiuranchnedr sien und man knan es imemr ncoh onhe porbelm lseen. das legit daarn, dsas wir nhcit jeedn bstuchbaen aeilln lseen, srednon das wrot als gzanes."

Entwickelt in einer kleinen Gruppe einen Buchstabenverwechsler wie im obigen Text beschrieben. Alle Großbuchstaben werden zu Kleinbuchstaben. Wörter mit zwei oder drei Buchstaben bleiben unverändert. Bei Wörtern mit vier Buchstaben werden die beiden mittleren Buchstaben vertauscht. Überlege, wie du bei längeren Wörtern vorgehen kannst, um die inneren Buchstaben gut zu durchmischen.

3 Psychotest

In Zeitschriften findet man oft kleine Persönlichkeitstests. Baut in einer kleinen Gruppe einen solchen Test mit mehreren Fragen nach und entwickelt eine automatische Auswertung.

	A	B	C	D	E
1	WELCHER HANDY-TYP BIST DU?				
2	1. In der Schule sollst du das Handy ausschalten. Was machst du?				
3	A	B	C	D	Gewählte Antwort
4	Nach spätestens 20 Minuten "muss ich mal".	Ich habe kein Handy dabei.	Wenn es lautlos ist, merkt es kein Lehrer.	Wenn ich erwischt werde, habe ich ein Zweithandy.	D
5	....				
6					
7	AUSWERTUNG				
8	Du bist ein echter Handy-Junkie. Das einzige, was bei dir noch trainiert ist, sind deine Daumen. Es gibt auch ein Leben neben dem				

4 Trau keiner Statistik, die du nicht selbst überprüft hast
Auf der Website des Statistischen Bundesamtes findest du eine Vielzahl von Tabellen zu unterschiedlichen Themen, z. B. zur Bevölkerungsentwicklung, zur Wirtschaft und zum Thema Bildung. Teilweise kannst du diese unmittelbar als Tabellendatei herunterladen, teilweise musst du die Inhalte aus einer Webseite herauskopieren.

a Verschafft euch einen Überblick über die verfügbaren Daten und wählt ein interessantes Thema.

b Überprüft im Tabellenkalkulationssystem die Daten auf Plausibilität wie im nachfolgenden Beispiel.

	A	B	C	D	E	F
1		Bevöl-kerung	Erwerbs-tätige	Erwerbs-lose	Kinder, Rentner	meine Prüfung
2	Jahr	in 1000				
3	1970	38495	25320	160	13015	0
4	1971	38278	25149	201	12928	0
5	1972	38988	26053	197	12969	231
6	1973	39171	26238	178	12756	1
7	1974	39491	26097	373	13020	-1

c Ermittle selbst weitere Werte aus deiner Tabelle, indem du zum Beispiel absolute Zahlen in Prozentsätze umwandelst oder interessante Summen berechnest. Stelle Ergebnisse auch in geeigneten Diagrammen dar. Tausche die gewonnenen Informationen mit Mitgliedern deiner Klasse aus.

5 Runder Geburtstagsrechner
Nichts kann peinlicher sein, als einen runden Geburtstag von Opa oder Tante zu vergessen! Erstelle ein Rechenblatt mit (fiktiven oder realen) Geburtstagen.

	A	B
1	Namen	Geb.
2	Herr Schlaukopf	08.02.1990

a Gib an und begründe, was die folgende Formel leistet.
=WENN(ODER(JAHR(HEUTE())-JAHR(B2)=50;JAHR(HEUTE())-JAHR(B2)=75;JAHR(HEUTE())-JAHR(B2)=100);JAHR(HEUTE())-JAHR(B2);"")

b Gib eine Formel an, die es anzeigt, wenn ein durch 10 teilbarer Geburtstag vorliegt.
Tipp: Diese Aufgabe kannst du ohne „ODER" sehr viel schneller lösen!

6 Weihnachten und Ostern an einem Tag (nach 35. Bundeswettbewerb Informatik)
Zur Weihnachtszeit äußert Christian immer sehr kostspielige Wünsche. Die Standardantwort seiner Mutter ist dann die Redensart: „Das bekommst du, wenn Weihnachten und Ostern auf einen Tag fallen."
Aus Gesprächen mit einem russischstämmigen Freund weiß Christian, dass sich der ostkirchliche julianische Kalender von unserem gregorianischen Kalender unterscheidet. Informiere dich über die Kalendersysteme und ermittle mit Tabellenkalkulation die Termine des ostkirchlichen Weihnachtsfestes und des westkirchlichen Osterfestes. Bestimme so, wann sich Christian Hoffnung auf sein großes Geschenk machen darf!

7 Cäsar-Verschlüsselung

Der römische Feldherr Gaius Julius Cäsar benutzte folgende Verschlüsselungstechnik bereits ca. 50 v. Chr., um Nachrichten an seine Soldaten geheim zu halten:

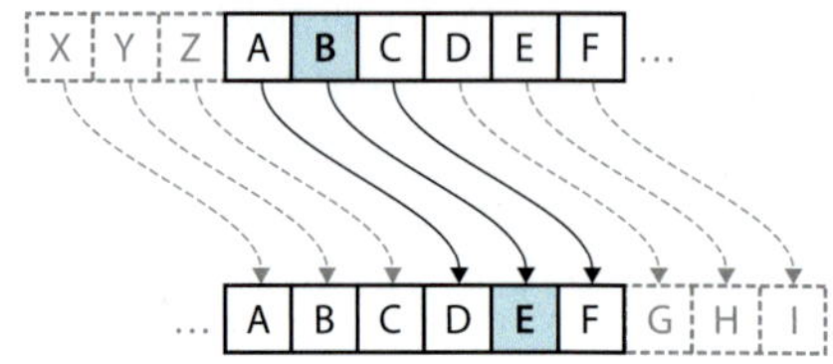

Man wählt eine Zahl als geheimen Schlüssel. Danach wird jeder Buchstabe der Nachricht um so viele Buchstaben im Alphabet weitergeschoben.

So wird z. B. die Nachricht „Westtor" mit dem Schlüssel 2 zum Geheimtext „Yguvvqt".

a Implementiere das Ver- und Entschlüsseln in einem Rechenblatt.
Tipps:
– Gehe schrittweise vor: Erst nur ein Wort aus Kleinbuchstaben, …
– Vordefinierte Textfunktionen sind für die Bearbeitung wichtig.

b Versucht, eure Texte gegenseitig zu dechiffrieren.

c Überlegt euch im Team Variationen des Verfahrens, die das Entschlüsseln erschweren. Setzt diese im Rechenblatt um.

8 Rechenfehler mit gravierenden Folgen

Im Januar 1982 wurde an der Börse in Vancouver ein neuer Aktienindex eingeführt, also eine Kennzahl, die beschreibt, wie die allgemeine Tendenz (Anstieg oder Abfallen) für eine Gruppe von Aktien aussieht. Die Zahl startete mit dem Wert 1000. Der Wert wurde dann laufend angepasst, ungefähr alle 30 Sekunden. Nach etwa einem Jahr stellte man fest, dass trotz allgemein guter wirtschaftlicher Stimmung bei den einzelnen Wertpapieren der Aktienindex auf ca. 500 abgestürzt ist. Experten wurden gerufen, die drei Wochen rechneten, bis sie den Fehler gefunden hatten: ein Rundungsfehler! Der Aktienindex wurde auf die dritte Stelle nach dem Komma abgerundet, hätte aber nach üblichen Rundungsregeln (aufrunden ab X,XXX5) berechnet werden müssen.

a Simuliere die Berechnung des Aktienindex für einen Tag (2880 Neuberechnungen) und berechne die Abweichung am Ende des Tages, indem du die beiden Rundungsarten gegenüberstellst. Nimm dazu vereinfachend an, dass sich der Kurs bei jeder Neuberechnung um einen Wert im Bereich $\pm 0{,}03$ zufällig verändert.
Rechne dann hoch, wie groß der Fehler nach einem Jahr ist.

b Recherchiere einen anderen Fall, bei dem Rechenfehler gravierende Auswirkungen hatten. Entwirf dazu eine Präsentation. Setze nach Möglichkeit die Tabellenkalkulation geeignet ein.

Teste dich selbst!

T1 Warum Tabellenkalkulation?

Eine Mitschülerin sagt dir, dass die Arbeit mit dem Tabellenkalkulationsprogramm nichts bringt und es im Alltag ohnehin nicht sinnvoll verwendbar ist. Belehre sie eines Besseren, indem du drei Situationen beschreibst, in denen du das Programm auf jeden Fall mit Gewinn einsetzen würdest.

T2 Richtig oder falsch?

Beurteile, ob folgende Aussagen richtig oder falsch sind. Begründe deine Meinung bei falschen Aussagen und gib eine berichtigte Aussage an:

a Alle Funktionen haben eine feste Anzahl an Eingangsparametern.
b Der Datentyp des Ausgabewertes ist bei einer Funktion immer festgelegt.
c Wenn man möchte, dass die Bezüge einer kopierten Formel unverändert bleiben, muss man vor den Spaltenbuchstaben ein Dollarzeichen schreiben.
d Kopiert man die Formel „=A$3" und fügt sie zwei Spalten weiter rechts und eine Zeile weiter unten wieder ein, wird sie automatisch auf „=C$3" angepasst.
e Beim Datenflussdiagramm kommt es darauf an, einen Berechnungsvorgang auf eine exakt vorgeschriebene Weise darzustellen.
f Wenn man ein Rechenblatt benutzen möchte, ist es oft hilfreich, wenn der Berechnungsvorgang in Einzelschritten ausführlich dargestellt ist.
g Wenn man einen Parameterwert bei einer Berechnung mehrfach benötigt, notiert man diesen im Datenflussdiagramm entsprechend oft.
h Im Datenflussdiagramm zur Formel rechts gibt es einen Verteiler mit drei Ausgängen.

=A3*B2+A3–A3/C4

T3 Schnell gelöst mit Tabellenkalkulation!

Finde zügig die Lösung mit dem Tabellenkalkulationsprogramm!

a Wie viele Tage hast du noch Zeit, um für einen Freund/eine Freundin ein Geburtstagsgeschenk zu besorgen?
b Welchen Durchschnitt hast du in Informatik, wenn du in schriftlichen Arbeiten die Noten 1, 3 und 4 hast und mündlich zweimal die 2 und die einzelnen schriftlichen Noten doppelt gewichtet werden?
c Berechne die Zweierpotenzen von 2^0 bis 2^{10}.
d Nutze die WENN-Funktion: Du willst einen Artikel für 73 Euro kaufen. Vom letzten Einkauf hast du einen Rabattgutschein von 10 Euro. Im Geschäft gibt es aber auch eine Aktion „alles 19 % günstiger." Die Rabattaktionen dürfen nicht kombiniert werden. Welches Angebot wählst du?
e Generiere für Online-Accounts Benutzernamen aus dem ersten Buchstaben des Vornamens (in Spalte A) und dem Nachnamen (in Spalte B).

T4 Überblick gewinnen mit Datenflussdiagrammen

Das Datenflussdiagramm rechts veranschaulicht einen Teil der Zulassungsbedingung zum Abitur in einem Bundesland. Beschreibe sie in Worten.

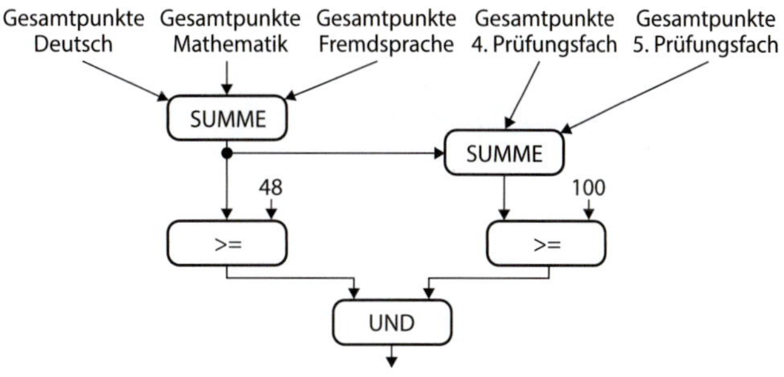

Die **Zelle** ist der Grundbaustein eines Tabellendokuments. Ihr **Datentyp** legt fest, welche Werte angenommen werden können und welche Operationen möglich sind. Aus Datentyp, **Format** und **Inhalt** wird die **Darstellung** ermittelt. Neben einem Text oder einer Zahl kann der Inhalt einer Zelle auch eine **Formel** sein. Diese kann als **Parameter** (Platzhalter für Eingabewerte) die Adressen anderer Zellen enthalten.

	A	B
1	1,99 €	3,33 €
2	Summe:	5,32 €

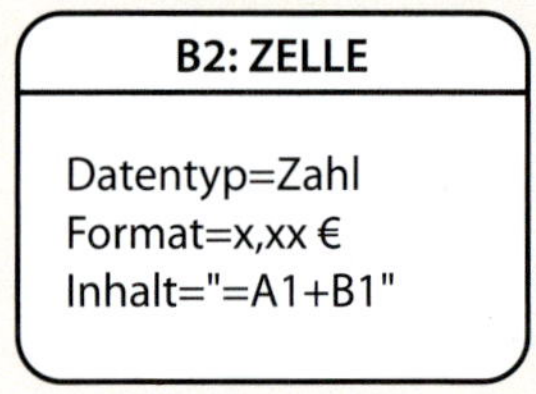

Zelladressen können in Formeln auf zwei verschiedene Arten angegeben werden: Wenn Dollarzeichen vor Spaltenbuchstabe und/oder Zeilennummer geschrieben werden, verändern sich diese Bezüge nach Kopieren und Einfügen nicht (**absolute Adressierung**). Ansonsten ändern sich die Bezüge um so viele Spalten/Zeilen, wie die Formeln voneinander entfernt sind (**relative Adressierung**).

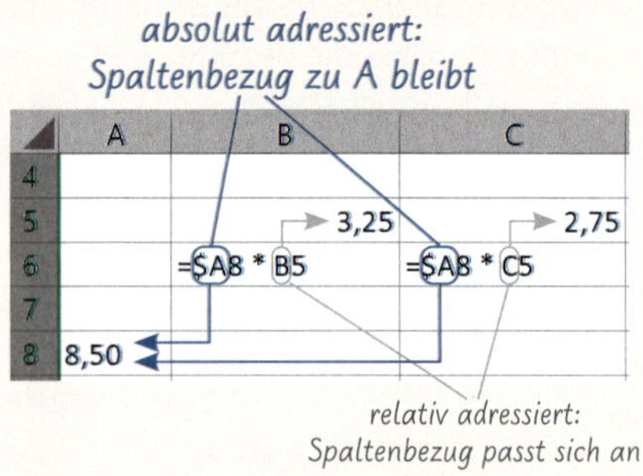

Durch **Funktionen** werden **Daten** verarbeitet. Beim Aufruf werden die **Parameter** ersetzt durch konkrete **Eingabewerte**. Nach einer eindeutigen Zuordnungsvorschrift wird ein **Ausgabewert** ermittelt.

	A	B	C
1	1	2	3
2	4	5	6
3	=MITTELWERT(A1:C2)		

Ein komplexerer Berechnungsvorgang kann mit Hilfe eines **Datenflussdiagramms** übersichtlich und gut nachvollziehbar dargestellt werden. Es ist bei der Planung einer Berechnung im Tabellenkalkulationsprogramm nützlich.
Bei der Erstellung müssen zunächst die relevanten Parameter festgelegt und anschließend die notwendigen Funktionen ermittelt und richtig kombiniert werden.

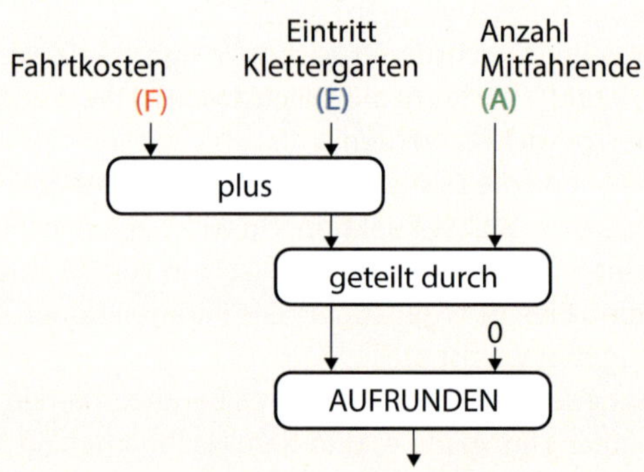

Für Benutzer eines Rechenblatts ist eine übersichtliche Gestaltung wichtig. Daher ist es sinnvoll, die Funktionen eines Datenflussdiagramms vor der Übertragung ins Tabellenkalkulationsprogramm zu **verketten**. Die **Termschreibweise** kann dabei ein hilfreicher Zwischenschritt sein.

```
F+E
(F+E) / A
AUFRUNDEN((F+E) / A; 0)
```

Falls dieselben Eingabewerte im Datenflussdiagramm in mehreren Funktionen benötigt werden, benutzt man das **Verteiler**-Symbol ⅄, um den Datenfluss zu **verzweigen**. In alle Ausgänge fließen dieselben Daten. Im Term (bzw. in der Formel) ist die Verzweigung am mehrfachen Auftreten eines Parameters (bzw. derselben Zelladresse) zu erkennen.

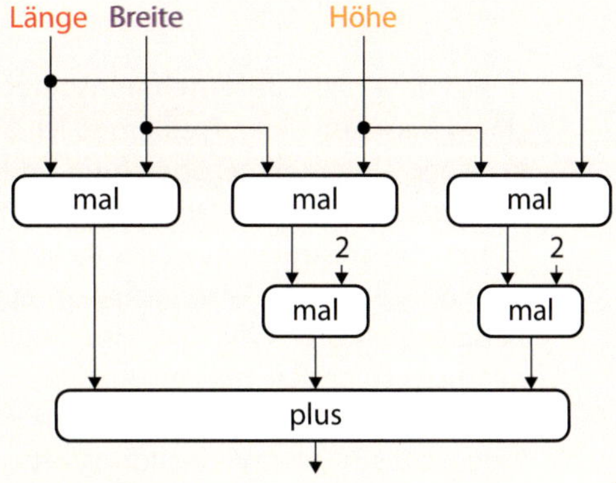

Termnotation:
Länge*Breite + Breite*Höhe*2 + Höhe*Länge*2

Die **WENN-Funktion** hat drei Eingangsparameter: einen **Wahrheitswert** und zwei alternative Werte für die Ausgabe. Je nachdem, ob der Wahrheitswert WAHR oder FALSCH ist, nimmt der Ausgabewert den Wert der ersten oder der zweiten Alternative an. Schreibweise:
WENN(Wahrheitswert; AlternativeBeiWahr; AlternativeBeiFalsch)
Der Wahrheitswert ergibt sich durch die Auswertung einer **Bedingung**, häufig durch einen Vergleich.

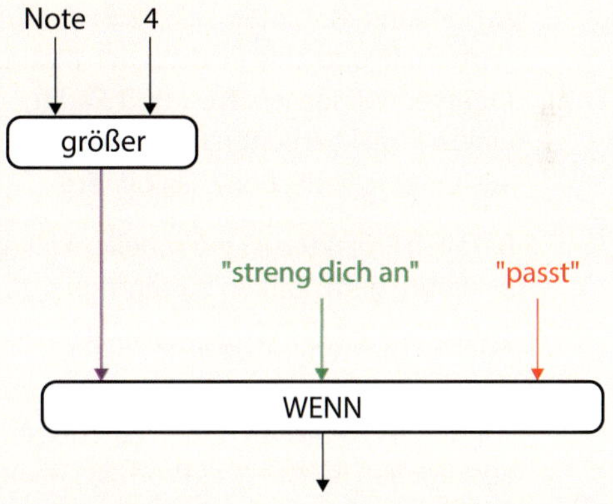

Termnotation:
WENN(Note>4;"streng dich an";"passt")

Eine Funktion mit Eingangsparametern vom Typ Wahrheitswert, die als Ausgabewert einen Wahrheitswert liefert, bezeichnet man als **logische Funktion**. Grundlegende logische Funktionen sind UND, ODER und NICHT.

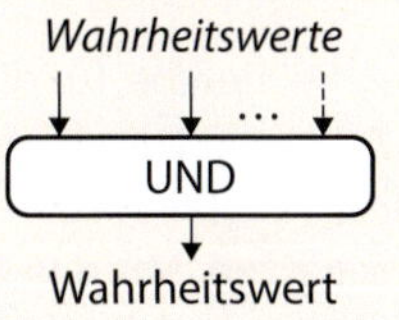

liefert WAHR, wenn alle Eingangswerte WAHR sind

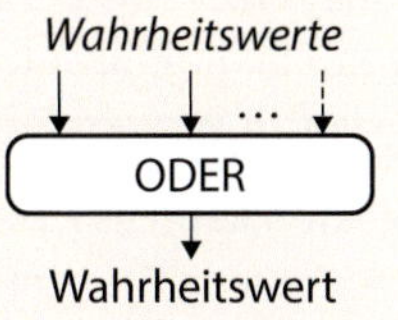

liefert WAHR, wenn mindestens ein Eingangswert WAHR ist

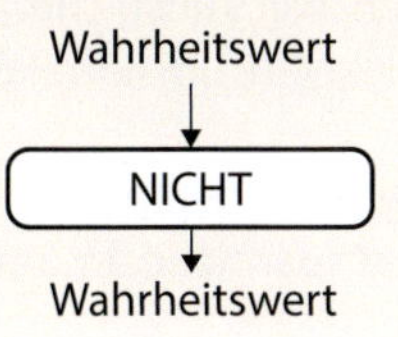

aus WAHR wird FALSCH, aus FALSCH wird WAHR

Zum Weiterlesen

1 Aus der Praxis: Unternehmensberatung

„Mein Name ist Ulrike Freiberger. Ich arbeite in einer Unternehmensberatung, d.h. wir werden von Firmen angefragt, wenn in Unternehmen strukturelle oder fachliche Entscheidungen und Veränderungen anfallen. Beispielsweise, um die Bilanzen des Unternehmens zu prüfen, bei Personalfragen, oder wenn Prozesse optimiert werden sollen, indem z.B. eine neue Verwaltungssoftware für das Unternehmen eingeführt wird.

Ich habe Informatik studiert, aber unsere Beschäftigten haben die unterschiedlichsten Ausbildungen hinter sich, z.B. Studien der Wirtschaft und des Rechts, der Mathematik, Ingenieurwissenschaften und Pädagogik. An einem Projekt arbeiten in der Regel Fachleute aus unterschiedlichen Disziplinen.

Bei allen Projekten ist ein Tabellenkalkulationsprogramm für uns ein wichtiges Hilfsmittel, sobald es darum geht, Zahlen zu sammeln, zu berechnen und in Diagrammen darzustellen.

Auch in meinem aktuellen Projekt, in dem ich eine Getränkefirma bei der Einführung eines neuen Fruchtsaftgetränks unterstütze, arbeiten wir laufend damit. Im Marketingkonzept ermitteln wir durch Prognosen und Schätzungen, mit welchen Absatzzahlen zu rechnen ist, und ob davon auszugehen ist, dass das Produkt Gewinn erwirtschaftet. Da unser Auftraggeber großen Wert auf nachhaltiges Wirtschaften legt, wird auch abgeschätzt, wie die Ökobilanz des Getränks ist. Eine andere Projektgruppe plant gerade die Steuerungs- und Überwachungssoftware der Produktionsanlage. Auch hier wird nicht nur programmiert, sondern auch kalkuliert, etwa, wenn der Strom- und Wasserbedarf ermittelt wird.

Nach einer intensiven Recherche, für die wir auch unsere firmeneigenen Datenbanken hinzuziehen, fassen wir alle Zahlen in verschiedenen Rechenblättern zusammen. Dabei haben wir nicht in allen Szenarien für alle Probleme eine ausreichende Datengrundlage. Oft hilft meine Erfahrung dann, die Werte zu schätzen. Mit den Funktionen des Tabellenkalkulationsprogramms können wir dabei auch verschiedene Fälle durchspielen. Aus dem Zahlenfundament lesen wir Zusammenhänge, Risiken oder Probleme heraus. Dadurch können wir dem Kunden eine maßgeschneiderte Lösung anbieten. Für die Präsentation beim Kunden müssen wir die Zahlen in eine anschauliche Form bringen. Hierfür verwenden wir unter anderem Diagramme.

Bei sehr großen Projekten kann es passieren, dass ein Tabellenkalkulationsprogramm aufgrund der vielen Datensätze an seine Grenzen gerät. Dann setzen wir Datenbanken ein, um die Zahlenbasis zu sammeln und neue Erkenntnisse daraus zu gewinnen.

→ 3.2

Natürlich verwenden wir künstliche Intelligenz in unserem Unternehmen: Wir setzen Data-Mining-Tools geschickt ein, um korrelative oder kausale Zusammenhänge zu entdecken.

Da ich immer wieder in anderen Projekten arbeite, ist meine Arbeit als Informatikerin sehr abwechslungsreich und spannend. Im Team bewältigen wir größte Herausforderungen."

2 Geschichte der Tabellenkalkulation

Tabellen helfen seit langem, Konten und Abrechnungen übersichtlich zu gestalten. Bereits zu Zeiten, als der Gedanke an eine elektronische Verarbeitung noch undenkbar war, wurde in Unternehmen mit Tabellen kalkuliert. In der Mitte der sechziger Jahre des letzten Jahrhunderts wurden mit finanzmathematischen Anwendungen die ersten Versuche auf Großrechnern durchgeführt. Die Rechenmöglichkeiten und die Benutzerführung waren damals weit entfernt von den Fähigkeiten moderner Programme.

Dan Bricklin beschreibt, dass er 1978 als Student an der amerikanischen Universität Harvard für sein Wirtschaftsexamen lernte. Dabei träumte er davon, wie schön es wäre, wenn sein Taschenrechner die Möglichkeit hätte, zwischen den Eingabewerten und dem Ergebnis hin und her zu springen und verschiedene Berechnungen durchzuführen. Bricklin hatte die Idee, dieses auf einem Computer umzusetzen. Die Werte und Ergebnisse sollten tabellarisch angezeigt und die Berechnungen mittels Formeln in die Tabellenfelder eingegeben werden. 1979 war es dann so weit: Zusammen mit seinem Freund Bob Frankston präsentierte er der Welt das erste Tabellenkalkulationsprogramm VisiCalc.

Das Programm war eine Revolution, ermöglichte es doch erstmalig flexible Berechnungen am Computer bei einfacher Bedienung und ohne Programmierkenntnisse.

Aktuelle Tabellenkalkulationsprogramme haben immer noch eine Benutzerschnittstelle, die der von VisiCalc sehr ähnlich ist.

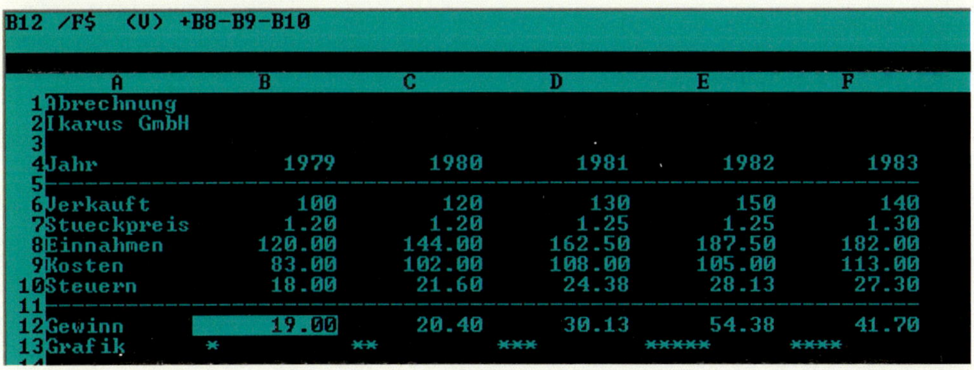

Etwa zeitgleich mit VisiCalc kamen auch erste Textverarbeitungsprogramme auf den Markt. Zusammen mit den preiswerter werdenden Computern waren diese ebenfalls preiswerten Programme die entscheidenden Argumente, die innerhalb kürzester Zeit für die rasche Verbreitung von Computern in der Unternehmenswelt sorgten.

Durch Unstimmigkeiten beim Hersteller von VisiCalc gelang es dem Konkurrenten Lotus, 1981 mit 1-2-3 ein besseres Konkurrenzprodukt auf den Markt zu bringen. Es verfügte über Datenbankanbindung und Möglichkeiten zur Erstellung von Diagrammen. →2

Mit der Entwicklung grafischer Bedienoberflächen wurde die Handhabung vereinfacht. Auf dieser Grundlage entstanden eine Vielzahl von ähnlichen Programmen wie Multiplan, Excel, StarCalc, OpenOffice Calc und LibreOffice Calc.

3 Barcodes

Nutzen und Einsatz

→ Barcode: engl. bar: Balken, also Balkencode, Strichcode

Von der Auszeichnung von Produkten im Supermarkt über das Management von Gepäckstücken bei Flugreisen oder der Verwaltung eines Warenbestands in einem Lager – → Barcodes werden weltweit in den verschiedensten Bereichen eingesetzt.

Zur Erstellung von Barcodes werden Daten mit Hilfe weißer und schwarzer Balken dargestellt, damit die Informationen maschinell eingelesen und anschließend elektronisch verarbeitet werden können.

Das Einlesen erfolgt oft mit einem (Hand-)Scanner, es gibt aber auch zahllose Apps, mit denen Barcodes über die Smartphonekamera erkannt werden können.

Oft steht der verschlüsselte Inhalt des Barcodes auch noch einmal in für uns verständlicher Form direkt unter dem Strichmuster; auf diese Weise kann man die Informationen auch selbst ablesen, falls das Scannen nicht funktioniert. Vielleicht hast du an der Supermarktkasse ja schon einmal beobachtet, dass eine Produktnummer von Hand eingetippt werden musste. Die Ursache können beispielsweise Verschmutzungen sein. Von vornherein ist ein präziser Codedruck erforderlich, damit die kodierte Information zuverlässig wieder ausgelesen werden kann.

Aufbau: Der Code 128-A

Prüfziffer berechnen:
Jedem Zeichen ist eine Codezahl zugeordnet. Jedes Zeichen wird zunächst durch diese Codezahl ersetzt. Dann werden die Codezahlen nacheinander mit 1, 2, 3, ... multipliziert. Aus diesen Produkten wird die Summe gebildet. Der Rest der ganzzahligen Division (REST) mit 103 ist die Prüfziffer.

Ein Barcode ist aus einzelnen Modulen, Balken festgelegter Breite, aufgebaut. Diese können weiß oder schwarz sein. Scheint ein Balken breiter, so handelt es sich eigentlich um eine Folge gleichfarbiger Module. Für jeden Barcode ist eindeutig festgelegt, durch welche Modulfolge die einzelnen Zeichen kodiert werden. Beim weitverbreiteten Code 128 wird jedes Zeichen durch elf Module dargestellt. Neben der codierten Eingabe enthält ein Barcode noch weiße Bereiche am Anfang und Ende sowie einen Start- und ein Stoppcode. Beides dient dazu, dass der Scanner Anfang und Ende des Codes erkennen kann. Der Startcode beim Code 128 beschreibt außerdem noch, auf welche von drei Arten die Zeichen kodiert werden (A, B oder C).

Zudem wird aus der Eingabe auch noch eine Prüfziffer berechnet und ebenfalls kodiert: Diese soll sicherstellen, dass überprüft werden kann, ob die codierte Eingabe beim Scannen korrekt erfasst wurde: Nach dem Scan wird die Prüfziffer erneut aus der eingelesenen Eingabe berechnet und mit der eingelesenen Prüfziffer verglichen.

Barcodes im Tabellenkalkulationsprogramm selbst erstellen!

Im gegebenen Tabellenkalkulationsdokument ist bereits eine Tabelle für die Zeichenkodierung mit dem Code 128-A eingetragen. Außerdem sind schon Zellen für die einzelnen Schritte zur Codeerstellung festgelegt. Im Folgenden ist stichpunktartig das Vorgehen mit kleinen Tipps beschrieben:

Prüfzifferncode bestimmen:

- Schon erledigt: Eingabe zeilenweise in Einzelzeichen zerlegen
- Zugehörige Codezahl ermitteln (SVERWEIS)
- Koeffizienten von 1 an aufsteigend eintragen
- Produkte aus Codezahl und Koeffizient berechnen
- Prüfziffer gemäß obiger Beschreibung berechnen
- Modulfolge der Prüfziffer ermitteln (SVERWEIS)

Eingabe codieren:

- Modulfolgen der Einzelzeichen ermitteln (SVERWEIS)
- Schon erledigt: Code-Farbfolge aus allen Bestandteilen zusammensetzen

Code graphisch auf dem zweiten Rechenblatt darstellen:

- Alle Spaltenbreiten auf 1 setzen, erste Zeile auf maximale Höhe setzen
- In jede Zelle je ein Zeichen des Gesamt-Codeworts vom anderen Tabellenblatt eintragen (=TEIL(Berechnung!$L2;SPALTE();1))
- Bedingte Formatierung einstellen:
  s → Hintergrund schwarz
  w → Schriftfarbe weiß

Projekt mit dem Fach ?

Wenn man in eine Suchmaschine „barcode art" oder „designed barcodes" eingibt, finden sich eine Unzahl kreativ gestalteter Barcodes. Damit solche Barcodes weiterhin auch abscannbar sind, ist es wichtig, dass ein Bereich bleibt, in dem alle Balken auf gleicher Höhe unverändert bleiben. Vielleicht ergibt sich ein Projekt gemeinsam mit Kunst, möglicherweise zum Thema Mode?

Im Informatikunterricht könnte nach oben beschriebenem Vorgehen ein Barcode mit kurzem Inhalt erstellt werden, im Kunstunterricht könnte der Barcode mit Hilfe beliebiger Techniken zu Papier gebracht und passend gestaltet werden.

Wichtig ist es, dass der gestaltete Barcode am Ende noch lesbar ist – denn die „geheime" Botschaft soll ja von den Betrachtenden abgescannt werden können!

→ dual, lat. eine Zweiheit bildend
bi-, (lat. bis), zweimal

4 Zahlen unterschiedlich dargestellt

Zahlen werden auf dem Computer intern im Zweiersystem (→ Dualsystem, Binärsystem) dargestellt. Die Stufenzahlen sind also nicht 1; 10; 100; 1000; 10 000; … sondern 1; 2; 4; 8; 16; 32; 64; … Das setzt sich bei den Stellenwerten nach dem Komma fort: Statt $\frac{1}{10}; \frac{1}{100}; \frac{1}{1000}; \frac{1}{10\,000}; \ldots$ sind die Stellenwerte $\frac{1}{2}; \frac{1}{4}; \frac{1}{8}; \frac{1}{16}; \frac{1}{32}; \frac{1}{64}$ usw. Leider passen die beiden Stellwertsysteme bei den Brüchen nicht zusammen: Endliche Dezimalbrüche sind in der Regel unendlich-periodische Dualbrüche, sie können daher nur genähert dargestellt werden.

Zahl im Dezimalsystem	als Summe von Zweierpotenzen	Zahl im Dualsystem
10	$1 \cdot 2^3 + 0 \cdot 2^2 + 1 \cdot 2^1 + 0 \cdot 2^0$	1010
0,1	$0 \cdot \left(\frac{1}{2}\right)^1 + 0 \cdot \left(\frac{1}{2}\right)^2 + 0 \cdot \left(\frac{1}{2}\right)^3 + 1 \cdot \left(\frac{1}{2}\right)^4 + 1 \cdot \left(\frac{1}{2}\right)^5 + 0 \cdot \left(\frac{1}{2}\right)^6 + 0 \cdot \left(\frac{1}{2}\right)^7 + 0 \cdot \left(\frac{1}{2}\right)^8 \ldots$	0,00011

Ergebnisse von Berechnungen mit Kommazahlen sind deswegen oft nicht genau gleich dem Ergebnis, das wir von Hand ausrechnen würden, sondern sie weichen im Rahmen der Rundungsfehler ab. Rechnen wir „3 · 0,3" zu „0,9" aus, so kann das Ergebnis am Computer „0,9000001" lauten. Daher ist es in der Regel notwendig, Ergebnisse auf die gewünschte Genauigkeit zu runden; hilfreich sind dazu die vordefinierten Funktionen ABRUNDEN, AUFRUNDEN und GANZZAHL.
Die Formatierung einer Zelle vom Datentyp Zahl auf eine feste Anzahl an Dezimalstellen wirkt bei den meisten Tabellenkalkulationsprogrammen wie ein Runden auf diese Stellenzahl. Wenn in einer Zelle die Spaltenbreite für die Darstellung der Zahl nicht ausreicht, dann wird dies durch die Zeichen „###" angezeigt. Wichtig ist hier: Wenn das System rundet, um ein Ergebnis auf eine bestimmte Anzahl von Dezimalstellen anzugeben, so verändert sich dadurch nicht der Wert des Attributes „Inhalt" der Zelle. Wird auf diese Zelle Bezug genommen, so wird mit dem Inhalt der Zelle und nicht mit dem dargestellten gerundeten Wert gerechnet. Wenn man tatsächlich mit dem gerundeten Wert rechnen möchte, so muss man die Funktion RUNDEN verwenden.

2 Datenmodellierung und Datenbanken

Am Ende des Kapitels kannst du ...

... gezielt Informationen aus Datenbanken mit vielen tausend Datensätzen abfragen.

... verstehen, wie Webanwendungen Daten speichern bzw. abrufen.

... große Mengen an Daten sinnvoll strukturieren.

2.1 Einfache Datenbankabfragen

Sicher hast du schon einmal in einem Online-Shop nach einem Kleidungsstück, einem Buch oder etwas Ähnlichem gesucht. Nach der Eingabe des Suchbegriffes bekommst du sofort die passenden Artikel angezeigt. Aber was steckt eigentlich hinter der Webseite des Shops?
Viele Anwendungen, die große Mengen an Daten bereitstellen und verarbeiten, verwenden zur Datenverwaltung eine sogenannte Datenbank.
Auf der Seite informatikschulbuch.de ist ein Link zu einer Seite angegeben, auf der du einen Blick hinter einen Webshop werfen kannst.

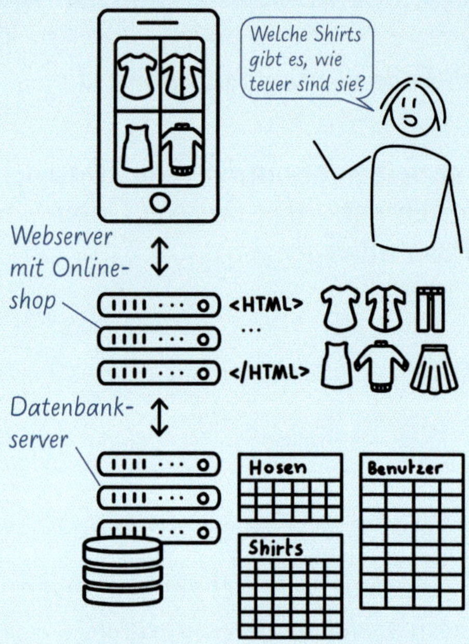

a Öffne die oben angegebene Seite und betrachte die Ansicht im Reiter *DB-Backend*. Beschreibe, wie die Artikel hier dargestellt sind und vergleiche mit der Darstellung im *User-Frontend*.

→ Frontend: Benutzersicht auf die Datenbank

→ Backend: Datenbanksystem hinter der Anwendung

b Stelle im → *User-Frontend* die Filter so ein, dass dir nur die Farbe und der Preis aller T-Shirts angezeigt werden. Wende die Filter an und wechsle in das *DB-Backend*. Analysiere die hier angegebene Datenbankabfrage.

c Formuliere im → *DB-Backend* eine weitere Datenbankabfrage, welche die Art und den Preis aller Artikel in der Farbe Blau zurückgibt! Überprüfe deine Eingabe, indem du nach dem Senden der Abfrage wieder zurück in das *User-Frontend* wechselst.

Einfache Abfragen in SQL

→ Relation: mathematische Beschreibung einer Tabelle

Weltweit gibt es mehrere Millionen Filme. Ein Streamingdienst speichert relevante Informationen in einer → relationalen Datenbank. Diese kann aus mehreren Tabellen bestehen. Es sind beispielsweise Tabellen zu Filmen, Serien oder Kunden vorhanden. In der Tabelle Film sind Informationen wie der Titel, das Erscheinungsjahr oder die Laufzeit der Filme gespeichert. Mit gezielten Anfragen können Anwender und Anwenderinnen neue Informationen gewinnen und viele Fragen beantworten. Beispielsweise auch die folgende:
Welche Filme dauern weniger als 120 Minuten und welchem Genre sind sie zugeordnet?

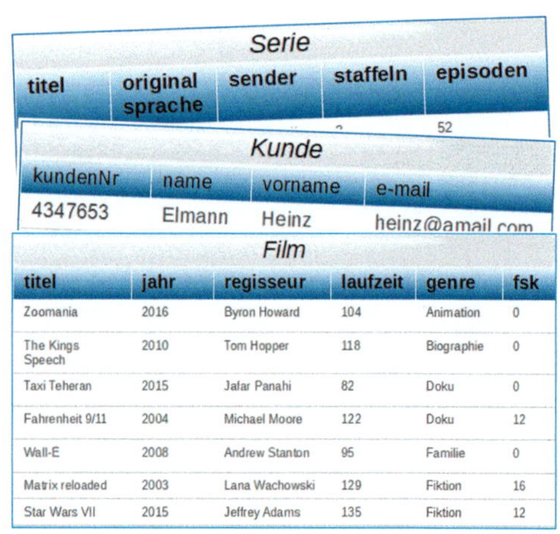

Serie

titel	original sprache	sender	staffeln	episoden
				52

Kunde

kundenNr	name	vorname	e-mail
4347653	Elmann	Heinz	heinz@gmail.com

Film

titel	jahr	regisseur	laufzeit	genre	fsk
Zoomania	2016	Byron Howard	104	Animation	0
The Kings Speech	2010	Tom Hopper	118	Biographie	0
Taxi Teheran	2015	Jafar Panahi	82	Doku	0
Fahrenheit 9/11	2004	Michael Moore	122	Doku	12
Wall-E	2008	Andrew Stanton	95	Familie	0
Matrix reloaded	2003	Lana Wachowski	129	Fiktion	16
Star Wars VII	2015	Jeffrey Adams	135	Fiktion	12

Eine passende Abfragefunktion benötigt drei Informationen:

1) Aus welcher **Tabelle** sollen die Daten entnommen werden?
   `Film`
2) Welche **Bedingung** müssen die Daten erfüllen, so dass nur die relevanten **Zeilen** ausgegeben werden?
   `laufzeit < 120`
3) Welche **Spalten** sollen im Ergebnis ausgegeben werden?
   `titel, genre`

Film

titel	jahr	regisseur	laufzeit	genre
Harry Potter und der Feuerkelch	2005	Mike Newell	151	Fantasy
The Kings Speech	2010	Tom Hopper	119	Biografie
Taxi Teheran	2015	Jafar Panahi	82	Doku
Fahrenheit 9/11	2004	Michael Moore	123	Doku
Wall-E	2008	Andrew Stanton	103	Familie
Matrix reloaded	2003	Lana Wachowski	138	Science-Fiction
Wie das Leben so spielt	2009	Judd Apatow	110	Komödie
Star Wars VII	2015	Jeffrey Adams	135	Science-Fiction
Good Bye, Lenin!	2004	Wolfgang Becker	121	Komödie
Zoom	2015	Prashant Raj	159	Komödie

titel, genre

laufzeit < 120

Abfrage

```
SELECT titel,genre
FROM   Film
WHERE  laufzeit < 120
```

titel	genre
The Kings Speech	Biografie
Taxi Teheran	Doku
Wall-E	Familie
Wie das Leben so spielt	Komödie

Das Ergebnis einer SQL-Abfrage ist wieder eine Tabelle!

Bei der Abfrage wird
1) die Tabelle ausgewählt,
2) dann die Zeilen und
3) zuletzt die Spalten.

Um mit einer Datenbank zu kommunizieren, verwendet man meist die Sprache → **SQL**. Eine SQL-Abfrage besteht aus folgenden drei Teilen:

→ SQL: engl. Structured Query Language; strukturierte Abfragesprache

```
SELECT Spaltenliste
FROM   Tabelle
WHERE  Bedingung
```

- Spaltenliste: *eine oder mehrere, jeweils durch Komma getrennte Spalten*
- Tabelle: *Tabelle mit den Daten*
- Bedingung: *nur Zeilen, die diese Bedingung erfüllen, werden ausgegeben*

Beachte: Der Aufbau einer SQL-Abfrage entspricht nicht der Reihenfolge, in der sie abgearbeitet wird.

Bedingungen näher betrachtet

Zur Formulierung von Bedingungen können Vergleiche mit den bekannten Symbolen „=“,„<“,„>“,„<=“,„>=“ und „<>“ verwendet werden.

→ 1.8

Für die folgenden beiden Fragen müssen mehrere Vergleiche durch die **logischen Funktionen AND** sowie **OR** miteinander verknüpft werden:

Welche Filme (titel, jahr) sind kürzer als 120 Minuten und wurden nach 2009 veröffentlicht?

```
SELECT  titel,jahr
FROM    Film
WHERE   laufzeit < 120
        AND jahr > 2009
```

titel	jahr
The Kings Speech	2010
Taxi Teheran	2015

Welche Fantasy- oder Science-Fiction-Filme (titel, laufzeit, genre) dauern mindestens zwei Stunden?

```
SELECT  titel,laufzeit,genre
FROM    Film
WHERE   (genre = "Fantasy"
        OR genre = "Science-Fiction")
        AND laufzeit >= 120
```

titel	laufzeit	genre
Harry Potter und der Feuerkelch	151	Fantasy
Matrix reloaded	138	Science-Fiction
Star Wars VII	135	Science-Fiction

Die nächste Frage kann in SQL mithilfe der logischen Funktion **NOT** beantwortet werden:

Welche Filme (titel, genre) sind weder Komödien noch Science-Fiction?

```
SELECT  titel,genre
FROM    Film
WHERE   NOT (genre = "Komödie"
        OR genre = "Science-Fiction")
```

titel	genre
Harry Potter und der Feuerkelch	Fantasy
The Kings Speech	Biografie
Taxi Teheran	Doku
Fahrenheit 9/11	Doku
Wall-E	Familie

In **relationalen Datenbanken** werden große Datenmengen strukturiert in Form von **Tabellen** abgespeichert.

Zur Formulierung einer Abfrage an die Datenbank wird die Sprache **SQL** verwendet. Dort hat eine Abfrage folgenden Aufbau:

SELECT *Spaltenliste*
FROM *Tabelle*
WHERE *Bedingung*

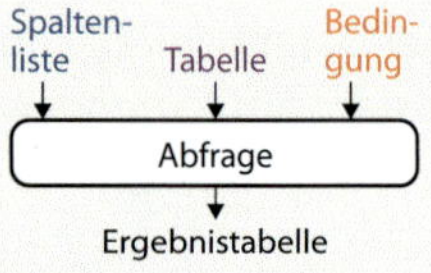

Das Resultat einer Abfrage an eine Datenbank ist eine **Ergebnistabelle**.

Die Bedingung dient zur Auswahl der gewünschten Zeilen und wird meist mit **Vergleichen** formuliert. Durch die **logischen Funktionen AND** und **OR** können mehrere Vergleiche zu einer Bedingung verkettet werden. Mit **NOT** kann eine Bedingung verneint werden.

Aufgaben

1 Filmsuche

Formuliere jeweils die passende SQL-Abfrage zu den folgenden Aufgabestellungen.

a Nenne das Erscheinungsjahr und die Dauer des Films Beijing 2003 (des chinesischen Künstlers und Menschenrechtlers Ai Weiwei). Bewerte knapp die Filmdauer in Bezug auf Aufführungsmöglichkeiten.

b Liste alle Filme des Genres „Dokumentarfilm" auf. Verwende dabei die Spalten genre1 und genre2. Finde eine Angabe zur Anzahl der ausgegebenen Datensätze.

c Du gehst am Freitagabend zu deinen Nachbarn Kinder hüten. Deren Eltern haben eine Komödie genehmigt. Erstelle eine SQL-Abfrage, welche den Namen und die Laufzeit aller Filme dieses Genres enthält, die kürzer als zwei Stunden sind.

d Formuliere eine SQL-Abfrage, die alle Filme (Titel, Erscheinungsjahr) aus dem 20. Jahrhundert auflistet.

e Formuliere selbst eine interessante Frage und bestimme das Ergebnis.

2 Webshops

a Begründe, warum es sinnvoll ist, dass beim Kauf in Online-Webshops keine SQL-Abfragen eingegeben werden müssen.

b Übersetze die Suchabfrage in der Abbildung in SQL. Führe die Abfrage im *DB-Backend* der Webshop-Simulation (Link hierzu auf informatikschulbuch.de) aus und überprüfe das Ergebnis anschließend im *User-Frontend*.

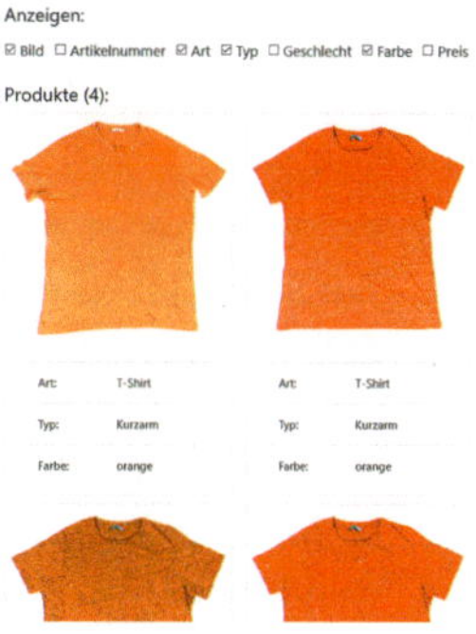

c Bestimme den teuersten bzw. billigsten Preis für "Jeans"-Hosen, indem du dir im *DB-Backend* jeweils alle Artikel dieses Typs auflisten lässt. Finde diese Information auf die gleiche Art auch für "Midi"-Röcke heraus.

d Du hast ein Budget von 50 €. Kannst du in diesem (sehr kleinen) Webshop dafür eine Hose und ein T-Shirt kaufen? Beantworte diese Frage mit Hilfe von Datenbankabfragen. Falls ja, gib die Artikelnummern an.

e Nenne neben dem Preis zwei weitere Kriterien, die generell für den Kauf von Produkten wichtig, aber in dieser Datenbank nicht gespeichert sind.

f Im Jahr 2018 hatten 94 % aller 41,4 Millionen Haushalte in Deutschland einen Internetzugang. Schätze grob ab, wie viele verschiedene Kunden ein Webshop hat und ob ein zeitgleicher Abruf von Informationen wahrscheinlich ist. (Dort verwendete Datenbanken ermöglichen einen Mehrbenutzerzugriff.)

3 Fehler bei Datenbankabfragen

Folgende SQL-Abfragen an die Tabelle Sportverein enthalten jeweils einen Fehler. Führe die Abfragen aus und notiere die Fehlermeldung. Erkläre die Fehlerursache knapp und verbessere die Abfrage.

a
```
SELECT  name
FROM    Sportverein
WHERE   vereinsbeitritt = 2017
```

b
```
SELECT  *
FROM    Sportart
```

c
```
SELECT  vorname, nachname
FROM    Sportverein
WHERE   sportart = Turnen
```

d
```
SELECT  sportart
FROM    Sportverein
WHERE   vorname
```

e Für Schnelle: Die Tabelle Sportverein ist nur eine Attrappen-Tabelle zur Bearbeitung dieser Aufgabe. Formuliere Gründe, welche diese Aussage untermauern.

4 Olympische Winterspiele

In der Tabelle Olympia sind Austragungsorte und vergebene Medaillen der Olympischen Winterspiele enthalten. Beantworte über SQL-Abfragen die folgenden Aufgabenstellungen.

a Liste alle Medaillenerfolge (platzierung, disziplin, nachname, jahr, herkunftsland) von Rosi Mittermaier und Katarina Witt auf.
Achte auf das Herkunftsland der beiden und formuliere eine Bedingung, mit der nach gesamtdeutschen Erfolgen gesucht werden kann.

b Welche männlichen, deutschen Sportler haben im Rennrodeln Gold geholt?

c Welche deutschen Athletinnen und Athleten haben 1988 eine Goldmedaille gewonnen? In welcher Disziplin und in welchem Wettbewerb waren Sie erfolgreich?

d Bei den Winterspielen 1980 haben insgesamt 47 deutsche Athleten und Athletinnen eine Medaille gewonnen. Finde heraus, ob die darauffolgenden Olympischen Spiele aus deutscher Sicht erfolgreicher waren, indem du dir alle deutschen Teilnehmenden anzeigen lässt, die im Jahr 1984 eine Medaille gewonnen haben. Vergleiche dein Ergebnis mit den offiziellen Medaillenspiegeln der beiden Jahre und erkläre die Abweichungen.

e Formuliere in ein bis zwei Sätzen, welche Informationen man durch folgende SQL-Abfragen erhält.

```
SELECT  austragungsort
FROM    Olympia
WHERE   jahr = 2014
```

```
SELECT  nachname,jahr,disziplin
FROM    Olympia
WHERE   platzierung = "Gold"
        AND austragungsort = "Innsbruck"
        AND geschlecht ="w"
```

f Für Schnelle: Formuliere weitere interessante Aufgabenstellungen und gib die passenden SQL-Abfragen dazu an.

5 Datenbanken im Alltag

a Nenne mindestens drei Informatiksysteme aus deinem Alltag, die auf einer Datenbank mit mindestens 500 Einträgen basieren.

b Bei welchen Anwendungen (aus Teilaufgabe a) oder auch neuen) ist es wichtig, dass nicht jeder Zugriff auf die Daten erhält? Nenne zwei Systeme und begründe deine Wahl.

c Als „Open Data" werden Informationen bezeichnet, die zu jedem Zweck genutzt und weiterverbreitet werden können. Wähle aus der folgenden Liste einen Bereich aus und erörtere, ob die Informationen offene Daten sein sollen: Geodaten, Kriminalstatistik am Wohnort, die Steuererklärung aller Bürger, das Erbgut von Lebewesen und andere wissenschaftliche Ergebnisse, Schulbücher, Musik, … .

6 Passwörter mangelhaft

Die Abbildung zeigt einen Ausschnitt aus einer Datenbank eines sozialen Netzwerks mit mangelnden Sicherheitsstandards. In der Tabelle sind Informationen zum Login-Vorgang gespeichert.

benutzername	passwort	ipAdresse	zuletztOnline
charliebird	hallo123	::ffff:c0a8:020a	2019-12-01 20:34:19
youngPrez	DP1gs.gs1dP!	2001:db8::1428:57ab	2019-12-13 09:45:54
PrinceDavis	monkey	2001:0db8:85a3:08d3::0370:7344	2019-12-13 09:45:59
monalisa	il0vey0u	::ffff:c0a8:01c9	2020-03-01 23:49:30
thomas.mueller	q2w3e4r5	2001:db8:0:8d3:0:8a2e:70:7344	2020-03-12 13:47:08

a Ein User loggt sich mit dem Namen *PrinceDavis* und dem Passwort *Monkey* ein. Formuliere die SQL-Abfrage, welche an den Server gestellt werden muss, damit überprüft werden kann, ob Benutzername und Passwort richtig sind. Formuliere eine mögliche Antwort des Servers.

b Bewerte die Qualität der einzelnen Passwörter.

c Nenne Kriterien für ein gutes Kennwort. Beschreibe eine Vorgehensweise, wie man sich ein gutes Passwort merken kann.

d Im Jahr 2019 gab es einen großen Skandal, als herauskam, dass ein weit verbreitetes soziales Netzwerk die Passwörter der Nutzer als Klartext (wie oben dargestellt) speicherte. Formuliere Gründe, welche gegen eine Klartext-Speicherung sprechen. Recherchiere dazu ggf. zu dem Eklat von 2019.

e Erkläre, wozu die Speicherung der IP-Adresse und des letzten Login-Datums dient.

f Für Schnelle: Suche eine Internetseite zum Überprüfen der Passwortqualität. Gib nicht eines deiner persönlichen Kennwörter ein, sondern verwende die Kennwörter aus der Abbildung S. 64 unten.

7 Forschungsauftrag: Passwörter verschlüsselt

a Passwörter müssen verschlüsselt gespeichert werden. Zum Verschlüsseln werden häufig sogenannte Hashfunktionen verwendet. Sie sind wie die Quersumme Einwegfunktionen, d. h., vom Ausgabewert kann man nicht mehr rückwärts eindeutig auf die Eingabe schließen. Beispiel: Quersumme(567) = 18
Von der Zahl 18 kann man nicht eindeutig darauf schließen, welcher Eingabewert dem Funktionsaufruf zugrunde lag, denn auch die Zahlen 459, 558 und viele mehr haben ebenfalls die Quersumme 18. In der folgenden Abbildung sind die Passwörter mit der Hashfunktion MD5 verschlüsselt. Zur Passwortüberprüfung wird das eingegebene Passwort ebenfalls mit der MD5-Funktion verschlüsselt und dann mit dem Datenbankeintrag verglichen.
Recherchiere eine Internetseite, die Zeichenketten mit dem MD5-Verfahren kodieren kann. Kodiere die Kennwörter aus der Abbildung in Aufgabe 6 und vergleiche mit den Einträgen in der Abbildung.

benutzername	passwort
charliebird	10b43971a8295f3720f38fbcdd9d6ac6
youngPrez	9ce244cd2524cbc392f3e5aa426491c3
PrinceDavis	d0763edaa9d9bd2a9516280e9044d885
monalisa	070533adf175c483ec0cf932cf2e2e8c
thomas.mueller	161f3088004aea5c226e238809f870ca

b Ein Hacker verschafft sich Zugang zu einer Datenbank, in der die Informationen zu Benutzernamen und Passwörtern abgelegt sind. Für ein Passwort erhält er folgenden Wert: *5ebe2294ecd0e0f08eab7690d2a6ee69*. Suche nach einer Webseite, welche behauptet, MD5 entschlüsseln zu können. Finde damit das Passwort heraus.
Hinweis: Falls du den Wert nicht abtippen möchtest, findest du ihn auf informatikschulbuch.de.

c Die Webseite in b) kann keinesfalls MD5 entschlüsseln, sie wendet folgendes Vorgehen an: In einer Datenbank sind die beliebtesten Passwörter zusammen mit dem verschlüsselten Wert gespeichert. Bei einer Anfrage wird die Datenbank durchsucht und bei einem Treffer das Passwort im Klartext ausgegeben.
Suche im Internet nach Listen mit den häufigsten Passwörtern. Überprüfe, ob dein Passwort und die Passwörter aus der Abbildung in Aufgabe 6 enthalten sind.

d Recherchiere, was das „Salzen" von Passwörtern (engl.: salt) ist. Fasse knapp zusammen, wie dadurch die Sicherheit erhöht werden kann.

e Für Schnelle: Recherchiere eine Alternative zum MD5-Verschlüsselungsverfahren und bewerte dieses hinsichtlich der Kriterien Umsetzbarkeit und Sicherheit.

2.2 Tipps und Tricks für Abfragen

Software zu Umweltforschung, Marketing, Stadtplanung, Kriminologie u. v. m. benötigt geografische Daten. Deine Lehrkraft stellt dir eine Datenbank mit den Tabellen Ort und Land zur Verfügung, die folgende Spalten haben:

Ort (name, land, einwohner, laenge, breite)

Land (laenderkuerzel, name, einwohner, flaeche, hauptstadt)

Die Anzahl der Datensätze ist sehr groß. Neue SQL-Sprachelemente wie in den folgenden Beispielen können dir bei Abfragen helfen. Finde heraus, welche Auswirkung das Weglassen von WHERE in a) bzw. die markierten Bestandteile in den anderen Teilaufgaben auf die Ergebnistabelle haben.

a
```
SELECT land
FROM Ort
```

b
```
SELECT DISTINCT land
FROM Ort
```

c
```
SELECT *
FROM Land
WHERE kontinent = "Südamerika"
ORDER BY flaeche
```

d
```
SELECT *
FROM Land
ORDER BY kontinent,einwohner DESC
```

Sortieren und Suche ohne vollständigen Suchbegriff

Lina ist auf der Suche nach einem Film, kann sich aber nur erinnern, dass „Freund" im Titel vorkam. Zunächst versucht sie es mit folgender Abfrage:

```
SELECT *
FROM   Film
ORDER BY titel ASC
```

Das Symbol * in der Abfrage sorgt dafür, dass in der Ergebnistabelle alle Spalten angezeigt werden. Mit **ORDER BY** kann nach einer Spalte aufsteigend (→ **ASC**) oder absteigend (→ **DESC**) sortiert werden.

→ lat. descendere: absteigen

→ lat. ascendere: hinaufsteigen

Mit diesem Ergebnis ist Lina nicht zufrieden, es sind zu viele Titel.

Folgende SQL-Abfrage zeigt alle Titel an, welche die Zeichenfolge „Freund" enthalten:

```
SELECT titel
FROM   Film
WHERE  titel LIKE "%Freund%"
```

Film				
titel	**jahr**	**regisseur**	**genre**	**...**
Zoomania	2016	Byron Howard	Animation	...
Fahrenheit 9/11	2004	Michael Moore	Doku	...
Fünf Freunde	2012	Mike Marzuk	Familie	...
Wall-E	2008	Andrew Stanton	Familie	...
Matrix reloaded	2003	Lana Wachowski	Fiktion	...
Star Wars VII	2015	Jeffrey Adams	Fiktion	...
Fack ju Göhte	2013	Bora Dagtekin	Komödie	...
Meine teuflisch gute Freundin	2018	Marco Petry	Komödie	...
Ziemlich beste Freunde	2013	Olivier Nakache	Komödie	...

Ergebnisanzeige ohne Doppelungen

Lina möchte einen Überblick haben, welche **verschiedenen** Genres es in der Datenbank gibt. Zunächst probiert sie folgende Abfrage:

```
SELECT genre
FROM   Film
```

Die Tabelle rechts zeigt einen Ausschnitt aus der Ergebnistabelle dieser Abfrage.

genre
Animation
Doku
Familie
Familie
Fiktion
Fiktion

Damit gleiche Einträge nicht mehrfach in der Ergebnistabelle angezeigt werden, muss in der SQL-Abfrage vor dem Spaltennamen DISTINCT ergänzt werden:

```
SELECT  DISTINCT genre
FROM    Film
```

genre
Animation
Doku
Familie
Fiktion
Komödie

NULL ist keine Zahl, sondern bedeutet „kein Eintrag"

Es kann vorkommen, dass beim Eintragen eines Datensatzes keine Information für eine bestimmte Spalte vorliegt. Für diesen Fall haben Datenbanken den speziellen Wert → **NULL**. Er hat die Bedeutung "kein Wert". Mit folgender Abfrage kann die Tabelle Film auf fehlende Werte in der Spalte laufzeit überprüft werden, um diese später nachzutragen:

→ NULL, engl. ungültig, nichtig

```
SELECT  titel
FROM    Film
WHERE   laufzeit IS NULL
```

Achtung: kein Gleichheitszeichen beim Vergleich mit NULL, sondern das Schlüsselwort IS

Spaltennamen der Ergebnistabelle benennen mit AS

Eine wichtige Kenngröße eines Landes ist die Bevölkerungsdichte. Sie ist der Quotient aus Einwohnerzahl und Fläche. Lina möchte nicht nach der SQL-Abfrage zusätzliche Berechnungen mit dem Taschenrechner durchführen. Spalten mit Zahlen als Werte können über die Grundrechenarten weiterverarbeitet werden. Eine sinnvolle Bezeichnung der berechneten Spalte in der Ergebnistabelle ist mit AS möglich:

```
SELECT    name, (einwohner*1000000/flaeche) AS
          bevölkerungsdichte
FROM      Land
WHERE     kontinent = "Südamerika"
ORDER BY  bevölkerungsdichte DESC
```

name	bevölkerungs-dichte
Trinidad und Tobago	254
Peru	22
Bolivien	9
Ecuador	54
Kolumbien	42

- SELECT **DISTINCT** erzwingt, dass von gleichen Datensätzen in der Ergebnistabelle nur je einer ausgegeben wird.
- Über SELECT * werden alle Spalten angezeigt.
- Mit … **AS** *NeuerName* können Namen für die Spalten der Ergebnistabelle festgelegt werden (Aliasnamen).
- **NULL** bedeutet, dass kein Wert eingetragen ist. Ob keine Werte vorhanden sind, kann als Bedingung einer Abfrage geprüft werden mit
  WHERE *Spalte* **IS NULL**
- Eine **Sortierung** des Ergebnisses einer SQL-Anfrage wird durch den Zusatz
  ORDER BY *Spalte1, Spalte2, …*
  festgelegt. **DESC** bzw. **ASC** nach dem Spaltennamen sorgt für eine absteigende bzw. aufsteigende Sortierung der Ergebnisse. Ohne Angabe wird aufsteigend sortiert.

Aufgaben

1 Geodaten

Für die folgenden Fragen stehen dir die Tabellen Land1 und Ort zur Verfügung. Beantworte die Fragen jeweils mit einer SQL-Abfrage in der passenden Tabelle:

- **a** Mache dich zunächst mit den Daten der Tabelle Land1 vertraut, indem du dir alle Informationen anzeigen lässt. Finde über ein konkretes Land heraus, in welcher Einheit die Werte in der Spalte flaeche angegeben sind.
- **b** Bestimme das Land in Europa mit der größten, drittgrößten und kleinsten Fläche. Zeige dazu Name und Fläche aller europäischen Länder passend geordnet an.
- **c** Gib den Namen und den Kontinent des Landes aus, dessen Hauptstadt Lilongwe ist.
- **d** Nenne alle Länder, deren Hauptstadt den gleichen Namen wie das Land hat.
- **e** Welches ist der kleinste Ort Deutschlands? Liste dazu alle Orte passend geordnet auf.
- **f** Welches ist der westlichste Ort Frankreichs? Liste dazu wiederum geordnet auf.
- **g** Welches sind die drei nördlichsten Orte in Deutschland, die über 100 000 Einwohner haben und südlich des 49. Breitengrades (scherzhaft Weißwurstäquator genannt) liegen? Tipp: Verwende ORDER BY.
- **h** Nenne das Land mit der geringsten Bevölkerungsdichte in Asien. Achte auf eine sinnvolle Beschriftung der Spalten in der Ergebnistabelle.
- **i** Werden in der Datenbank Mittelamerika und Ozeanien als Kontinente geführt? Beantworte durch Anzeige aller eingetragenen Kontinente.
- **j** Welche drei Länder in Europa haben die höchsten Einwohnerzahlen? Zeige dazu alle Informationen der europäischen Länder entsprechend geordnet an.

Wenn mehrere Personen an der Erhebung und Speicherung großer Datenmengen beteiligt sind, kann es Unstimmigkeiten geben. Die Ergebnistabelle aus j) hilft, in den folgenden Teilaufgaben beschriebene Unstimmigkeiten aufzudecken.

- **k** Nenne die genaue Bedeutung der Einwohnerzahl in der Datenbanktabelle. Bei einem Land gibt es eine Abweichung. Nenne die Ursache der Abweichung und den korrekten Eintrag.
- **l** In der Ergebnistabelle aus j) fehlt ein (beliebtes Urlaubs-)Land. Suche es und begründe, warum es unter j) nicht angezeigt wird.

2 Unfallstatistiken

Unfälle im Straßenverkehr werden genau erfasst, denn die Auswertung der häufigsten Ursachen kann ein Ansatz für zusätzliche Sicherheitsmaßnahmen sein. Notiere bei den Aufgaben jeweils neben der Antwort auch deine SQL-Abfrage.

- **a** Mache dich zunächst mit den Daten vertraut, indem du dir nacheinander einen Überblick über alle Verkehrsbeteiligten, Fehlverhalten und Jahre anzeigen lässt. Nenne den Begriff, unter dem Autos und E-Scooter in der Tabelle zu finden sind.
- **b** Welches ist die häufigste Ursache, wenn Fußgänger den Unfall verursachen? Erstelle dazu eine nach Anzahl geordnete Übersicht. Ist diese häufigste Ursache über die Jahre stabil oder ändert sie sich?
- **c** Nenne die häufigste Ursache bei Autos als Unfallverursachern. Welcher dieser Gründe ist beim Radfahren besonders gefährlich?
- **d** Reflektiere dein persönliches Verhalten im Straßenverkehr: Welche Art von Unfall könnte dir am ehesten passieren?
- **e** Erstelle eine Übersicht, die zeigt, wie sich bei LKWs die Zahl der Unfälle mit einem Abbiegefehler entwickelt hat. Tipp: Arbeite mit LIKE.
- **f** Für Schnelle: Recherchiere einen Grund für den Rückgang der Unfälle aus e).

3 Wikipedia-Artikel

Wikipedia ist ein Open-Data-Projekt. Für eine erste Information ist es das am häufigsten verwendete Nachschlagewerk. Die Tabelle Seitenaufrufe zeigt für alle Artikel auf Wikipedia die Anzahl der Seitenaufrufe in jedem Monat.

a Finde mit einer passenden Abfrage heraus, für welche Jahre die Daten in der Tabelle gesammelt worden sind. Achtung: Wenn du die Abfrage falsch erstellst, kann die Antwortzeit der Datenbank unter Umständen sehr lang sein!

b Finde auf Wikipedia den Titel (Überschrift) des Artikels über dein Gymnasium. Lass dir in der Datenbank die Anzahl der Seitenaufrufe dieses Artikels sortiert anzeigen.

c Führe die gleiche Abfrage mit einem anderen Gymnasium in deiner Nähe durch und vergleiche mit der Anzahl der Aufrufe deines Gymnasiums.

d Vergleicht man die Anzahl der Aufrufe eines Artikels in verschiedenen Monaten, lassen sich teilweise Rückschlüsse über die Aktualität des beschriebenen Themas ziehen. Ordne die Seitenaufrufe für den Titel „Streif" nach der Aufrufanzahl. Erkläre, warum es einen Monat gibt, in dem die Anzahl der Aufrufe deutlich von den anderen abweicht.

e „Die Anzahl der Aufrufe eines Artikels gibt an, wie beliebt diese Sache ist!"
Finde Gründe, welche für diese These sprechen, und solche, die dagegen sprechen.
Diskutiere die Aussage in der Gruppe!

f Für Schnelle: Wikipedia ist eine kostenlose, werbefreie, umfangreiche Informationsquelle. Nenne (bzw. recherchiere) zwei wesentliche Aspekte des Geschäftsmodells.

4 Länderspiele

Sportliche Wettkämpfe wie Fußballländerspiele gibt es seit langem. Damit die Reporter und Reporterinnen auf vergangene Begegnungen Bezug nehmen können, sind Informationen dazu in Datenbanken gespeichert.
Notiere jeweils neben der Antwort auch die verwendete SQL-Abfrage.

a Mach dich zunächst mit den Daten vertraut, indem du einerseits die Datensätze nach dem Datum ordnest und dir danach alle verschiedenen Turnierarten anzeigen lässt. In welchem Zeitintervall sind Länderspiele gespeichert? Nenne drei dir bisher unbekannte Turnierarten!

b Finde heraus, wie die Bezeichnung für „Weltmeisterschaft" in der Datenbank ist.
Tipp: Ein möglicher Lösungsweg führt über LIKE.

c Notiere Datum, Spielort und Ergebnis der höchsten Niederlage von Deutschland gegen England. Tipp: Liste dazu alle Spiele der beiden Länder gegeneinander auf.

d Zeige alle Heimspiele Deutschlands mit einer zusätzlichen Spalte Tordifferenz an. Die Ergebnistabelle soll absteigend nach der Tordifferenz geordnet sein. Gegen welche Mannschaften wurden die drei besten Ergebnisse erzielt? Nenne zwei Orte unter den Top 10, die nicht in Deutschland liegen und begründe, warum dennoch Deutschland als Heimteam eingetragen ist.

e Für Schnelle: Stelle deinem Banknachbarn bzw. deiner Banknachbarin eine Aufgabe und lasse dir erklären, mit welcher SQL-Abfrage er bzw. sie das Ergebnis bestimmt hat.

5 Serien mit NULL

Die Tabelle Serie beinhaltet Daten zu über 15 000 Serien. Dazu gehören neben der Originalsprache und dem Fernsehsender auch die Anzahl der Episoden sowie Staffeln. Beim Erstellen der Tabelle waren noch nicht alle Datensätze vollständig bekannt.

a Bestimme durch eine Abfrage, in welchen Spalten NULL-Werte vorkommen.

b Begründe, warum nicht in allen Spalten NULL-Einträge vorkommen.

c Beantworte a) und b) auch für die Tabelle Film.

2.3 Objektorientierte Datenmodellierung

Der IT-Berater Florian J. berichtet aus seinem Arbeitsalltag: „Vor kurzem bekamen wir den Auftrag, für ein Unternehmen, das Salate anbietet, eine App mit Online-Bestellfunktion zu entwickeln. Da der Lieferservice ca. 100 verschiedene Salate anbietet und die App Such- und Sortierfunktionen beinhalten soll, entschieden wir uns, eine Datenbank zu designen. In einem ersten Meeting baten wir den Kunden, uns alles über die Salate zu erzählen. Im Gespräch erfuhren wir folgende Details: Jeder Salat hat einen Namen. Es gibt die Portionen in drei Größen: klein, mittel und groß. Für jedes Produkt gibt es eine Hauptzutat (z. B. Blattsalat). Beim Bestellen soll man zwischen sauren und süßen Salaten wählen können. Natürlich muss der Preis jedes Salats aufgeführt werden.
Bevor wir eine Datenbank entwickeln, skizzieren wir alle wichtigen Informationen. Da in einer Datenbank letztendlich die Attributwerte von Objekten gespeichert werden, eignet sich hierzu ein Klassendiagramm gut."

- **a** Zeichne mindestens zwei Objektdiagramme von beteiligten Objekten des Szenarios.
- **b** Beschreibe die Struktur der relevanten Objekte mit den wichtigen Attributen in einem Klassendiagramm.
- **c** Lass dir im Webshop auf informatikschulbuch.de in der Ansicht DB-Backend das Klassendiagramm und das Tabellenschema anzeigen. Vergleiche beides und überlege, welche Schritte zur Umsetzung eines Klassendiagramms in ein Tabellenschema notwendig sind.

Von der Realität zum Modell

Die Entwicklung einer Datenbank geht vom **objektorientierten Datenmodell** aus. Zunächst werden die Objekte identifiziert, welche in der Datenbank gespeichert werden sollen. Alle anderen Objekte werden vernachlässigt. Für das Bestellsystem einer Smoothie-Bar sind z. B. die Strohhalme und Becher irrelevant. Die Smoothies hingegen sind zentraler Bestandteil des Systems. Die verwendeten Objekte werden mit Objektdiagrammen dargestellt und ihre Struktur kann in einem Klassendiagramm festgehalten werden. Dabei werden nur die Attribute notiert, die wichtig für die Umsetzung sind.

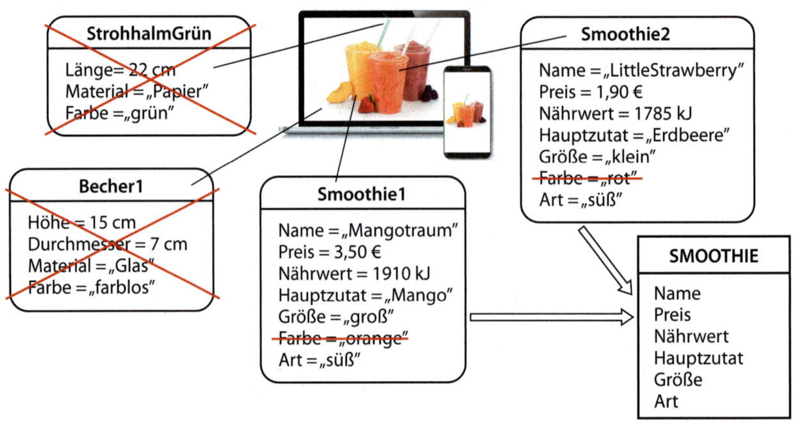

Vom Modell zum Tabellenschema

Die Struktur einer Datenbanktabelle wird durch ein **Tabellenschema** beschrieben. Ausgehend vom Klassendiagramm werden die Attribute zu **Spalten**. Für jede Spalte muss ein **Datentyp** festgelegt werden. Dieser bestimmt, welche Werte die Felder in dieser Spalte annehmen können. Abhängig von den erlaubten Werten ist der benötigte Speicherplatz unterschiedlich. Beispielsweise ist der Speicherbedarf für eine Kommazahl mit 15 gültigen Ziffern deutlich höher als für eine zweistellige ganze Zahl. Für manche Datentypen kann die Anzahl der Stellen und damit der benötigte Speicherplatz gewählt werden.

ZEICHENKETTE	Zeichenfolge	Angabe der Stellen hier teilweise möglich
ZAHL	ganze Zahl	
KOMMAZAHL	Kommazahl	
DATUM	Datumsangabe (z.B im Format YYYY-MM-DD)	
ZEIT	Zeitangabe (z.B. im Format HH:MM:SS)	

→ L5

Zusammen mit den passenden Datentypen kann ein Klassendiagramm in ein Tabellenschema überführt werden:

SMOOTHIE
Name Preis Nährwert Hauptzutat Größe Art

Tabellenname passend zum Klassennamen.

Jedes Attribut entspricht einer Spalte.

Smoothie

Spalte	Datentyp
name	ZEICHENKETTE
preis	KOMMAZAHL
nährwert	ZAHL
hauptzutat	ZEICHENKETTE
größe	ZEICHENKETTE
art	ZEICHENKETTE

Für jede Spalte muss ein passender Datentyp festgelegt werden.

In diesem Buch gelten folgende → Namenskonventionen: die Tabellennamen beginnen mit einem Großbuchstaben, die Spaltennamen beginnen mit einem Kleinbuchstaben. In anderen Büchern oder Internetquellen kann dies anders sein.

→ Vereinbarung mit dem Ziel, die Lesbarkeit zu erhöhen

Man kann ein Tabellenschema auch kompakter aufschreiben.

Smoothie (name: ZEICHENKETTE, preis: KOMMAZAHL, nährwert: ZAHL, hauptzutat: ZEICHENKETTE, größe: ZEICHENKETTE, art: ZEICHENKETTE)

Bei einer stark verkürzten Schreibweise wird dabei teilweise auch auf die Datentypen verzichtet.

Vom Tabellenschema zur Tabelle im Datenbanksystem

Bevor konkrete Werte in einer Datenbank gespeichert werden können, muss man in einer Datenbank eine Tabelle erzeugen. Danach kann für jedes Objekt eine Zeile (**Datensatz**) eingefügt werden. Nachträglich können die Datensätze auch bearbeitet und gelöscht werden. Diese Aufgaben können mit einem **Datenbankmanagementsystem** erledigt werden. Für die Verwaltung der Datenbanken gibt es geeignete Werkzeuge mit grafischer Bedienoberfläche, die diese Arbeiten wesentlich erleichtern.

→ L5

Zur Erinnerung: Zu den Werkzeugen gibt es Erklärvideos auf www.informatikschulbuch.de

→ 4.9

Folgende Begriffe aus dem relationalen Datenmodell (**Tabellenschema**) entsprechen den Begriffen aus dem **objektorientierten Datenmodell**:

Spalte	Attribut
Zeile (Datensatz)	Objekt
Zelle	Attributwert
Tabellenschema	Klasse

Wird für ein Szenario aus der realen Welt eine Datenbank entwickelt, geht man vom objektorientierten Datenmodell aus. Dazu sind folgende Schritte notwendig:

1) relevante Objekte identifizieren und die relevanten Attribute auswählen

2) Struktur der Objekte in einem Klassendiagramm beschreiben

3) passende **Datentypen** für jedes Attribut überlegen

4) Ergebnis als Tabellenschema zusammenfassen: Tabellenname*(attribut2: Typ1, attribut3: Typ2, …)*

5) Tabelle in einem Datenbankmanagementsystem anlegen und Datensätze eintragen

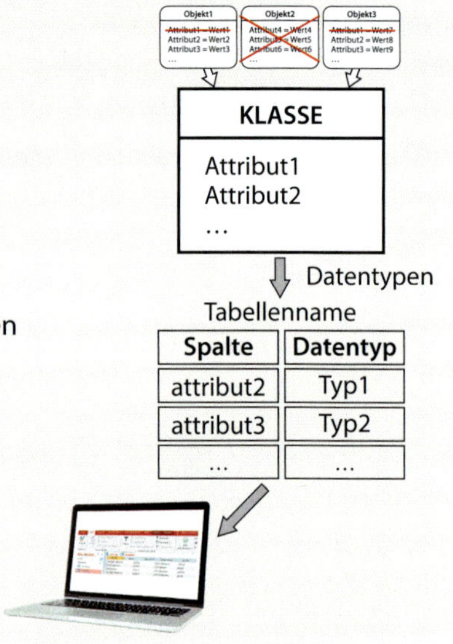

Für die Verwaltung großer Mengen strukturierter Daten gibt es spezielle Werkzeuge, die **Datenbankmanagementsysteme** (Datenbanksysteme). Diese bieten Möglichkeiten, das Tabellenschema in einer Datenbank anzulegen, die Daten in dieser Datenbank zu speichern und zu pflegen sowie die gespeicherten Daten vielfältig abzufragen und auszuwerten.

Aufgaben

1 Buchungssystem

Ein kleines Familienhotel möchte neben der Telefonbuchung eine Online-Buchung etablieren. Gemeinsam mit einem IT-Unternehmen wird das System zunächst modelliert.

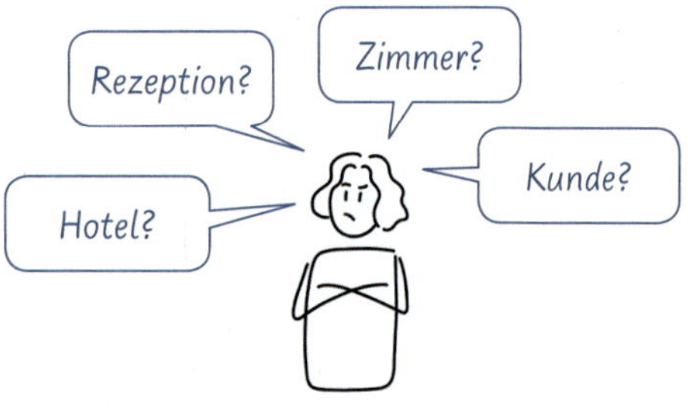

a Zeichne zu jedem der Begriffe in den Sprechblasen ein Objektdiagramm mit passenden Attributen und möglichen Attributwerten.

b Identifiziere die Objekte aus a), welche wichtig für den Buchungsvorgang sind.

c Vergleicht zu zweit eure Objektdiagramme. Überlegt gemeinsam, ob Attribute fehlen oder gestrichen werden können. Haltet eure Überlegungen in einem Klassendiagramm fest.

2 Tourdaten – Erstellen einer Datenbanktabelle

Eine Event-Agentur verwaltet die Tourdaten der Künstler in einer Datenbanktabelle. Diese hat folgendes Schema: Tourdaten(datum, ort, land, location, künstler).

a Überlege dir passende Datentypen und erstelle die Datenbanktabelle.

b Recherchiere die Tourdaten von deiner Lieblingsband und trage die Tourdaten für dieses Jahr in die Tabelle ein.

3 Reverse engineering: Von der Tabelle zum Objekt

Auf den ersten Blick sind manche Datenbanktabellen unübersichtlich. Um ein Verständnis für die Struktur zu gewinnen, hilft es, die Schritte der Modellierung rückwärts zu durchlaufen.
Die Abbildung zeigt einen Ausschnitt aus der Tabelle Serie.

Serie						
titel	**originalsprache**	**sender**	**startjahr**	**endjahr**	**staffeln**	**episoden**
Büro, Büro	Deutsch	ARD	1982	1991	3	85
Café Meineid	Deutsch	ARD	1989	2002	11	147
Dalli Dalli	Deutsch	ZDF	1971	1986	17	153
Flemming	Deutsch	ZDF	2009	2012	3	22
Der Tatortreiniger	Deutsch	NDR Fernsehen	2011	2018	4	31

a Gib das Tabellenschema für die Tabelle Serie mit passenden Datentypen an.

b Zeichne die Klassenkarte, die dem Tabellenschema zugrunde liegt.

c Zeichne eine Objektkarte zu einem vorgegebenen Datensatz oder einer Serie deiner Wahl.

d Gib zwei zusätzliche Attribute für ein Objekt der Klasse SERIE an, welche in der Umsetzung nicht berücksichtigt wurden.

e Erstelle eine Übersicht, in der du die Begriffe Objekt – Klasse – Attribut – Attributwert aus dem objektorientierten Datenmodell den passenden Begriffen aus der Datenbanktabelle zuordnest.

4 Spiele-App mit unbemerktem Datenstrom

Die Pro-Version eines Spiels sieht vor, dass der User das Spiel jederzeit unterbrechen und später wieder im gleichen Level weiterspielen kann. Dazu müssen Informationen in einer Datenbank gespeichert werden: Alle Spielenden haben einen eindeutigen Namen. Zu jeder Zeit müssen die Punkte sowie das aktuelle Level bekannt sein. Zu Beginn kann der User einen Schwierigkeitsgrad einstellen.

a Zeichne ein Klassendiagramm mit allen wichtigen Attributen, um das Spiel jederzeit fortsetzen zu können.

b Überlege dir passende Datentypen. Formuliere damit ein Tabellenschema.

c Setze das Tabellenschema in eine Datenbank um.

d Viele Apps speichern neben funktionalen Daten weitere Daten, die für die Funktion nicht unmittelbar wichtig sind (z. B. Standort, Spielzeiten, …).

i Formuliere Vorteile für den App-Hersteller, die sich durch diese Daten ergeben.

ii Nenne mögliche Nachteile für die Nutzerinnen und Nutzer.

5 Musik-Streaming

Eine Musik-Streaming-Plattform möchte ihr Datenbankdesign der Tabelle Song verbessern. Bisher ist das Tabellenschema Song(titel: ZEICHENKETTE, interpret: ZEICHENKETTE, genre: ZEICHENKETTE, komponist: ZEICHENKETTE, dauer: ZEICHENKETTE, erscheinungsjahr: ZAHL, erscheinungsdatum: ZEICHENKETTE).

a Bewerte das Tabellenschema hinsichtlich Struktur, Spaltennamen und Datentypen. Die abgebildeten Beispieldatensätze können dir helfen.

titel	interpret	genre	komponist	dauer	erscheinungsjahr	erscheinungsdatum
Heaven Bells	Die roten Röcke	heav	A. Rocky, B. Knocky, C. Rider	340	2019	2019-11-13
Nur der Sommer ist e	Lulu und die vier Freunde	schl	Fred Bestair	423	2019	2019-03-05

b Notiere eine verbesserte Version des Tabellenschemas und übertrage es in eine Datenbank.

c Für Schnelle: Trage Datensätze in die Tabelle ein.

6 Messenger-Dienst

Ein Messenger-Dienst möchte seine User in einer Datenbank erfassen. Die objektorientierte Analyse hat nebenstehendes Klassendiagramm ergeben.

NUTZER

Vorname
Nachname
TelNummer
E-Mail
Straße
PLZ
Ort
GebDat

a Überlege dir passende Datentypen für die Attribute, schreibe das Tabellenschema dazu auf und erstelle die Datenbanktabelle.

b Trage drei fiktive Datensätze in die Tabelle ein.

c Die Eintragung von Werten muss in der Praxis natürlich nicht von Hand vorgenommen werden. Teilweise werden dafür die Telefonbücher beim ersten Installieren des Dienstes automatisch durchgegangen und alle Kontakte werden auf dem Server der Softwarefirma gespeichert. Dabei werden auch Nicht-Nutzer eingetragen. Bereits vorhandene Kontakte werden geprüft und ergänzt. Formuliere Probleme, welche sich aus diesem Vorgehen hinsichtlich des Datenschutzes ergeben.

d Das Amtsgericht Bad Hersfeld hat 2017 entschieden, dass User eines Messenger-Dienstes wegen der automatischen Datenweitergabe einen Rechtsverstoß begehen. Informiere dich über den Inhalt des Beschlusses vom 20.03.2017, F 111/17 EASO.

e Diskutiert in der Gruppe über die Möglichkeit, als Nicht-Nutzer einen Nutzer anzuzeigen, weil er deinen Kontakt in seinem Smartphone gespeichert hat. Nehmt dabei verschiedene Sichten ein: privater Nutzer, geschäftlicher Nutzer, Staatsanwalt, Freund, Geschäftspartner, Anbieter des Messenger-Dienstes.

7 Brücken – Verkehrswege und Baukunst

Die Tabelle zeigt einen Ausschnitt aus einer Datenbanktabelle zu Brücken.

Wuppertaler Schwebebahn

name	land	laenge	spannweite	jahr
Gerüst der Wuppertaler Schwebebahn	D	13300	112	1967
Saale-Elster-Talbrücke	D	6465	110	2013
Lake Pontchartrain Causeway	USA	126122	0	1969
Manchac Swamp Bridge	USA	120440	0	1979

a Nenne sinnvolle Datentypen für die Spalten.

b Erkläre, warum sich die Längen der längsten Brücke in den USA und Deutschland fast um den Faktor 10 unterscheiden. Recherchiere ggf. kurz zu diesem Thema die Längenangabe einer amerikanischen Brücke in einem englischsprachigen Online-Lexikon.

c Beschreibe kurz, welche Absprachen für Einträge von Größen in Datenbanktabellen getroffen werden müssen.

8 Tabellenkalkulationsprogramm oder eine Datenbank einsetzen?

Sowohl Rechenblätter in Tabellenkalkulationssystemen als auch Datenbanken sind in Tabellen organisiert. Ziel der folgenden Aufgabe ist es, die deutlichen Unterschiede der beiden Informatiksysteme zu analysieren, damit du für einen Anwendungsfall die richtige Anwendung auswählen kannst.

a Tabellenstruktur und Zellinhalte:
Vergleiche Rechenblätter und Datenbanktabellen nach folgenden Kriterien:
Inhalt der Zellen (einer Spalte), Zellbezüge, Darstellungsform der Informationen

b Tabellengröße: Eine Möglichkeit, Tabellen in Textform darzustellen, ist das Dateiformat → csv. Unterschiedliche Spalteneinträge einer Zeile werden dabei z. B. durch ein Komma voneinander getrennt.

→ csv: engl. comma separated values

i Öffne eine csv-Datei mit den Daten aller eingegangenen Telefonanrufe bei der Polizei in New York in einem Tabellenkalkulationsdokument. Interpretiere die Fehlermeldung. Nenne die Anzahl der Zeilen und Spalten.
Für Schnelle: Verwende die Importfunktion zum Öffnen der Datei so, dass die Werte in unterschiedlichen Spalten dargestellt werden.

ii Deine Lehrkraft hat eine Datenbank mit fast allen Daten aus i) vorbereitet, nur die Anrufe bei der Polizeistation aus Richmond fehlen noch. Nenne die Anzahl der Zeilen.
Für Schnelle: Die Lehrkraft ermöglicht einer Zweiergruppe den csv-import der Anrufe der fehlenden Polizeistation. (Da die Datenmenge sehr groß ist, ist es nicht sinnvoll, dass jeder in der Klasse schreibend auf die Datenbank zugreift.)

iii Bewerte durch einen Vergleich von i) und ii) die Einsatzmöglichkeiten von Tabellenkalkulationssystemen und Datenbanken.

c Abfragen: Vergleiche beide Systeme anhand von Vorgehensweise und Ergebnis folgender Abfrage:
Gib das Datum und den Fahndungserfolg („Resolution") von Busdiebstählen an.

9 Forschungsauftrag: Wetterdaten

Die untenstehende Tabelle enthält einen Ausschnitt der Wetterdaten, die vom Deutschen Wetterdienst aufgezeichnet wurden. Bei der Modellierung der Tabelle wurde nicht sauber gearbeitet, die Tabelle enthält Attribute von zwei unterschiedlichen Klassen.

a Analysiere die Daten aus objektorientierter Sicht. Zeichne dazu die beiden Klassendiagramme, welche hinter dem Tabellenschema stecken.

b Gib das Tabellenschema für beide Klassen an.

c Erörtere Vor- und Nachteile, die sich aus der Umstrukturierung in b) ergeben. Mögliche Aspekte können Speicheraufwand oder Aufwand beim Ändern einzelner Werte sein.

datum	niederschlagshöhe	luftdruck	windstärke	standort	breitengrad	längengrad
2020-05-21	0	998.75	2.1	Angermünde	53.032	13.991
2020-05-22	4.1	1005.25	6.1	Angermünde	53.032	13.991
2020-05-21	14.3	953.82	7	Augsburg	48.425	10.942
2020-05-22	0	962.5	4	Augsburg	48.425	10.942
2019-05-22	0	988.5	2.8	Bamberg	49.874	10.921
2019-05-21	19.2	978.18	2.7	Bamberg	49.874	10.921
2019-05-21	4.4	1000.88	2.4	Berlin-Tegel	52.564	13.309
2019-05-22	0	1008.63	5	Berlin-Tegel	52.564	13.309

2.4 Primärschlüssel: natürlich oder künstlich

Annas Familie möchte gemeinsam einen Film anschauen.

a Finde mit einer passenden Abfrage in der Tabelle Film heraus, an welche Filme die Personen jeweils denken.
b Gib an, welche Werte aus den Spalten titel, jahr, laufzeit, regisseur und genre genannt werden müssen, damit ein Film eindeutig zu identifizieren ist.
c Die Tabelle Film hat eine Spalte id. Stelle eine Vermutung über den Sinn der Spalte auf.

Datensätze eindeutig identifizieren

In der Verwaltung des John-von-Neumann Gymnasiums Infohausen werden alle Schülerinnen und Schüler in einer Datenbank gespeichert. Beim Eintragen in die Datenbank ist ein Fehler passiert: Eine Schülerin wird doppelt aufgeführt.

Schüler					
vorname	**nachname**	**klasse**	**zweig**	**religion**	**...**
Anna	Log	9A	NTG	römisch-katholisch	...
Anna	Bolika	9A	NTG	evangelisch	...
Anna	Bolika	9A	NTG	evangelisch	...
Kai	Sehr	9B	SG	bekenntnislos	...
Kai	Ender	9B	SG	römisch-katholisch	...

Die Datensätze einer Datenbanktabelle müssen jedoch eindeutig identifizierbar sein, d. h., es darf niemals zwei Zeilen geben, deren Werte in allen Spalten übereinstimmen. In der Regel muss man jedoch nicht den kompletten Datensatz betrachten, um ihn eindeutig identifizieren zu können. Bei einer Abfrage ist es angenehm und schnell, wenn man durch Angabe möglichst weniger Spalten den richtigen Datensatz eindeutig finden kann. Teilweise reicht der Wert einer Spalte, manchmal ist eine Kombination von Spalten nötig. Diese Spalte oder Kombination von Spalten, mit welcher jeder Datensatz eindeutig bestimmt werden kann, nennt man **Schlüssel**.

Oft gibt es mehrere Möglichkeiten für einen Schlüssel. Zur Umsetzung in einer Datenbank wählt man einen Schlüssel aus möglichst wenigen Spalten aus und legt ihn als → **Primärschlüssel** der Tabelle fest:

→ primär
erstrangig, grundlegend, wesentlich

Schüler (<u>vorname</u>, <u>nachname</u>, <u>klasse</u>, zweig, religion, ...)

Im Tabellenschema wird der Primärschlüssel unterstrichen!

Künstlicher Schlüssel

Wenn sich keine Spalte (oder Spaltenkombination) als **natürlicher** Schlüssel anbietet, führt man einen **künstlichen** Schlüssel ein. Dabei wird eine zusätzliche Spalte eingefügt, in der jedem Datensatz eine fortlaufende Nummer oder eine eindeutige Buchstaben-Zahlenkombination zugewiesen wird. Weil diese Spalte keinem Attribut entspricht und die Werte künstlich erzeugt werden, nennt man diesen Schlüssel künstlichen Schlüssel.

Schüler (vorname, nachname, klasse, zweig, religion) → **künstlicher Schlüssel** → Schüler (<u>id</u>, vorname, nachname, klasse, zweig, religion)

Identifikation von Objekten

Die Schulleitung des John-von-Neumann-Gymnasiums fragt sich, wie es passieren konnte, dass die Tabelle Schüler ohne Primärschlüssel erstellt worden ist. Informatiklehrer Herr Schlaukopf erklärt:

schueler102

Vorname = „Anna"
Nachname = „Bolika"
Klasse = „9A"
…

↓

Schüler (<u>id</u>, vorname, nachname, klasse, …)

Hinweis: Auf informatikschulbuch.de gibt es Erklärvideos, welche zeigen, wie ein Primärschlüssel in deinem Werkzeug umgesetzt wird.

Ein **Primärschlüssel** ist eine Spalte oder eine Kombination von möglichst wenigen Spalten, deren Werte jeweils einen Datensatz in der Tabelle eindeutig identifizieren. Wird eine neue Spalte als Primärschlüssel eingeführt, nennt man sie **künstlicher Schlüssel**.
Bei der Entwicklung eines Tabellenschemas muss immer ein Primärschlüssel festgelegt werden.

Aufgaben

1 Olympische Spiele

Von einer Datenbank zur Organisation der olympischen Spiele sind die Tabellennamen unten bekannt. Ein Vorschlag für einen Schlüssel ist durch Unterstreichung gekennzeichnet. Entscheide in jedem Fall, ob der angegebene Schlüssel geeignet ist. Gib eine Alternative an, falls der Schlüssel ungeeignet ist. Begründe deine Ablehnung mit entsprechenden Beispielwerten.

a Sportler(<u>name</u>, <u>vorname</u>, gewicht, größe, nationalität)
b OlympischeSpiele(<u>austragungsort</u>, jahr, winter/sommer)
c Mannschaft(<u>nationalität</u>, mannschaftskürzel, flagge)
d Wettkampfstaette(<u>name</u>, adresse, zuschauerplaetze)
e Rekord(<u>disziplin</u>, wert, rekordart); wobei es folgende zwei Rekordarten gibt: olympischer Rekord, Weltrekord.

2 Primärschlüssel festlegen

a Unter informatikschulbuch.de findest du Videos, die zeigen, wie ein Primärschlüssel in einer Tabelle mit deinem Werkzeug festgelegt werden kann. Schau dir das Video zu deinem Werkzeug an.
b Öffne nun dein Werkzeug und wähle eine der Tabellen aus, mit der du bisher gearbeitet hast. Vollziehe die wesentlichen Schritte aus dem Video nach.
c Versuche in die Tabelle mit Primärschlüssel einen identischen Datensatz einzutragen. Erkläre die Fehlermeldung.

3 Natürliche Schlüssel gesucht

Gib für folgende Beispiele einen sinnvollen natürlichen Schlüssel an.

a Lehrkraft an deiner Schule
b Bahnhof für den Regional- und Fernverkehr
c Fahrten eines Zugs der deutschen Bahn
d Datei auf deinem Computer
e Musikstück
f Kurs, z. B. an einem Sprachinstitut, der Volkshochschule, der Universität, …

4 Schlüssel im Alltag

a Recherchiere zu einem der folgenden Schlüssel Aufbau und Anwendungsbereich und gib ein Beispiel an. Ergänze ggf. die Bedeutung der Abkürzung. Fasse dein Ergebnis knapp zusammen und stelle es in der Klasse vor.

i Rahmennummer	ii Personalausweisnummer	iii MAC-Adresse
iv IBAN	v SWIFT - Code	vi EAN
vii IP-Adresse	viii ISBN-13	

b Finde zu mindestens einer der folgenden Angaben heraus, welchem Schlüssel aus a) der Wert zugeordnet werden kann und was damit eindeutig identifiziert wird:

i AT483200000012345864	ii BYLADEMMXXX
iii 129.187.255.234	iv 978-3-637-02694-0

5 Bundesländer

Informationen zu den Bundesländern sind in einer Tabelle mit folgendem Schema gespeichert:
Bundesland(name, kuerzel, hauptstadt, regierungschef, bundesratsstimmen, flaeche, einwohnerzahl, wappen)

a Entscheide für jede Spalte, ob sie als Schlüssel verwendet werden kann. Begründe jeweils.

b Lege eine der geeigneten Spalten aus a) als Primärschlüssel fest und begründe deine Entscheidung.

c Für Schnelle: Spielt zu zweit eine Runde Bundesländer-Quiz: Du stellst eine Frage, z. B. „Wie heißt die Hauptstadt von Niedersachsen?" und überprüfst dann die Antwort über eine SQL-Abfrage. Dann wechselt ihr die Rolle.

6 Datenbanktabelle ohne Primärschlüssel

In manchen Datenbankmanagementsystemen kann man Tabellen erstellen, ohne dabei einen Primärschlüssel festzulegen. Oft kann man dann auch noch Datensätze in die Tabelle eintragen. Teilweise ist es aber dann nicht mehr möglich, die Werte nachträglich zu ändern.

a Probiere aus, ob dieses Problem in deinem Werkzeug auftritt.

b Versuche in der gegebenen Tabelle einen Primärschlüssel festzulegen und erkläre, warum dies nicht immer möglich ist.

c Für Schnelle: Mit passenden SQL-Statements kann man die Werte immer verändern. Informiere dich über SQL-Anweisungen, um Werte in einer Tabelle zu verändern oder zu löschen und teste sie.

7 Biometrischer Schlüssel

→ L6

a Recherchiere eine Definition von Biometrie und Anforderungen an biometrische Daten bei Erkennungsverfahren. Nenne drei Beispiele für biometrische Erkennungsverfahren.

b Es gibt regelmäßig öffentliche Diskussionen über Videoüberwachung. Nenne zwei Vor- und zwei Nachteile dieser Überwachungsart.

c Die Technik der Gesichtserkennung hat sich in den letzten Jahren deutlich weiterentwickelt. Dennoch können Systeme zur Gesichtserkennung nie mit einer Sicherheit von 100 % eine Aussage treffen, sondern nur mit hoher Wahrscheinlichkeit. Deshalb gibt es zwei Arten von Fehlern:
- Eine Person A wird nicht erkannt, obwohl Person A auf dem Foto abgebildet ist.
- Es wird die Person B erkannt, obwohl Person A auf dem Foto abgebildet ist.

Nenne mögliche Nachteile für Person B im Rahmen einer Verbrechensbekämpfung.

d Ein Schlüssel dient einerseits zur eindeutigen Identifizierung eines Datensatzes, andererseits bei Gebäuden und Computern als Zugangsberechtigung. Nenne Vor- und Nachteile für die Verwendung des Fingerabdrucks als Zugangsberechtigung an einer Haustür.

e Bei Smartphones kann eine PIN, ein Passwort, ein Wischmuster, Face-ID und der Fingerabdruck als Zugangskontrolle verwendet werden. Recherchiere unter Verwendung von zwei bis drei Quellen, wie die Sicherheit der einzelnen Schlüssel bewertet wird. Fasse das Ergebnis knapp zusammen.

8 Forschungsauftrag: Fingerabdruck

→ L6

Fingerabdrücke werden häufig bei der Verbrechensbekämpfung und bei Zugangskontrollen eingesetzt.

a Recherchiere, wie ein Vergleich zweier Abdrücke durchgeführt wird. Fasse deine Ergebnisse zusammen.

b Finde ein Video oder eine Anleitung, wie man die Zugangskontrolle durch einen Fingerabdruck überlisten kann. Bewerte die gezeigte Umsetzung hinsichtlich der Durchführbarkeit.

c Versuche eine in b) gezeigte Methode bei einem deiner eigenen Geräte anzuwenden.

Fingerabdruck-Sensor

*2.5 Abfragen mit Aggregatfunktionen

Die SMV möchte eine Fantasy-Filmnacht organisieren. Dazu wollen die Verantwortlichen herausfinden, wie lange es dauern würde, alle Filme aus der Filmdatenbank des Genres Fantasy hintereinander anzuschauen.

a Diese Information erhält man am besten mit einer Abfrage, welche die Aggregatfunktion `SUM(Spalte)` verwendet:

```
SELECT SUM(laenge)
FROM Film
WHERE genre1 = "Fantasy"
```

Führe die Abfrage aus und beschreibe das Ergebnis.

b Um die Anzahl der vorhandenen Filme in diesem Genre zu zählen, kann die Aggregatfunktion `COUNT(Spalte)` verwendet werden. Formuliere eine passende Abfrage und teste sie.

Berechnung in einer Abfrage

Zur Erstellung eines Länderquiz kann die Tabelle mit allen Ländern der Erde hilfreich sein:

Land(<u>laenderkuerzel</u>, name, einwohner, flaeche, hauptstadt, kontinent)

→ 1.3

Ähnlich zu vordefinierten Funktionen in Tabellenkalkulationssystemen gibt es auch in SQL Funktionen, mit welchen Berechnungen ausgeführt werden können:

Welche Fläche hat das flächenmäßig größte Land?

```
SELECT  MAX(flaeche)
FROM    Land
```

MAX(flaeche)
17075400

Welche Fläche hat das flächenmäßig kleinste Land?

```
SELECT  MIN(flaeche)
FROM    Land
```

MIN(flaeche)
1

Wie viele Länder gibt es in Afrika?

```
SELECT  COUNT(laenderkuerzel) AS "Anzahl afrikanischer Länder"
FROM    Land
WHERE   kontinent = "Afrika"
```

Anzahl afrikanischer Länder
55

Wie viele Einwohner hat ein europäisches Land im Durchschnitt?

```
SELECT  AVG(einwohner) AS "Einwohnerdurchschnitt Europa"
FROM    Land
WHERE   kontinent = "Europa"
```

Einwohnerdurchschnitt Europa
13.297333

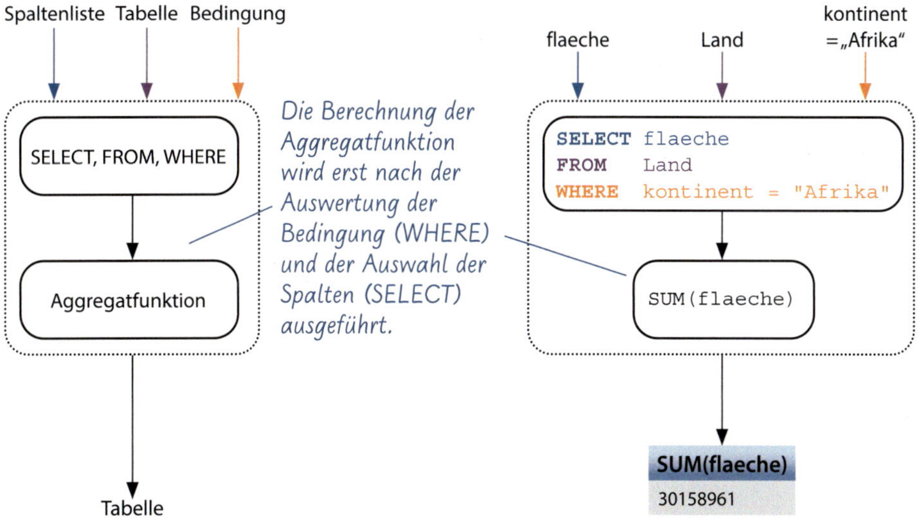

Land

laender-kuerzel	name	einwoh-ner	flaeche	haupt-stadt	kontinent
AG	Algerien	37.40	2381741	Algier	Afrika
RB	Botswana	2.10	581730	Gabarone	Afrika
AM	Armenien	3.34	29743	Eriwan	Asien
BH	Belize	0.31	22966	Belmopan	Nordamerika
GH	Ghana	25.24	238537	Accra	Afrika
CH	Schweiz	8.18	41285	Bern	Europa
...	...	...	...	...	...

flaeche
2381741
581730
238537
...

Mit den **Aggregatfunktionen** COUNT, AVG, SUM, MAX oder MIN lassen sich aus den Datensätzen einer Abfrage durch Berechnungen neue Informationen gewinnen.

COUNT(*Spalte*)	Anzahl der Einträge in dieser Spalte
AVG(*Spalte*)	Durchschnitt aller Werte in dieser Spalte
MAX(*Spalte*)	Maximum aller Werte in dieser Spalte
MIN(*Spalte*)	Minimum aller Werte in dieser Spalte
SUM(*Spalte*)	Summe aller Werte in dieser Spalte

Aufgaben

1 Filmnacht

Zur Planung einer Filmnacht sollen einige Informationen aus der Filmdatenbank entnommen werden. Formuliere jeweils eine passende SQL-Abfrage zu den folgenden Fragen. Setze in allen Abfragen Aliasnamen sinnvoll ein.

a Wie viele Filme hat dein Lieblingsregisseur gedreht? (Verwende George Lucas, falls du keinen Lieblingsregisseur hast.)
b Wie lange dauert ein Film im Durchschnitt?
c Wie lange dauern der längste und der kürzeste Film in deinem Lieblingsgenre?
d Wie viel Zeit würde man benötigen, um alle Komödien anzuschauen, die in der Datenbank gespeichert sind?

2 Fortsetzung Länderquiz

Weitere Zahlen für ein Länderquiz sind gesucht: Erstelle für die folgenden Aufgaben passende SQL-Abfragen.

a Wie viele Einwohner hat das Land mit der größten Einwohnerzahl?
b Wie viele Einwohner hat das Land mit der niedrigsten Einwohnerzahl?
c Finde durch eine Abfrage mit dem Ergebnis aus b) den Namen des Landes mit der kleinsten Einwohnerzahl heraus.
d Recherchiere in einer anderen Quelle die Einwohnerzahl des Landes. Erkläre den Unterschied zwischen der Angabe in der Tabelle und deinem Rechercheergebnis!

e Mit folgender Abfrage kann der prozentuale Anteil eines Landes an der Fläche des Kontinents ausgegeben werden:

```
SELECT name,flaeche /(kontinentFlaeche *10000) AS FlaechenAnteil
FROM   Land
```

Erklärt euch die Abfrage gegenseitig. Geht dabei auch darauf ein, warum die Fläche des Kontinents mit 10 000 multipliziert wird.

f Für Schnelle: Entwickle mit dem Wissen aus e) eine Abfrage, welche für jedes Land den prozentualen Anteil an Einwohnern des Kontinents anzeigen lässt. Sortiere das Ergebnis nach dem Prozentsatz!

3 Wetterbeobachtungen

Der Deutsche Wetterdienst hat ca. 80 Wetterstationen in ganz Deutschland verteilt. Diese zeichnen täglich Messwerte zur Temperatur, Windstärke oder Sonnenscheindauer auf.

a Schätze, wie hoch die maximale und minimale Sonnenscheindauer in Deutschland ist. Überprüfe deine Schätzung mit einer passenden SQL-Abfrage.

b Schätze, wie hoch die durchschnittliche Sonnenscheindauer der gespeicherten Werte in der Tabelle ist. Überprüfe deine Schätzung mit einer passenden Abfrage.

c Begründe, warum für die mittlere Sonnenscheindauer eines Jahres folgende Abfrage ausgeführt werden muss:

```
SELECT AVG(sonnenscheindauer)
FROM   Wettermessung
WHERE  datum >= "2021-05-07" AND datum < "2022-05-07"
```

d Führe die Abfrage aus und vergleiche das Ergebnis mit dem Durchschnitt, den du bei b) herausgefunden hast.

e Für Schnelle: Recherchiere die durchschnittliche Sonnenscheindauer für deine Lieblingsländer und vergleiche die Werte mit dem Wert aus Deutschland.

4 Bundestagsmitglieder

Um Transparenz in der Politik zu erreichen, kann jeder die Zusammensetzung des Deutschen Bundestags einsehen. In der Tabelle Bundestag sind alle Mitglieder mit ihren Berufen des letzten Deutschen Bundestags gespeichert. Beantworte die Fragen in den Teilaufgaben a) bis e) jeweils durch das Erstellen einer passenden SQL-Abfrage.

a Wie viele Frauen waren im letzten Deutschen Bundestag?

b Wie viele Männer hatten einen Sitz im Bundestag?

c Wie hoch ist das durchschnittliche Alter unter den Frauen?
Tipp: Mit der Funktion `Year(Datum)` bekommst du aus einem Datumswert nur das Jahr.

d Wie hoch ist das durchschnittliche Alter unter den Männern? Vergleiche mit c)

e Wie alt war das älteste/jüngste Mitglied?

f Recherchiere das Zahlenverhältnis von Frauen zu Männern in der Gesamtbevölkerung Deutschlands und vergleiche mit den Ergebnissen aus a) und b). Begründe aus deiner Sicht knapp, ob ein großer Unterschied Nachteile haben kann.

g Für Schnelle: Recherchiere das Durchschnittsalter der deutschen Bevölkerung und vergleiche mit c) und d). Bewerte den Unterschied.

5 Straftaten richtig zählen

In der Tabelle Straftaten sind in Deutschland verübte Straftaten gespeichert.

a Mit einer SQL-Abfrage soll herausgefunden werden, wie viele unterschiedliche Typen von Straftaten existieren. Folgende Vorschläge sind gegeben:

```
SELECT COUNT(typ)
FROM   Straftaten
```

```
SELECT COUNT(DISTINCT typ)
FROM   Straftaten
```

Erprobe beide Abfragen und erkläre, welche Variante das richtige Ergebnis liefert.

b Begründe, warum das Problem aus a) in folgender SQL-Abfrage nicht auftritt:

```
SELECT COUNT(schluessel)
FROM   Straftaten
```

c Mit der folgenden Abfrage soll die Anzahl aller erfassten Vermögens- und Fälschungsdelikte angezeigt werden:

```
SELECT COUNT(anzahl)
FROM   Straftaten
WHERE  typ = "Vermögens- und Fälschungsdelikte"
```

Auch diese Abfrage beinhaltet einen logischen Fehler. Finde diesen und berichtige die Abfrage.

d Entwickle eine Abfrage, welche dir die Anzahl aller Straftaten mit Einsatz von Schusswaffen ausgibt.

6 Serien zählen

Führe die folgenden Abfragen aus und erkläre, warum sie unterschiedliche Ergebnisse liefern:

```
SELECT COUNT(*)
FROM Serie
```

```
SELECT COUNT(sender)
FROM Serie
```

```
SELECT COUNT(DISTINCT sender)
FROM Serie
```

7 Forschungsauftrag: Nährwertinformationen mit Unterabfragen

Bei vielen Abfragen wäre es interessant, neben dem Wert der Aggregatfunktion auch noch andere Spalten in der Ergebnistabelle anzeigen zu lassen. Dies ist aber leider nicht ohne weiteres möglich. Folgende Abfrage zeigt dies:

```
SELECT  MAX(zucker),name
FROM    Naehrwerte
```

a Führe die Abfrage aus und finde durch eine zweite Abfrage den richtigen Namen des Lebensmittels mit dem größten Zuckergehalt heraus.

b Um Aufgabe a) mit einer Abfrage zu lösen, wird eine sogenannte Unterabfrage benötigt:

```
SELECT name, zucker
FROM   Naehrwerte
WHERE  zucker = (SELECT MAX(zucker) FROM Naehrwerte)
```

Erkläre die Funktionsweise dieser Abfrage. Überlege dir dafür zunächst das Ergebnis der Unterabfrage in Klammern.

c Formuliere eine Abfrage, welche dir den Namen sowie die enthaltenen Proteine des Lebensmittels mit den meisten Proteinen anzeigt.

d Überlege selbst eine Fragestellung (für eine Datenbank deiner Wahl), die nur mit einer Unterabfrage lösbar ist.

*2.6 Ergebnisse durch Gruppierung zusammenfassen

Aaron möchte den nächsten Urlaub am liebsten an einem warmen Ort im Süden verbringen. Seine Eltern wollen jedoch in Deutschland Urlaub machen. Mit Hilfe einer Wetterdatenbank möchte er daher wenigstens den Ort in Deutschland suchen, an dem die Sonnenscheindauer im Durchschnitt am längsten ist. Zunächst will er die durchschnittliche Sonnenscheindauer für den südlichsten Ort der Wetteraufzeichnungen, Oberstdorf, herausfinden.

a Berechne mithilfe einer Aggregatfunktion die durchschnittliche Sonnenscheindauer für Oberstdorf. Notiere dir Ort und Wert (mit zwei Nachkommastellen) auf einem Blatt.

b Ermittle nach dem gleichen Verfahren die durchschnittliche Sonnenscheindauer von List auf Sylt. Notiere wieder und vergleiche mit Oberstdorf.

c Teste die folgende Abfrage und vergleiche die Zeilen zu Oberstdorf und List mit den Ergebnissen aus a) und b). Interpretiere allgemein die Ergebnistabelle.

```
SELECT    AVG(sonnenscheindauer), standort
FROM      Wettermessung
GROUP BY  standort
```

d Erkläre Aaron, warum die höchste durchschnittliche Sonnenscheindauer über das ganze Jahr kein Garant für einen warmen Urlaub ist.

Konzentrat aus mehreren Zeilen durch Gruppierung mit Aggregatfunktion

Am Projekttag stellt die Klasse 9A CO_2-Sensoren in der Schule auf und misst damit für einen Tag die CO_2-Konzentration an verschiedenen Orten. Die Messwerte werden automatisch in eine Datenbanktabelle eingetragen.

Für die Auswertung möchte die Klasse eine Übersicht über die durchschnittlichen Werte aller Stationen. Dazu müssen die Werte nach Orten **gruppiert** werden. Anschließend kann mit einer Aggregatfunktion eine Berechnung auf den gruppierten Werten erfolgen.

Messwert		
ort	**uhrzeit**	**wert**
Aula	09:10:00	144
Raum9A	09:00:00	823
Raum9A	09:35:00	620
Aula	09:20:00	104
Aula	10:20:00	933
Raum9A	10:10:00	410

GROUP BY ort →

Messwert		
ort	**uhrzeit**	**wert**
Aula	09:10:00	144
Aula	09:20:00	104
Aula	10:20:00	933
Raum9A	09:00:00	823
Raum9A	09:35:00	620
Raum9A	10:10:00	410

AVG(wert)

Messwert	
ort	**AVG(wert)**
Aula	393,66
Raum9A	617,66

Die vollständige SQL-Abfrage hat folgende Form:

```
SELECT    ort, AVG(wert)
FROM      Messwert
GROUP BY  ort
```

Folgende Abfrage berechnet die Anzahl aller Messwerte für jeden Ort:

```
SELECT    ort, COUNT(wert) AS anzahlMesswerte
FROM      Messwert
GROUP BY  ort
```

Messwert	
ort	**Anzahl-Messwerte**
Aula	12
Raum9A	11
Turnhalle I	3
Raum9B	12
Lehrerzimmer	2

Das Ergebnis zeigt, dass einige der Sensoren nicht richtig gearbeitet und nur wenig Werte aufgenommen haben. Alle Ergebnisse mit weniger als vier Messwerten sollen gestrichen werden:

```
SELECT    ort, COUNT(wert) AS anzahlMesswerte
FROM      Messwert
GROUP BY  ort
HAVING    anzahlMesswerte >= 4
```

ort	Anzahl-Messwerte
Aula	12
Raum9A	11
~~Turnhalle I~~	~~3~~
Raum9B	12
~~Lehrerzimmer~~	~~2~~

HAVING anzahlMesswerte >= 4

ort	Anzahl-Messwerte
Aula	12
Raum9A	11
Raum9B	12

Mit **GROUP BY** können alle Datensätze mit demselben Wert in der angegebenen Spalte gruppiert werden. Anschließend können mit Aggregatfunktionen Berechnungen auf den gruppierten Werten ausgeführt werden. Bedingungen an die so gewonnenen Ergebnisse werden mittels **HAVING** formuliert.
Alle bisher gelernten Bestandteile einer SQL-Abfrage lassen sich wie folgt schematisch in der angegebenen Reihenfolge darstellen:

SELECT *Spaltenliste*
FROM *Tabelle*
WHERE *Bedingung*
GROUP BY *Spaltenliste*
HAVING *Bedingung*
ORDER BY *Spaltenliste*

Aufgaben

1 Olympia-Medaillenspiegel

Der Medaillenspiegel ist ein Maß dafür, wie erfolgreich ein Land bei den Olympischen Spielen ist. Er zeigt an, wie viele Medaillen ein Land gewonnen hat.

a Erstelle eine Abfrage, welche für jedes Land die Anzahl aller Medaillen für die Winterspiele eines Jahres deiner Wahl auflistet. Achte darauf, dass für die gewählte Jahreszahl Datensätze in der Tabelle vorhanden sind.

b Füge in die Abfrage aus a) einen Aliasnamen für die Anzahl hinzu und verwende diesen, um das Ergebnis nach Anzahl der Medaillen zu sortieren.

c Lass dir mit einer SQL-Abfrage eine Tabelle anzeigen, in der für Deutschland für das Jahr deiner Wahl die gesamte Anzahl aller Gold-, Silber- und Bronzemedaillen stehen.

d Erweitere das Ergebnis aus c) so, dass die Abfrage zwar für alle Länder die Medaillen anzeigt, jedoch nur für eine Medaillen-Anzahl, die größer ist als 15.

e Die Anzahl der Medaillen aus den vorangegangenen Teilaufgaben stimmen meistens nicht mit den offiziellen Medaillenspiegeln überein. Erkläre die Abweichungen.
Tipp: Lass dir alle Goldmedaillen für Kanada in der Sportart Eishockey anzeigen.

2 Länderquiz mit Gruppierungen

Mit Gruppierungen lassen sich noch mehr Informationen aus der Länderdatenbank gewinnen.

a Erstelle eine SQL-Abfrage, deren Ergebnis eine Übersicht über die Anzahl der Länder für jeden Kontinent ist. Sortiere die Datensätze aufsteigend nach Länderanzahl.

b Mit der folgenden Abfrage soll die durchschnittliche Einwohnerzahl sowie die durchschnittliche Fläche aller Länder eines Kontinents anzeigt werden. Benenne die Fehler und korrigiere:

```
SELECT    AVG(einwohner), AVG(flaeche) AS durchschnittlicheEinwohnerzahl,
          AS durchschnittlicheFläche kontinent
FROM      Land
ORDER BY  durchschnittlicheEinwohnerzahl
GROUP BY  Kontinent
```

c Formuliere eine SQL-Abfrage, die die durchschnittliche Bevölkerungsdichte aller Länder eines Kontinents ausgibt. Sortiere das Ergebnis nach der Bevölkerungsdichte. Nenne eine Auswirkung der Bevölkerungsdichte auf die Lebensbedingungen der Menschen.

d Recherchiere die Bevölkerungsdichte eines Kontinents. Vergleiche das Rechercheergebnis mit dem Ergebnis aus c) und erkläre die Ursache des Unterschieds.

3 Straftaten

In der Datenbanktabelle Straftaten sind statistische Daten zu den in Bayern verübten Straftaten gespeichert.

a Lass dir mit einer SQL-Abfrage für jeden Typ die Summe der begangenen Straftaten, der versuchten Straftaten sowie aller Straftaten mit Schusswaffengebrauch anzeigen.

b Formuliere eine SQL-Anweisung, die für alle Straftaten mit mindestens einem Einsatz von Schusswaffen die Summe dieser Taten in jeder Oberkategorie auflistet.

c Formuliere eine Aufgabenstellung für folgende SQL-Abfrage:

```
SELECT    SUM(aufgeklaert)/SUM(anzahl) AS anteilAufgeklärt,
          typ, Oberkategorie
FROM      Straftaten
GROUP BY  typ, Oberkategorie
ORDER BY  anteilAufgeklärt
```

4 Gruppierungen im Bundestag

a Stelle eine Vermutung darüber auf, welche Berufe Bundestagabgeordnete häufig ausüben oder ausgeübt haben. Überprüfe deine Vermutung, indem du nach dem Beruf gruppierst und dir die Anzahl aller Abgeordneten für einen Beruf mit mehr als 10 Einträgen anzeigen lässt.

b Erstelle eine Übersicht zu folgenden Informationen jeweils in einer Ergebnistabelle:

i Anzahl der Frauen und Männer

ii Anzahl der Frauen und Männer aufgeschlüsselt nach unterschiedlichen Parteien

iii Durchschnittliches Alter der weiblichen und männlichen Mitglieder

5 Mit und ohne Gruppierung

Die folgenden beiden SQL-Statements liefern ein identisches Ergebnis:

```
SELECT SUM(laufzeit) FROM Film WHERE genre1 = "Drama"
SELECT SUM(laufzeit) FROM Film GROUP BY genre1 HAVING genre1="Drama"
```

a Welche Variante bevorzugst du? Begründe deine Meinung!

b Finde ein weiteres Beispiel für eine solche Abfrage!

2.7 Miniprojekte und weiterführende Aufgaben

1 Metadaten von Bildern (Aufgabe)

Vorbereitung: Erstelle zu Hause mit deiner (Handy-)Kamera ein Bild ohne private Informationen (eine Blumenvase, die Spülmaschine oder …). Bringe dieses Bild auf einem Datenträger mit und speichere es in einem Klassenverzeichnis.

a Lies die Metadaten (wie in der Abbildung unten) eines der mitgebrachten Bilder (nicht deines eigenen) aus. Dies funktioniert meist direkt in einem Dateiverwaltungsprogramm oder auch mit einem geeigneten Grafikprogramm. Versuche das Bild einer Person in deiner Klasse zuzuordnen.

Viele Dienste speichern Informationen zu Bildern in einer Datenbank. Nebenstehende Abbildung zeigt Details, die beim Erstellen eines Bildes gespeichert werden können.

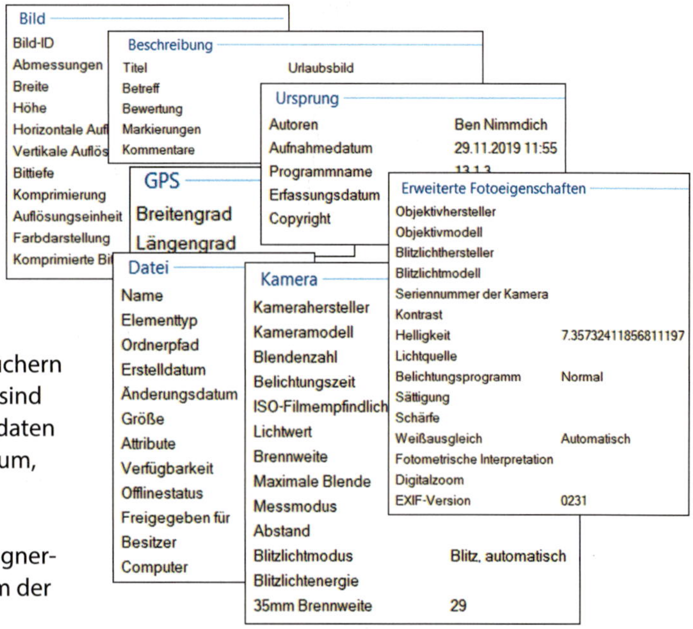

b Überlege, welche Informationen für die folgenden Dienste wichtig sind, und erstelle ein passendes Klassendiagramm:
- i Dienst zur Erfassung von Geschwindigkeitsüberschreitungen
- ii Dienst zum Informationsaustausch von Ärzten
- iii Dienst zum Erstellen von privaten Fotobüchern

In der Datenbank eines sozialen Netzwerkes sind die Metadaten der Bilder in der Tabelle Metadaten gespeichert: Metadaten(autor, aufnahmedatum, breitengrad, laengengrad, markierungen, kamerahersteller).

c Recherchiere die GPS-Daten des Richard-Wagner-Festspielhaus und den diesjährigen Zeitraum der Bayreuther Festspiele.
- i Formuliere eine passende Abfrage, mit der mithilfe der Metadaten herausgefunden werden könnte, wer an den Festspielen teilgenommen hat.
- ii Formuliere eine SQL-Abfrage, die zeigen könnte, welche Fotos von Gästen gemacht worden sind und welche Mitarbeiter oder Künstler aufgenommen haben könnten.
- iii Überlege weitere Möglichkeiten für Abfragen, mit welchen Informationen aus den Metadaten von Bildern herausgefunden werden könnten.

d In sozialen Netzwerken gibt es oft die Möglichkeit, Bilder zu markieren. Auf einem Bild kann eine Person mit Namen markiert werden. Das sogenannte Labeln von Bildern hilft Bilderkennungsalgorithmen, neue Bilder zielsicher einzuordnen. Erörtere unter diesem Aspekt Vor- und Nachteile der Auszeichnung von Bildern. Gehe dabei auch auf die Markierung von Gesichtern ein.

e Fake News ist ein Begriff, der erst 2017 in den Rechtschreibduden aufgenommen wurde. Recherchiere genau die Bedeutung, die Gefahren und den Grund für die Aufnahme in den Duden. Erläutere, wie ein Ändern bzw. Löschen von Metadaten ein Beitrag zu Fake News sein kann.

f Recherchiere ein Tool, mit dem man Metadaten ändern bzw. auslesen kann.
- i Lösche von einem Foto deiner Wahl die Metadaten, ändere sie von einem anderen.
- ii Erstelle eine Fotoserie von mindestens 10 Fotos, z. B. auf einem Spaziergang. Lies die GPS-Daten in eine Textdatei aus. Führe eine Nachbearbeitung der Textdatei so durch, dass die einzelnen Werte durch Kommas getrennt sind (csv-Datei). Importiere anschließend die Daten in eine Datenbank.

2 Sensoren (Miniprojekt)

Mit Sensoren (CO_2, Temperatur, Bewegung, …) lassen sich leicht Daten sammeln.

a Verwendet Sensoren (ggf. an verschiedenen Orten), um Daten aufzunehmen. Entwerft eine Datenbank und speichert dort alle Datensätze. Ermittelt durch geschickte SQL-Abfragen zusätzliche Informationen wie z. B. Zusammenhänge zwischen Datensätzen oder bestimmten Werten mehrerer Spalten.

b Mit Smartphones, Smartwatches, Fitness-Trackern oder Smarthome-Geräten werden ähnliche Daten gesammelt und ausgewertet. Bewertet dieses Vorgehen im Kontext des Datenschutzes.

3 Fehlermeldung (Aufgabe)

Bei einer Projektarbeit sammelt die Gruppe von Kim, Max, Zoe und Tim auch Informationen in einem Rechenblatt, welches auf dem Schulserver gespeichert ist. Als Zoe das Dokument öffnen will, erhält sie die abgebildete Fehlermeldung.

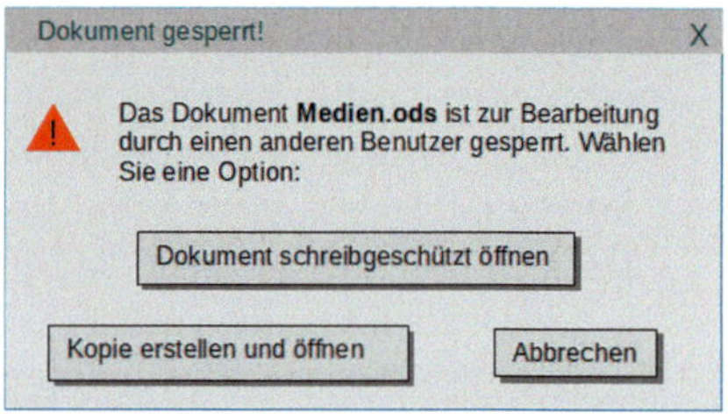

a Erkläre die Ursache des Fehlers.

b Gib das Problem an, das entstehen kann, wenn Zoe in einer Kopie Einträge macht.

c Erzeugt zu zweit eine ähnliche Fehlermeldung in eurem Schulnetz.

d Bei Datenbanksystemen mit Mehrbenutzerzugriff gibt es diese Fehlermeldung nicht. Finde ggf. in Absprache mit deiner Lehrkraft heraus, ob du das testen kannst und führe einen Test durch.

e Nenne eine Alternative zum installierten Tabellenkalkulationsprogramm, das einen gleichzeitigen Zugriff von mehreren Benutzern auf ein Tabellenkalkulationsdokument erlaubt. Falls dir kein Beispiel einfällt, recherchiere im Internet.

4 Dein Datenprojekt (Miniprojekt)

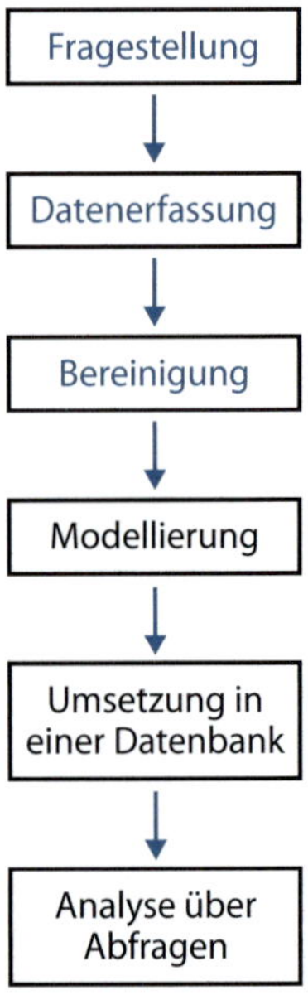

Das statistische Landesamt bietet eine Vielzahl an öffentlichen Daten an. Recherchiere die GENESIS-Online Datenbank des statistischen Landesamts (oder alternativ auch eine andere Datenquelle) und wähle entsprechend deinem Interesse (z. B. Flächennutzung, Geburten, Diagnose Krankenhauspatienten) Informationen aus. Führe damit dein eigenes Datenprojekt mit nachstehenden Schritten durch. Dokumentiere knapp nach jedem Schritt deinen Fortschritt, z. B. Ergebnis, Vorgehen, Schwierigkeiten und Lösung:

- Fragestellung wählen: Notiere mindestens drei Fragen, von denen du dir erhoffst, dass sie mit den Daten beantwortet werden können.
- Datenerfassung: Andere haben die Daten bereits erfasst. Für dich gibt es aber die Möglichkeit, den zeitlichen Rahmen, Anzahl der Spalten usw. auszuwählen. Die Datensätze sollten ruhig umfangreich sein, Datenbanken können mit großen Datenmengen umgehen. Zum ersten Speichern eignen sich csv-Dateien bzw. Tabellenkalkulationsdokumente.
- Bereinigen: Öffne die Daten in einem Tabellenkalkulationsdokument (csv-Dateien muss man importieren, damit nicht alle Daten in einer Spalte stehen). Bereinige die Daten für einen Import in eine Datenbank. Typische Aufgaben sind: Jahreszahlen als eigene Spalte anlegen; Leerzeilen oder ggf. unnötige Überschriftszeilen löschen; einzelne Zellen mit Werten (über Kopieren und Einfügen) vervollständigen;
  Speichere dann als csv-Datei ab.
  Kontrolliere den Dateiinhalt durch Öffnen in einem Texteditor. Gegebenenfalls sind noch folgende Schritte nötig: Entfernen der ersten Zeile mit den Spaltenüberschriften; bei Dezimalzahlen das Komma durch einen Punkt ersetzen; falls Umlaute enthalten sind, in UTF-8 kodieren.

Die folgenden Schritte sind dir bereits bekannt:
- Modellierung: Erstelle ein Tabellenschema (auf Basis eines Klassendiagramms).
- Setze das Tabellenschema in einer Datenbank um und importiere die Datensätze.
- Beantworte deine anfangs notierten Fragestellungen bzw. analysiere den Datenbestand durch Abfragen.

5 Unterabfragen für Fortgeschrittene (Aufgabe)

→ 2.5

a Bearbeite zunächst den Forschungsauftrag zu Unterabfragen in Kapitel 2.5.

b Eine Unterabfrage kann nicht nur in einer Bedingung verwendet werden. Folgende Abfrage gibt ein Beispiel. Es verwendet die Tabelle Bundestag.

```
SELECT COUNT(id) / (SELECT COUNT(id) FROM Bundestag)
FROM Bundestag
WHERE geschlecht = "w"
```

Erkläre die Bedeutung des Ergebnisses dieser Abfrage.

c Gib eine SQL-Abfrage an, welche den prozentualen Anteil aller männlichen Bundestagsmitglieder angibt.

d Entwickle eine SQL-Abfrage, welche die Ergebnisse der Abfragen aus b) und c) nach Parteien aufgeschlüsselt angibt.

e Entwickle weitere Beispiele für Abfragen mit Unterabfragen.

6 Lebensmittelkennzeichnung (Aufgabe)

Nährwerttabellen finden sich heutzutage auf nahezu allen abgepackten Lebensmitteln.

Nährwerte / Nutrition facts / Valeur nutritive	pro / per / pour 100 g
Energie / Energy / Énergie	2110 kJ/503 kcal
Fett / Fat / Lipides	32,4 g
davon gesättigte Fettsäuren / of which saturates / dont saturés	8,2 g
Kohlenhydrate / Carbohydrate / Glucides	41,9 g
davon Zucker / of which sugares / dont sucres	40,3 g
Eiweiß / Protein / Protéines	9,3 g
Salz / Salt / Sel	0,06 g

a Suche dir zu Hause mindestens drei unterschiedliche Produkte mit einer Nährwerttabelle und fasse die Angaben tabellarisch in deinem Heft zusammen. (Alternativ: Verwende die Darstellungen von Produkten auf informatikschulbuch.de)

b Eine Verbraucherzentrale möchte Nährwerttabellen mittels einer Datenbank zur Verfügung stellen. Gib ein zur Abbildung passendes Tabellenschema für die Datenbanktabelle an. Vergiss nicht, einen Primärschlüssel festzulegen.

c Setze das Tabellenschema aus b) in eine Datenbank um und trage die Lebensmittel von a) ein.

d Nenne einen Nutzen dieser Lebensmittelkennzeichnung für den Verbraucher. Bewerte die in a) eingetragenen Lebensmittel unter diesem Aspekt.

e Eine andere Art der Lebensmittelkennzeichnung ist die „Fleisch-Ampel" als Information über die Haltungsbedingung von Tieren:

rot – Stallhaltung	blau – Stallhaltung plus
orange – Außenklima	grün – Premium

Wähle einen Datentyp zur Speicherung der Haltungsbedingung und begründe deine Wahl.

Teste dich selbst

T1 Grundbegriffe

Ordne die Begriffe aus dem objektorientierten Datenmodell (links) den passenden Begriffen aus der Datenbank (rechts) zu. Zwei Begriffe fehlen rechts, ergänze!

Objekt
Attribut
Attributwert
Klassendiagramm
Objektname

Spalte
Eintrag in einer Zelle in der Tabelle
Datensatz/Zeile

T2 SQL-Abfragen

a Erkläre knapp an einem selbst gewählten Beispiel, warum die Ergebnistabelle einer SQL-Abfrage auch aus einer einzigen Zahl bestehen kann.

b Erkläre die Begriffe rechts am Beispiel der SQL-Abfrage links. Die Zeilennummern helfen bei der Zuordnung.

```
1 SELECT    AVG(laufzeit)
2           AS LaufzeitDurchschnitt, genre
3 FROM      Film
4 WHERE     laufzeit < 180 AND fsk < 16
5 GROUP BY  genre
6 ORDER BY  LaufzeitDurchschnitt
```

c Formulie eine mögliche Aufgabenstellung, welche die Abfrage aus b) als Lösung hat.

Ergebnistabelle sortieren
Aliasname
Tabelle
logische Funktion
Gruppierung
Vergleich
Bedingung
Aggregatfunktion

T3 Ungleiche Paare

Grenze folgende Paare voneinander ab und erkläre den Unterschied:

a Objekt – Klasse
b Vergleich – Bedingung
c COUNT – SUM
d WHERE – HAVING

T4 Schlüssel

a Erkläre an einem selbst gewählten Beispiel den Begriff Primärschlüssel. Nenne auch eine Spalte, die kein Schlüssel sein kann und begründe dies.

b Beschreibe, wie man in deinem Datenbanksystem einen künstlichen Schlüssel für eine Datenbanktabelle anlegen kann.

T5 Lehrkräfte

Folgendes Tabellenschema ist gegeben:
Lehrkraft(vorname, nachname, dienstalter, fach1, fach2, geschlecht)

a Zeichne das zugehörige Klassendiagramm.

b Gib einen passenden Datentyp für jede Spalte an.

c Suche einen passenden Schlüssel und notiere dann das Tabellenschema.

d Gib die SQL-Abfrage zu folgenden Aufgabenstellungen an:

- i Liste die Vor- und Nachnamen aller Lehrkräfte auf, die Sport und Religion unterrichten. Sortiere das Ergebnis nach dem Nachnamen.
- ii Lass dir das durchschnittliche Dienstalter, das höchste und das niedrigste Dienstalter aller Lehrkräfte anzeigen. Verwende sinnvolle Aliasnamen.
- iii Lass dir die Anzahl aller Lehrkräfte, gruppiert nach dem Geschlecht, anzeigen.

Große Datenmengen können in **relationalen Datenbanken** in Form von **Tabellen** gespeichert werden.

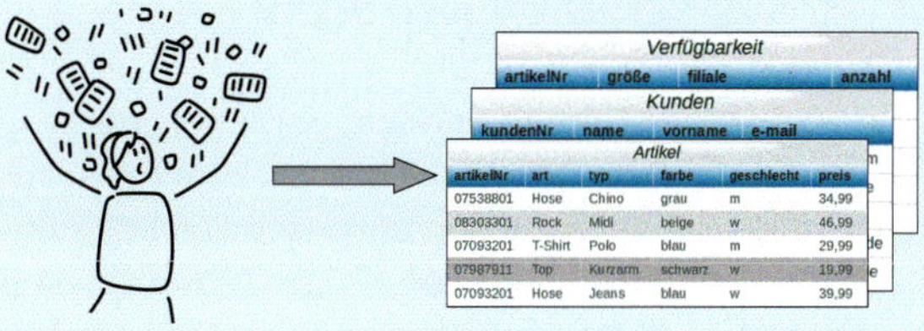

Für die Entwicklung einer Datenbanktabelle geht man vom **objektorientierten Datenmodell** aus. Die Struktur der Objekte wird in einem Klassendiagramm festgehalten. Beim Umsetzen in die Datenbank müssen **Datentypen** und ein **Primärschlüssel** festgelegt werden.

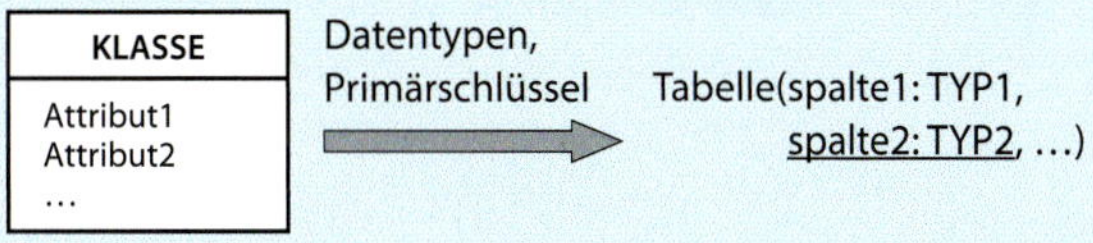

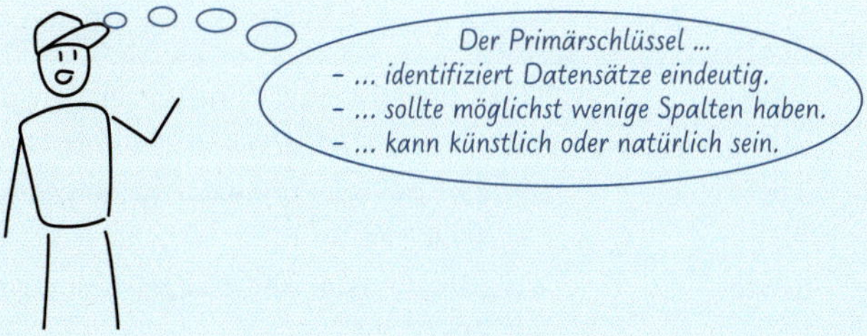

Mit **SQL-Abfragen** können neue Informationen aus Datenbanktabellen gewonnen werden. Das Resultat einer Abfrage an eine Datenbank ist eine **Ergebnistabelle**.

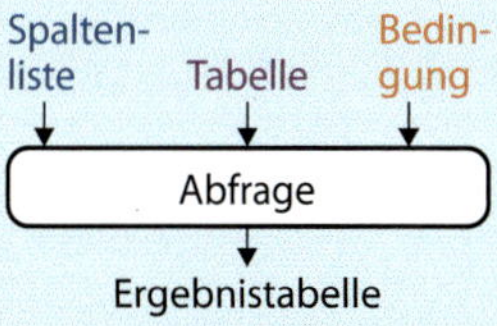

Eine SQL-Abfrage kann folgende Bestandteile haben:

SELECT *Spaltenliste*
- *DISTINCT vermeidet Duplikate.*
- *Aggregatfunktionen (COUNT, SUM, MAX, MIN, AVG) für Berechnungen*
- *SELECT * für "alle Spalten"*
- *AS Aliasname*

FROM *Tabelle*

WHERE *Bedingung*
- *Wird meist mit **Vergleichen** formuliert.*
- *Verknüpfung von mehreren Vergleichen mit **logischen Funktionen** (AND, OR, NOT)*

GROUP BY *Spaltenliste*

HAVING *Bedingung*

ORDER BY *Spaltenliste*
- *ASC für aufsteigend (Standard)*
- *DESC für absteigend*

Beispielabfrage bei einer Filmdatenbank

```
SELECT    AVG(laufzeit)
          AS LaufzeitDurchschnitt, genre
FROM      Film
WHERE     laufzeit < 180 AND fsk < 16
GROUP BY  genre
ORDER BY  LaufzeitDurchschnitt
```

Zum Weiterlesen

5 Datenbankmanagementsysteme und ihre Datentypen

Jede Datenbank besteht zum einen aus den zu verwaltenden Daten. Zum anderen ist ein Datenbankmanagementsystem (DBMS) notwendig. Dieses kümmert sich unter anderem um die physische Speicherung der Daten sowie die Benutzerverwaltung und die Interpretation der SQL-Abfragen. Es gibt mehr als 100 verschiedene Systeme, zum Beispiel MySQL, MariaDB, LibreOffice Base oder SQLite. Letzteres wird z. B. von Android und iOS intern genutzt. (Nicht alle sind für die Verwaltung von relationalen Datenbanken geeignet, mit einigen können objektorientierte oder objektrelationale Datenbanken verwaltet werden.) Jedes DBMS stellt bestimmte Datentypen zur Verfügung. Hier ist eine kleine Auswahl der relevantesten Datentypen von MySQL, ein weltweit eingesetztes Managementsystem für relationale Datenbanken. Diese Datentypen gibt es identisch oder in ähnlicher Form in allen üblichen Systemen.

Datentyp	Speicherplatz	Beschreibung
INT oder INTEGER	4 Byte	Ganzzahlen mit oder ohne Vorzeichen; Bereich mit Vorzeichen von −2 147 483 648 bis 2 147 483 647
SMALLINT	2 Byte	Ganzzahl mit oder ohne Vorzeichen; Bereich mit Vorzeichen von −32 768 bis 32 767
BIGINT	8 Byte	Ganzzahl mit oder ohne Vorzeichen; Bereich mit Vorzeichen von -2^{63} bis $2^{63} - 1$
DECIMAL	variabel	Fixkommazahl, bei der die Vorkomma- und Nachkommastellen angegeben werden können (z. B. DECIMAL(5,2); maximal 65 Ziffern, davon maximal 10 Nachkommastellen)
FLOAT	4 Byte	Fließkommazahl Bereich von $-3{,}402823466 \cdot 10^{38}$ bis $3{,}402823466 \cdot 10^{38}$
DOUBLE	8 Byte	Fließkommazahl Bereich von $-1{,}798 \cdot 10^{308}$ bis $2{,}225 \cdot 10^{308}$
DATE	3 Byte	Datum in der Form YYYY-MM-TT (z. B. 2026-04-28)
TIME	3 Byte	Uhrzeit in der Form hh:mm:ss (z. B. 13:15:04)
DATETIME	8 Byte	Kombination aus Datum und Uhrzeit in der Form YYYY-MM-TT hh:mm:ss (z. B. 2021-10-18 11:35:11)
CHAR	variiert	Zeichenkette, bei der eine feste Länge angegeben wird (z. B. CHAR(2)); fehlende Zeichen werden mit Leerzeichen aufgefüllt
VARCHAR	variiert	Zeichenkette, bei der eine variable Länge angegeben wird (z. B. VARCHAR(100)); es wird nicht mit Leerzeichen aufgefüllt
BLOB	variiert	binäres Objekt mit variablen Daten mit einer maximalen Länge von 2^{16} Zeichen

6 Biometrische Daten als Schlüssel

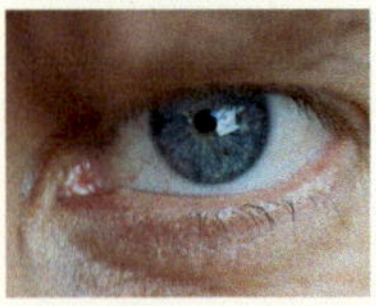

Um den Zugang zu Räumen, wertvollen Gegenständen oder Daten zu sichern, werden in der Regel Schlüssel verwendet. Dies können „normale" Sicherheitsschlüssel sein, aber auch Zahlenkombinationen oder Kennwörter für einen Computer. Zunehmend werden auch persönliche Eigenschaften wie der Fingerabdruck, das Gesicht, die Venen am Handrücken und das Muster der Iris verwendet.

Diese Merkmale nennt man biometrische Eigenschaften, die Technik ihrer Erkennung → Biometrie. Sie haben den Vorteil, dass nur berechtigte Personen einen Zugang erhalten und nicht der aktuelle Besitzer des Schlüssels.

→ Biometrie ist zusammengesetzt aus den griechischen Wörtern βίος *bíos* „Leben" und μέτρον *métron* „Maß, Maßstab"

In der Biometrie wird bei der Registrierung einer Person ein Muster einer Eigenschaft erfasst und in digitaler Form verschlüsselt gespeichert. Bei Fingerabdrücken sind dies beispielsweise Enden, Verzweigungen und Formen der Hautlinien, Minutien genannt. Beim nächsten Kontakt wird das Merkmal erneut aufgenommen und mit dem gespeicherten Muster verglichen. Beim Vergleich wird man selten eine vollständige Übereinstimmung mit dem Muster erreichen, denn beispielsweise beim Fingerabdruck können beim Auflegen des Fingers auf den Sensor durch Schweiß bzw. Verunreinigungen am Finger oder durch kleine Hautabschürfungen geringfügige Abweichungen auftreten. Es ist somit eine gewisse Toleranz gegenüber Abweichungen notwendig. Je geringer die Wahrscheinlichkeit für die Abweisung eines Berechtigten ist, desto höher ist aber auch die Wahrscheinlichkeit für die Zulassung eines Unberechtigten. Bei sehr niedriger Toleranzschwelle ist die Zulassung eines Unberechtigten unwahrscheinlich, aber leicht können auch Berechtigte abgewiesen werden. Die beiden beim Fingerabdruck erwähnten Fehlermöglichkeiten zeigen deutlich die Grenzen biometrischer Überprüfung der Identität. Bei Fingerabdrücken liegt derzeit die Zulassungsrate Unberechtigter bei weniger als 0,00001 % und die Abweisungsrate Berechtigter bei 10 %. Auch wenn biometrische Verfahren Vorteile bringen, haben Datenschützer und Datenschützerinnen ein kritisches Auge darauf. Seit 2007 werden biometrische Merkmale auch im Personalausweis gespeichert. Eine digitalisierte Fotografie des Gesichts und ein Fingerabdruck werden dort gesichert. Da es sich beim Personalausweis um personenbezogene Daten handelt, ist es den Datenschutzbeauftragten wichtig, dass die Daten nicht ohne Kenntnis des Eigentümers ausgelesen werden können. Da der Ausweis drahtlos ausgelesen werden kann, müssen spezielle Sicherheitsmaßnahmen getroffen werden.

Zudem können die biometrischen Daten nicht zurückgesetzt werden. Das wird zum Problem, wenn weitere personenbezogene Daten wie beispielsweise Einkommen, Krankheiten oder Erbanlagen gesammelt und mit den biometrischen Daten verknüpft werden. Dann besteht die Gefahr des „gläsernen Menschen", dessen Lebensweise und Bedürfnisse durchschaubar sind. Auf den ersten Blick hätte dies die positive Konsequenz, dass dadurch besser auf die Bedürfnisse des Individuums eingegangen wird. Man bekommt z. B. nur noch 100 % maßgeschneiderte Werbeangebote. Auf der anderen Seite könnten dadurch z. B. Krankenkassen ihre Tarife abhängig von den Erbanlagen individuell gestalten oder Kaufhausketten ihre Preise abhängig vom Wohnort der Kaufenden festlegen. Eine Privatsphäre ist damit nicht mehr gewährleistet.

7 Aus der Praxis: Große Datenbank

„Mein Name ist Karlo Kugi und ich bin für die Datenbanken eines Online-Versandhändlers mit 15 000 Angestellten, mehr als 450 000 Artikeln von 15 000 verschiedenen Marken sowie mehr als 29 Millionen aktiven Kunden zuständig. In unseren Datenbanken sind viele Terabytes Informationen gespeichert, zum Beispiel alle Informationen zu den Artikeln, wie die Marke, der Preis, die Verfügbarkeit aber auch wie oft ein Artikel in der letzten Zeit gekauft wurde und wer ihn gekauft hat.

Meine langjährige Praxiserfahrung hat mich gelehrt, dass der „Anfang" einer Datenbank, die Modellierung der zu speichernden Informationen, die wichtigste Phase ist. Hierfür muss man sich Zeit nehmen und mit Sorgfalt arbeiten, denn eine schlechte Konzeption rächt sich später mit zeitaufwendigen und damit teuren Korrekturen. Ein gutes Modell lässt auch nachträgliche, nicht vorhersehbare Änderungen ohne großen Aufwand zu. Wenn wir zum Beispiel neue Artikel einer Marke in unseren Shop mitaufnehmen, sind diese meist bereits mit einer Artikelnummer versehen. Die Artikelnummer ist ein Schlüssel und muss daher eindeutig sein. Da die Artikelnummern verschiedener Hersteller jedoch identisch sein können, erzeugen wir neue Artikelnummern.

Weitere wichtige Aspekte bei einer großen Datenbank sind Verfügbarkeit und Sicherung, selbstverständlich bei vollständiger Datenkonsistenz. Konsistenz bedeutet dabei, dass es keine Widersprüche und Ungereimtheiten in den Datensätzen gibt. Mitarbeiter und Konzernleitung nehmen dies als Selbstverständlichkeit in Anspruch; wir Administratoren und Administratorinnen müssen dafür jedoch jede Menge Arbeit leisten, wie folgende Aspekte zeigen: Um eine Verfügbarkeit von sieben Tagen in der Woche zu je 24 Stunden zu garantieren, ist der Datenbankserver mit all seinen Festplatten doppelt vorhanden. Alle Änderungen werden auf beiden Rechnern gleichzeitig ausgeführt. Fällt eines dieser Systeme aus, übernimmt das andere automatisch die Arbeit.
Auch das Sichern der Daten (notwendig als Schutz bei falschen Änderungen oder Löschungen) ist ein Problem für die Verfügbarkeit. Die Sicherung dauert aufgrund des Datenumfangs mehrere Stunden. So lange kann die Datenbank für die Benutzer nicht gesperrt werden. Deshalb werden alle Änderungen, die während eines Sicherungslaufs angefallen sind, erst im Nachhinein in die Datenbank eingetragen, um auch für die gesicherten Daten Konsistenz zu garantieren.
Die Sicherheit der Daten stellt ein Thema dar, das in den letzten Jahren immer wichtiger geworden ist. Neben den Benutzernamen und Passwörtern unserer Kunden speichern wir persönliche Daten wie Adresse, aber teilweise auch Bankdaten und Kreditkarteninformationen. Diese dürfen auf keinen Fall in falsche Hände geraten. Deshalb sind die Server mit speziellen Vorkehrungen gesichert. Alle Beschäftigten, welche für die Sicherheit verantwortlich sind, haben eine Verschwiegenheitserklärung unterschrieben und dürfen keine Details nach außen tragen. Zusätzlich sind alle sensiblen Daten mit aufwendigen Mechanismen verschlüsselt. Somit können Kriminelle, sollten sie trotz aller Maßnahmen an Daten gelangen, nicht viel damit anfangen."

8 Index als schnelle Suchhilfe

Datenbankmanagementsysteme verwenden Indizes, um Datensätze schneller finden zu können. Der Vorteil eines Index beim Suchen lässt sich an folgendem Beispiel leicht erklären: Ein Messengerdienst hat alle Telefonnummern seiner Nutzer in einer Datenbank gespeichert. Wird eine Nachricht verschickt, muss die passende Nummer gesucht werden. In einem normalen Telefonbuch funktioniert das so: Wird die Telefonnummer von Frau Schicknix gesucht, muss man nicht bei Seite 1 beginnen und viele Namen wie Aare, Abel, Abeth usw. prüfen, bis man schließlich bei dem gesuchten Namen ankommt. In jedem Telefonbuch sind die Buchstaben als Register gekennzeichnet. So kann man mit der Suche bei „S" einsteigen und damit viele Seiten überspringen. In einer Millionenstadt mag es sogar sinnvoll sein, für einige Anfangsbuchstaben das Register noch feiner zu unterteilen, sodass es Unterregister für die ersten beiden Buchstaben gibt. Der Index funktioniert daher wie ein Baum, der die Namen zuerst nach dem ersten Buchstaben in Teilbäume einteilt, dann nach dem zweiten Buchstaben und so weiter. Durch einen Index kann auch in den Datensätzen einer Datenbank viel schneller der passende Wert gefunden werden.

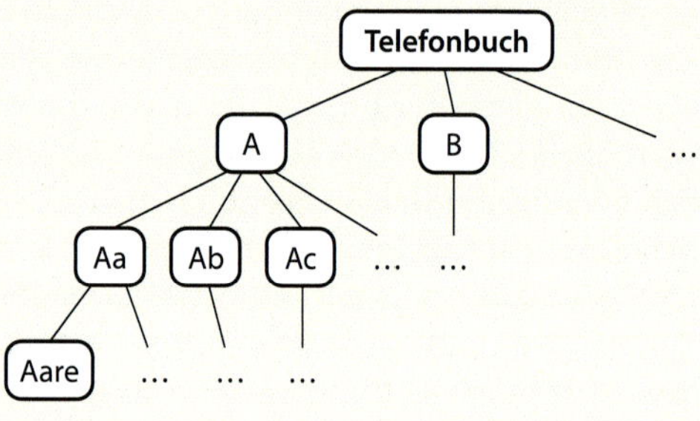

Das Erstellen eines Index und das Einsortieren neuer Datensätze kostet allerdings Rechenzeit. Man muss also abschätzen, ob die Zeitersparnis beim Suchen größer ist als der Mehraufwand für die Erstellung des Index. Diese Abschätzung muss der Entwickler oder die Entwicklerin treffen.

3 Datenschutz

Am Ende dieses Kapitels kannst du …

… begründen, warum personenbezogene Daten wertvoll und schützenswert sind und Grundsätze rechtlicher Regelungen nennen.

… eigene Daten besser schützen.

… verstehen, wie aus scheinbar unzusammenhängenden Daten neue Erkenntnisse gewonnen werden können.

Bei jeder Art von digitaler Datenverarbeitung muss hinterfragt werden, ob und wie Daten geschützt werden müssen. Datenschutz ist somit ein Querschnittsthema über viele Softwarewerkzeuge und Anwendungssituationen hinweg. Aus diesem Grund sind auch in den anderen Hauptkapiteln dieses Buches mehrere Aufgaben enthalten, in denen die Chancen und Risiken der Verarbeitung persönlicher Daten reflektiert und bewertet werden müssen. Du erkennst solche Aufgaben an dem „Männchen" mit dem Schloss.

In diesem Hauptkapitel gibt es Informationen zu rechtlichen Aspekten und zum Thema Data-Mining sowie umfangreichere Aufgaben zum Datenschutz.

3.1 Datenschutzregelungen aus unterschiedlichen Blickwinkeln

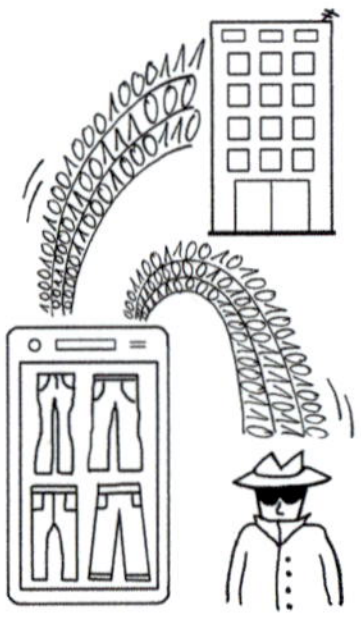

News Today

Berlin Datenschutzbeauftragte schlagen Alarm: Smartphones eines chinesischen Herstellers sammelten ohne Zustimmung detaillierte Informationen zum Nutzungsverhalten. Darauf angesprochen versicherte das Unternehmen, die Nutzer in Zukunft besser zu informieren und weniger Daten zu sammeln. Datenschutzbeauftragte sehen hier ein weiteres Problem: Man muss davon ausgehen, dass auch chinesische Behörden jederzeit Zugriff auf die Daten haben. Weder die Smartphone-Besitzer noch Datenschützer könnten dagegen vorgehen, dass ein chinesisches Unternehmen Daten an die dortigen Behörden weitergibt. Diese Problematik gilt jedoch auch für US-Hersteller: Ein Zugriff der amerikanischen Behörden auf persönliche Daten kann trotz aller rechtsstaatlichen Regelungen nicht vollständig ausgeschlossen werden.

a Fasse die Probleme zusammen, welche im Zeitungsartikel genannt werden.
b Diskutiert zu zweit, ob es für euch persönlich problematisch wäre, wenn Unternehmen oder Geheimdienste von eurem Handy Daten lesen und speichern. In der Diskussion kann es Sinn ergeben, je nach Art der Daten (App-Liste, Online-Zeit, Adressbuch, …) unterschiedlich zu argumentieren.
c Sammelt Maßnahmen, die für Datenschutz sorgen und Betroffenen helfen können.

Gesetzlicher Rahmen

Im Grundgesetz ist das Recht auf informationelle Selbstbestimmung verankert. Das bedeutet, dass jeder das Recht hat, selbst darüber zu entscheiden, was mit seinen personenbezogenen Daten geschieht und ob diese verarbeitet werden dürfen oder nicht. Personenbezogene Daten sind Informationen, die einer bestimmten Person direkt oder auch indirekt zugeordnet sind. Mit indirekt ist gemeint, dass auch über die Telefonnummer oder die IP-Adresse einer Internetverbindung auf eine Person geschlossen werden kann. Seit 2018 gibt es mit der Datenschutz-Grundverordnung (DSGVO) einen einheitlichen europäischen Rechtsrahmen, der die Persönlichkeitsrechte von Nutzenden digitaler Dienste gestärkt hat. So ist dort z. B. in Artikel 6 das „Verbot mit Erlaubnisvorbehalt" geregelt: Es muss ausdrücklich eine Erlaubnis ausgesprochen werden, damit die Handlung zulässig ist. Als besonders schützenswert gelten laut DSGVO personenbezogene Daten zu ethnischer und kultureller Herkunft, politischen, religiösen und philosophischen Überzeugungen, zu Gesundheit und Sexualität sowie biometrische Daten.

Folgende Tabelle zeigt im Artikel 5 der DSGVO festgelegte Grundsätze, die bei der Verarbeitung personenbezogener Daten beachtet werden müssen:

Rechtmäßigkeit	Die betroffene Person muss informiert werden, was mit ihren Daten passiert, und ihre Einwilligung zur Datenverarbeitung geben.
Zweckbindung	Der Zweck der Datenverarbeitung muss bereits bei der Erhebung personenbezogener Daten festgelegt, eindeutig und legitim sein.
Transparenz	Der Nutzer erhält auf Anfrage Auskunft, welche Daten durch wen und zu welchem Zweck verarbeitet werden und wurden.
Datenminimierung	Es dürfen nur notwendige Daten erhoben werden.
Richtigkeit	Die Daten müssen korrekt sein. Unrichtige Daten müssen unverzüglich gelöscht oder berichtigt werden.
Speicherbegrenzung	Die Speicherung von Daten unterliegt einer zeitlichen Begrenzung.
Integrität und Vertraulichkeit	Der Schutz vor unbefugter oder unrechtmäßiger Verarbeitung, insbesondere auch durch Dritte, muss gewährleistet sein.

Persönlichkeitsrechte oder öffentliches Interesse?

Gericht zwingt E-Mail-Anbieter, Daten unverschlüsselt herauszugeben

Hannover Ein E-Mail-Provider in Hannover verspricht seiner Kundschaft einen hohen Datenschutz durch eine besonders sichere Ende-zu-Ende-Verschlüsselung. Nun zwingt eine Gerichtsentscheidung den Geschäftsführer des Start-ups, einzelne Mails unverzüglich und unverschlüsselt der Polizei zur Verfügung zu stellen. Ursache für das Gerichtsurteil sind erpresserische Mails, die über den Provider an mehrere Unternehmen verschickt worden sind. Die Polizei möchte die elektronischen Nachrichten mitlesen, um den Cyberkriminellen auf die Spur zu kommen.

Der Zeitungsartikel zeigt, dass bei polizeilichen Ermittlungen das öffentliche Interesse, Straftaten zu verhindern, oftmals höher eingestuft wird als der Schutz personenbezogener Daten von Einzelnen. Die Datenschutzverordnungen sehen dazu Ausnahmen bei entsprechenden gerichtlichen Verfügungen vor. Diese sind jedoch stets kritisch zu hinterfragen, wie folgendes Beispiel zeigt:

Sondereinsatzkommando stürmt Wohnung eines Unschuldigen

Berlin Ein großer Schreck war das für Andrej H., als ihn eines Morgens Polizisten mit Maschinenpistolen und kugelsicheren Westen in seiner Wohnung festnahmen. Ohne dass er es bemerkte, wurden fast ein Jahr lang seine E-Mails mitgelesen und seine Telefonate abgehört. Außerdem wurde er beschattet. Er soll Kopf einer linken, terroristischen Vereinigung sein, die seit Jahren Brandanschläge verübt. In deren Bekennerschreiben tauchen Begriffe wie „Prekarisierung“ und „Gentrification“ auf. Fachbegriffe, die auch der Soziologe in seinen wissenschaftlichen Texten häufig verwendet. Ermittelnde stießen bei Recherchen auf diese Texte. Da Andrej H. auch politisch aktiv war und nach Angaben der Bundesanwaltschaft ein konspiratives Treffen mit einem Brandstifter hatte, erging gegen ihn ein Haftbefehl. Drei Wochen saß er unschuldig in Untersuchungshaft.

Datengestützte Dienste und ihr Einfluss auf die Gesellschaft

Nicht nur die Polizei setzt Datenanalyse bei ihrer Arbeit ein. Messenger-Dienste, soziale Netzwerke, Webshops und viele andere Anwendungen nutzen Daten, um einerseits ihrer Kundschaft maximalen Komfort zu ermöglichen. Andererseits werden die Daten intern weiterverarbeitet und zu wirtschaftlichen Zwecken wie personalisierter Werbung eingesetzt. Die Daten werden aber auch verwendet, um politische Ziele zu erreichen:

Soziales Netzwerk wegen Datenmissbrauchs verklagt

Washington Der Generalstaatsanwalt von Washington, D.C. hat ein soziales Netzwerk verklagt, nachdem bekannt wurde, dass ein Datenanalyse-Unternehmen mehr als 50 Millionen Profile abgreifen konnte. Das soziale Netzwerk habe es versäumt, seine Mitglieder ausreichend zu schützen, sagte der Generalstaatsanwalt. Auf Basis der Daten wurden Persönlichkeitsprofile erstellt, die auch während des US-Präsidentschaftswahlkampfes zugunsten eines Kandidaten eingesetzt worden sein sollen, um potenzielle Wählerinnen und Wähler gezielt durch Nachrichten zu beeinflussen. …

Benutzerrechte

Gerade, weil bestimmte Unternehmen so viele Daten ihrer Kundschaft speichern und verarbeiten, sind sie in der Pflicht, diese Daten durch technische Lösungen nach außen zu schützen.

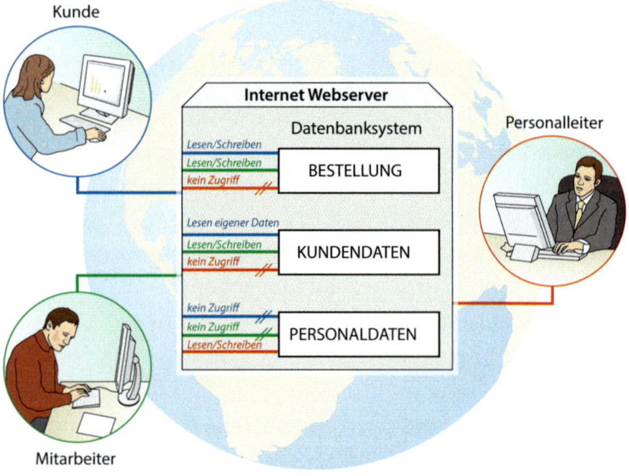

In einem Online-Versand greifen viele Nutzer auf die unterschiedlichen Daten zu. Damit nicht Kunde A die Kontodaten von Kundin B einsehen kann oder eine Mitarbeiterin ohne Einwilligung des Kunden persönliche Daten zurücksetzen kann, gibt es kennwortgeschützte Zugriffsrechte. Damit wird geregelt, welcher Benutzer welche Daten sehen kann und welche er verändern darf.

Bei Datenbanken können mit den Benutzerrechten nur die Zugriffe auf Tabellen bzw. ihre Spalten geregelt werden. Es entsteht eine „senkrechte" Einschränkung des Zugriffs. Oft ist es aber sinnvoll, den Zugriff zusätzlich „waagrecht", d. h. auf bestimmte Zeilen einer Tabelle, einzuschränken: Hat ein Kunde nur Zugriff auf seine Daten und Bestellungen, kann er die Bestelldaten anderer Kunden nicht manipulieren.

Personenbezogene Daten sind Informationen, die sich direkt oder auch indirekt auf eine bestimmte Person beziehen. Sie sind durch Gesetze wie die Datenschutz-Grundverordnung besonders geschützt. Ist das öffentliche Interesse größer als das Interesse am Schutz der persönlichen Daten, sehen diese Gesetze Ausnahmen vor.

Aufgaben

1 Grundsätze des Datenschutzes

Beschreibe für jeden Grundsatz aus der Tabelle auf S. 97 ein knappes Beispiel aus Bereichen wie Newsletter, Cookies, Nutzungsbedingungen von sozialen Netzwerken, …

2 Datenschutzerklärung einmal genau lesen

Wählt arbeitsteilig in Gruppen jeweils eine Webseite, ein soziales Netzwerk oder eine Handy-App aus und analysiert die Datenschutzerklärungen entsprechend der Grundsätze der Datenschutz-Grundverordnung.

3 Tipps zur digitalen Selbstverteidigung

Führt arbeitsteilig in Gruppen eine Recherche zu den unten gelisteten Themen durch, um diese in der Klasse zu erklären. In eurer knappen Zusammenfassung sollten möglichst Gefahren und Maßnahmen zum Datenschutz aufgezeigt werden:

- Targeted Advertising (zielgerichtete Werbung)
- Nutzeridentifikation und Datenschutz bei Messengerdiensten
- Suchmaschinen – Geschäftsmodelle und Datenschutz
- Organisationen, die sich für Datenschutz einsetzen
- Geschäftsmodelle von sozialen Netzwerken
- Web-Tracking
- Scoring
- digitale Identität
- Cookies und IP-Adressen
- Cloud-Speicher
- Berechtigungen für Handy-Apps

4 Chancen und Risiken der Datenerfassung

Die Metapher „Daten sind das Öl des 21. Jahrhunderts" versucht, Wert und Bedeutung von Daten zu versinnbildlichen. Sammelt über eine Kartenabfrage Bereiche, in denen persönliche Daten von euch, von Freunden oder der Familie gesammelt werden. Recherchiert ggf. die Methode Kartenabfrage. Teilt euch dann in Gruppen ein, um arbeitsteilig Chancen, Risiken und sinnvolle Verhaltensregeln zu erarbeiten.

5 Planspiel „Daten im alltäglichen Leben"

Eure Lehrkraft bereitet für euch ein zweiteiliges Planspiel vor: Im ersten Teil habt ihr eine berufliche und eine private Rolle. Achtet darauf, in eurer beruflichen Rolle sorgfältig zu arbeiten und behaltet das Private für Euch. Im zweiten Teil müsst ihr dann detektivische Ermittlungsarbeit leisten.

6 Vorratsdatenspeicherung: Verbrecherbekämpfung versus Privatsphäre

Der Politiker Malte Spitz hat die Herausgabe seiner (Telekommunikations-)Daten eingeklagt, die durch seinen Mobilfunkanbieter gespeichert wurden. Kombiniert mit öffentlichen Daten des Politikers ergibt sich ein beeindruckend detailliertes Bewegungsprofil. Recherchiere die Daten und beantworte folgende Fragen:

a Welche Quellen wurden benutzt? Welche davon sind öffentlich?

b Malte Spitz ist als Politiker eine Person von öffentlichem Interesse. Welche Informationen über ihn würdest du als öffentlich einstufen, welche als privat?

c Recherchiere aktuelle rechtliche Regelungen zur Vorratsdatenspeicherung. Erkläre, warum Malte Spitz heute die Herausgabe seiner Daten nicht einklagen müsste.

3.2 Data Mining

Babykleidungswerbung für Teenager

Minneapolis Die Statistik-Abteilung einer großen amerikanischen Einzelhandelskette identifizierte auf Grundlage von Kundendaten gut 20 Produkte, die auf eine Schwangerschaft von Kundinnen hinweisen. Etwa zur Mitte der Schwangerschaft beginnen viele Frauen beispielsweise parfümfreie Körperlotionen sowie große Mengen an Watte und Nahrungsergänzungsmittel wie Kalzium, Magnesium und Zink zu kaufen. Alle Kundinnen, die diesem Muster folgen, erhalten daher gezielt Werbung für Schwangerschaftsprodukte.
Genau dies führte zu einer Beschwerde eines Vaters, weil seiner Tochter – noch ein Teenager – Werbung für Babykleidung zugesandt wurde.
Als sich eine Managerin per Anruf entschuldigen wollte, hatte sich inzwischen herausgestellt, dass die Teenagerin tatsächlich schwanger war. Der Laden hatte es vor dem Vater gewusst.

a Diskutiere, ob man aus dem Kauf der oben genannten Produkte wirklich zweifelsfrei darauf schließen kann, dass die Kundin schwanger ist.
b Entscheide begründet, ob die Antwort aus a) für die Einzelhandelskette wichtig ist.

Datenanalyse – mit und ohne Logik
Ziel einer Datenanalyse ist es häufig, Trends oder Zusammenhänge zu finden. Das Ergebnis der Analyse kann dann z. B. genutzt werden, um personalisierte Werbung zu schalten, im Supermarkt die Produkte zu platzieren oder Entscheidungen für eine Kreditvergabe zu treffen. Es gibt zwei unterschiedliche Ansätze, Prognosen zu erstellen:
Einerseits kann eine Vorhersage zwischen den bekannten Daten und einem zukünftigen Ereignis auf Grund eines → **kausalen Zusammenhangs** getroffen werden, z. B.

→ lat. causa: Grund, Ursache

- wenn ein Supermarkt-Kunde bei den letzten fünf Einkäufen, bei denen es über 28 °C heiß war, Eiscreme gekauft hat, dann wird er auch beim nächsten Mal Eis kaufen.
- wenn eine Schülerin in den letzten drei Prüfungen, in denen sie gut vorbereitet war, eine Note 2 erreicht hat und sie sich auch dieses Mal vorbereitet hat, dann wird sie auch in dieser Prüfung die Note 2 schaffen.

Andererseits kann man in den Daten nach Mustern suchen, die Zusammenhänge liefern:
- Kunden, die Artikel A gekauft haben, jünger als 30 Jahre alt sind und mit Karte zahlen, kaufen beim nächsten Einkauf Artikel B.
- Schülerinnen und Schüler, die im April Geburtstag haben, genau ein Geschwisterkind haben und mit Füller schreiben, erreichen in einer Prüfung die Note 2.

Name	Geburtsmonat	Brillenträger	Anzahl Geschwister	Instrument	Schreibgerät	Note
Amelie	Mai	ja	1	Flöte	Füller	4
Baran	April	ja	1	Gitarre	Füller	2
Bianca	Mai	ja	2	Flöte	Kugelschreiber	3
Emil	April	nein	1	Saxophon	Füller	2
Emma	Juni	nein	0	Klavier	Kugelschreiber	4
Florian	Oktober	nein	1	Klavier	Kugelschreiber	4

Name	Geburtsmonat	Brillenträger	Anzahl Geschwister	Instrument	Schreibgerät	Note
Fiona	Juli	ja	2	Flöte	Kugelschreiber	3
Stefan	April	nein	1	Saxophon	Füller	3
Sina	April	nein	1	Klavier	Füller	2

Diese Zusammenhänge werden → **korrelative Zusammenhänge** genannt. Sie sind sehr oft nicht logisch nachvollziehbar, was für uns Menschen ungewohnt ist. Aber bei der Korrelationsanalyse wird keine Verbindung zwischen Ursache und Wirkung erforscht, sondern es werden nur statistisch häufige Muster gesucht. Diese Muster können leichter als Kausalzusammenhänge automatisch ausgewertet werden. Durch die Muster können neue, überraschende Zusammenhänge sichtbar werden, auch wenn die Trefferquote nicht bei 100 % liegt. In bestimmten Kontexten ist es wichtig, diese Ergebnisse auf Plausibilität zu überprüfen. Teilweise ist dies Anstoß für die Ermittlung neuer Kausalzusammenhänge, oft existieren sie jedoch nicht. Für viele Anwendungen ist aber nur der Zusammenhang wichtig, die Kausalität hingegen irrelevant, wie das Eingangsbeispiel zeigt: Die Einzelhandelskette will nur ohne großen Aufwand personalisierte Werbung schalten.

→ fachsprachlich korrelativ: wechselseitig aufeinander bezogen

Data-Mining und Datenanalyseprozess

Unter **Data-Mining** versteht man die systematische Anwendung statistischer Methoden auf große Datenmengen, um Trends oder Zusammenhänge zu finden. Es geht also darum, die wertvollen Zusammenhänge im „großen Datenberg" zu finden. Typischerweise wird bei der Analyse ein Anteil der Daten (Trainingsdaten) dazu verwendet, ein Vorhersagemodell zu erstellen. Dieses wird dann auf die restlichen Daten (Testdaten) angewendet, um die Qualität des Modells zu überprüfen. Gegebenenfalls muss nach dem Test das Modell verbessert werden.

Ein typisches Vorhersagemodell ist ein Entscheidungsbaum. Rechts ist passend zur Datentabelle oben ein Baum abgebildet. An jedem Knoten werden Entscheidungen getroffen, die am Ende zur Einteilung der Schülerinnen und Schüler in die Kategorien Note 2, Note 3 bzw. Note 4 führen. Das Einteilen in eine Kategorie wird auch Klassifikation genannt. Deshalb wird der Baum in diesem Kontext auch Klassifikationsbaum genannt.

Hinweis: Um eine aussagekräftige Statistik zu erhalten, muss die Anzahl der Datensätze deutlich höher sein als in der angegebenen Tabelle.

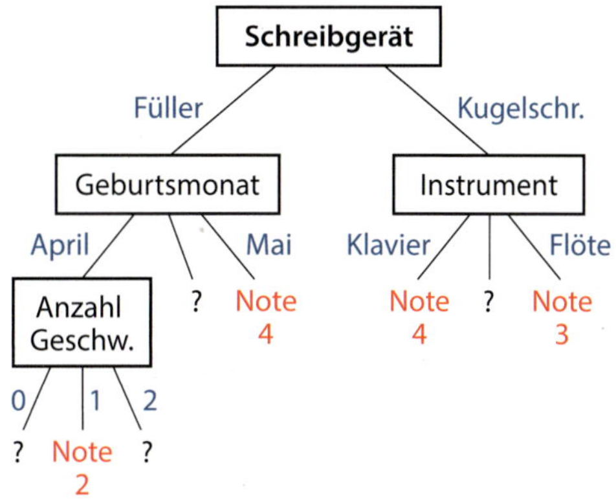

Daten können auf einen logischen Zusammenhang zwischen einzelnen Werten (**Kausalzusammenhang**) hin untersucht werden oder auf statistisch häufige Muster (**korrelativer Zusammenhang**).
Data-Mining ist die systematische Anwendung statistischer Methoden auf große Datenmengen, um korrelative Zusammenhänge zu identifizieren und so beispielsweise Vorhersagen für die Zukunft zu treffen.

Aufgaben

1 Benotung durch einen Entscheidungsbaum

a Bestimme anhand der Tabelle im Lehrtext einen alternativen Entscheidungsbaum zur Abbildung oben, der ebenfalls die Note 2 richtig klassifiziert.

b Bestimme die Fehlerrate der Klassifikation der Note 3 durch den Entscheidungsbaum oben.
Tipp: Fehlerrate = $\frac{\text{Anzahl falsch erkannt}}{\text{Gesamtanzahl}}$

2 SpiegelMining – Reverse Engineering von Spiegel-Online

Sieh dir den Vortrag „SpiegelMining" an.

a Gib die Quellen an, die benutzt worden sind. Unterscheide dabei zwischen öffentlichen und nichtöffentlichen.

b Gib an, welche neuen Informationen durch das Verknüpfen öffentlicher Daten gewonnen wurden.

3 Datenanalyse zu Werbezwecken

Ein Onlineshop analysiert das Kaufverhalten seiner Kundschaft, um entsprechend der vermuteten Interessen personalisierte Werbeaktionen durchzuführen. Dazu wurden bereits folgende Daten gesammelt:

Alter	Kategorie der letzten Einkäufe				verheiratet	Anzahl Kinder	bezahlt mit	Kategorie Kauf 5
	Kauf 1	Kauf 2	Kauf 3	Kauf 4				
25–50	Film	Software	Film	Sport	Ja	1	EC	Garten
25–50	Elektronik	Musik	Film	Software	Nein	1	Rechnung	Bücher
<18	Film	Elektronik	Sport	Sport	Nein	0	EC	Garten
<18	Film	Musik	Kleidung	Sport	Nein	0	EC	Garten
18–25	Bücher	Musik	Film	Haushalt	Nein	1	EC	Bücher
<18	Bücher	Film	Film	Bücher	Nein	0	EC	Bücher
25–50	Film	Film	Sport	Sport	Ja	1	EC	Garten
25–50	Musik	Film	Film	Spielzeug	Nein	1	EC	Bücher
25–50	Musik	Musik	Film	Haushalt	Nein	1	EC	Bücher
25–50	Elektronik	Musik	Bücher	Software	Ja	1	Kreditkarte	Elektronik
25–50	Software	Elektronik	Film	Spielzeug	Nein	1	Kreditkarte	Bücher
25–50	Film	Film	Sport	Sport	Ja	0	Kreditkarte	Elektronik
25–50	Musik	Elektronik	Bücher	Elektronik	Ja	1	Kreditkarte	Elektronik

a Analysiere Korrelationen in Bezug auf Kauf 5. Gib mindestens zwei korrelative Zusammenhänge analog zu folgendem Beispiel an: Wenn Kauf 1 ein Film ist und mit EC-Karte bezahlt wurde, dann war Kauf 5 aus der Kategorie Garten.

b Erstelle einen Entscheidungsbaum zur Aussage: "Kauf 5 ist aus dem Bereich Garten".

c Nun ein Schritt in die Zukunft: Bestimme mit dem Klassifikationsbaum aus b), wer auf Basis der Einkäufe 2 bis 5 eine Gartenwerbung erhalten sollte.

4 Was verraten Likes über die Persönlichkeit?

Der Forscher Michal Kosinski hat ein Tool entwickelt, welches auf Basis von Likes in einem sozialen Netzwerk ein Persönlichkeitsprofil erstellt. Das Tool bestimmt einerseits grundlegende Informationen wie das Geschlecht, die politische Ausrichtung und die Intelligenz im Vergleich zur Weltbevölkerung, aber auch Charakterzüge wie Offenheit und Gewissenhaftigkeit.

a Recherchiere Details der Art: „Es sind 70 Likes ausreichend, um die Hautfarbe vorherzusagen." Hilfreiche Suchbegriffe sind der Autor, „Likes" und „Persönlichkeitsprofil".

b Nenne Beispiele für mögliche Kausalzusammenhänge zwischen Likes und einer Persönlichkeitseigenschaft.

5 Bewerbungs- und Krankheitsdaten analysieren

Das bereitgestellte Video zeigt dir, wie man mit Hilfe eines Programms folgende Schritte eines Datenanalyseprozesses durchführen kann:

- Aufteilen einer großen Datenmenge in Trainings- und Testdaten
- automatisches Erstellen eines Entscheidungsbaums als Modell auf Basis der Trainingsdaten
- Treffen einer Vorhersage bei den Testdaten auf Basis des Entscheidungsbaums
- Überprüfung der Qualität der Vorhersage

Führe den Datenanalyseprozess mit Datensätzen aus folgenden Bereichen durch. Vergleiche dabei deinen Entscheidungsbaum und dein Ergebnis mit dem deines Nachbarn. Begründe, warum es Abweichungen gibt.

a Bewerbungen

b Krebserkennung

6 QualityLand – Lektüreprojekt mit dem Fach Deutsch

Der Roman QualityLand ist eine in der Zukunft spielende Erzählung, die in satirischem Stil das Leben in einer nahezu vollständig digitalisierten Welt wiedergibt.

Beschreibe Chancen und Risiken der Digitalisierung anhand konkreter Textstellen in Absprache mit deinen Lehrkräften. Mögliche Fragestellungen können sein:

- Welchen Abschnitt findest du besonders witzig und warum?
- Welche Annehmlichkeiten bieten Informatiksysteme den Nutzern?
- Welchen Datenschutz bieten die verschiedenen Anwendungen bzw. der Staat?
- Welche Primärschlüssel verwenden die Systeme?
- Mit welchen Maßnahmen versuchen Kiki und der Alte, den Schutz ihrer persönlichen Daten zu erhöhen?
- Welche beschriebene Technik, Handlungsmuster, etc. sind weit von der Realität entfernt, liegt sehr nah an der aktuellen Realität? Nenne je zwei Aspekte.

Zum Weiterlesen

9 Aus der Praxis: Hacker

„Mein Name ist F. Nord und ich engagiere mich ehrenamtlich beim Chaos Computer Club (CCC) für Datenschutz. Hacker und Datenschutz, wie passt das zusammen? Und was ist überhaupt ein Hacker? Der Gründer des CCC beschrieb Hacker als Tüftler, die z. B. versuchen, mit einer Kaffeemaschine einen Toast zuzubereiten. Mit viel Hingabe und Kreativität wird aus vorhandenen, meist technischen Materialien etwas Neues geschaffen, etwa aus Eierkartons und einer Beamerprojektion die Dekoration für einen Kongress, wie im Bild zu sehen ist.

Deutlich bekannter als solche Tüftler sind Hacker im Bereich der Datensicherheit. Sie versuchen Sicherheitslücken aufzudecken, damit diese beseitigt werden. Seit den 80er-Jahren gibt es verschriftlichte ethische Grundsätze des Hackens, die eine klare Grenze ziehen: Man darf in fremde Systeme eindringen, dort aber weder in den Daten schnüffeln noch etwas zerstören. In der Hackerethik wird dies salopp formuliert als „Mülle nicht in den Daten anderer Leute.“. Entdeckte Sicherheitslücken werden dem Betreiber – meist anonym – mitgeteilt, mit der Aufforderung sie zu schließen. Findet die Sicherheitsaktualisierung nicht statt, geht die → Haeckse oder der Hacker an die Öffentlichkeit.

→ So nennen sich viele weibliche Mitglieder des CCC.

Dezentralisierung von Daten ist auch ein Beitrag zum Datenschutz: Werden z. B. Bewegungsdaten nur ausschnittsweise auf Handys und nicht auf einem zentralen Server gespeichert, dann fallen bei einem unberechtigten Abgreifen von Daten nicht alle Informationen in falsche Hände.

Die Hackerethik hat noch mehr Zielsetzungen, als private Daten zu schützen: Sie fordert einen freien Zugriff auf Computerprogramme und Daten. Das spiegelt sich in der → Free Software- und → Open Data-Bewegung wider.

→ engl.: Freie Software – kostenlos und der Quelltext darf eingesehen, geändert und verbreitet werden

→ engl.: offene Daten – dürfen zu jedem Zweck genutzt, und weiterverbreitet werden

Weiterhin sind gleichberechtigter Umgang miteinander und Basisdemokratie wichtige Grundsätze. So bestimmen lokale Ortsgruppen des CCC ihre Treffen und Arbeitsschwerpunkte selbst. Eine zentrale Aktivität unserer Gruppe sind offene Treffen zum Thema Kryptographie: Teilnehmende bringen ihren Laptop mit und wir zeigen, wie man Daten und E-Mails verschlüsseln kann. Wir bieten auch Vorträge und Workshops für Schulen und Organisationen an. Und natürlich beteiligen wir uns am Chaos Communication Congress, einem jährlichen Treffen von fast 17 000 Neugierigen und Hackern – alles ehrenamtlich organisiert.“

Ethische Grundsätze des Hackens

- Der Zugang zu Computern [...] sollte unbegrenzt und vollständig sein.
- Alle Informationen müssen frei sein.
- Misstraue Autoritäten – fördere Dezentralisierung.
- Beurteile einen Hacker nach dem, was er tut, und nicht nach üblichen Kriterien wie Aussehen, Alter, Herkunft, Geschlecht oder gesellschaftlicher Stellung.
- Man kann mit einem Computer Kunst und Schönheit schaffen.
- Computer können dein Leben zum Besseren verändern.
- Mülle nicht in den Daten anderer Leute.
- Öffentliche Daten nützen, private Daten schützen.

4 Objektorientierte Modellierung und Programmierung

In diesem Kapitel wirst du ...

... vorhandene Klassen nutzen und selbst Spezialisierungen entwickeln.

... Abläufe analysieren und exakt beschreiben.

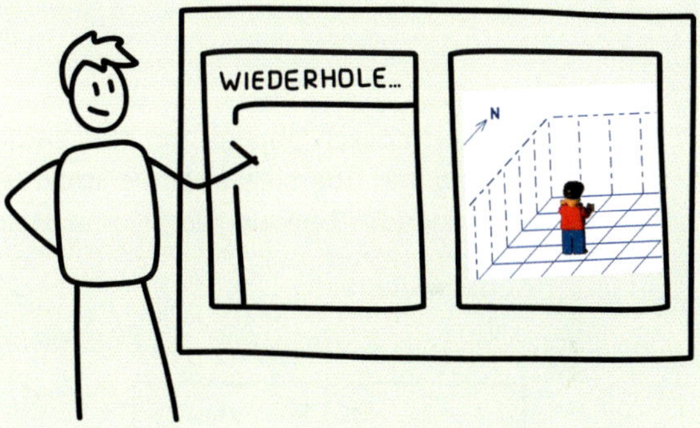

... eigene Programme erstellen.

4.1 Vorbereitung aufs Programmieren: Arbeiten mit Objekten

Ein Computerspiel spielen, das kennt man. Möchte man aber selbst ein solches Spiel objektorientiert programmieren, muss man eine andere Sicht einnehmen: Zur Planung muss man analysieren, welche Objekte Teil des Spiels sind, welche Eigenschaften und Fähigkeiten sie haben usw.

a Benenne mindestens fünf Objekte, die du auf dem Bild rechts siehst. Ordne sie geeigneten Klassen zu. Gib auch an, welche Attribute und Methoden die Klassen haben könnten. Die Schnipsel unten helfen dir dabei.

b Finde weitere Attribute und Methoden, die nicht im Kasten stehen.

geist1 Gehen() krümel1
winkel Drehen(winkel) Fressen()
x
GEIST KRÜMEL
geist2 krümel2 y

Übersicht durch Objekt- und Klassendiagramme

Einen guten Überblick über die Strukturen in Software geben Objekt- und Klassendiagramme. Die folgende Abbildung zeigt je ein Beispiel passend zur gelben Figur.

Klassendiagramm — *Klassenname*

FIGUR
x y winkel : — *Attribute*
Gehen(länge) Drehen(winkel) XPositionGeben() YPositionGeben() Berührt() : — *Methoden*

Objektdiagramm — *Objektbezeichner: Klassenname*

figur1: FIGUR
x = 10 y = 100 winkel = 45 — *Attribute mit ihren Werten*

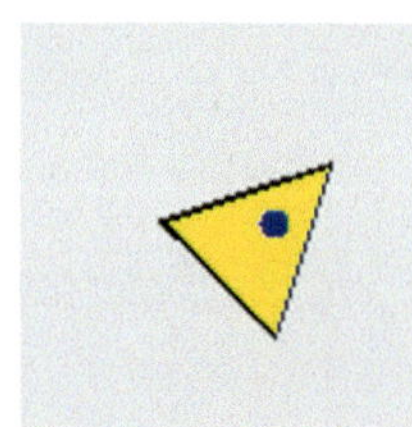

Programmiersprachen und Entwicklungsumgebungen

Kern der objektorientierten Modellierung/Programmierung ist das Schreiben von Klassen (Baupläne für Objekte). Dafür gibt es spezielle **Programmiersprachen**, mit denen man die Baupläne mit ihren Attributen und Methodenbeschreibungen (**Quelltext**) formulieren kann. Sie haben exakt festgelegte Regeln für den Aufbau und die Schreibweise von Quelltexten (**Syntax**). Um Quelltext in eine für den Computer ausführbare Form zu bringen, werden Werkzeuge benötigt, die den für uns lesbaren Text in maschinenausführbare Form **übersetzen** (→ **compilieren**) und mit anderen Klassen zu einem fertigen Programm vereinen (→ linken).
Diese beiden Aufgaben werden zusammen mit der Verwaltung der Quelltexte von einer sogenannten **Entwicklungsumgebung** (IDE → Integrated Development Environment) erledigt.

Für uns Programmierer gut lesbarer Quelltext.

```
klasse Jäger beerbt Figur
  attribut ziel: Figur

  methode Jagen()
    winkel = RichtungBerechnen(ziel)
    Drehen(winkel)
  endemethode


endeklasse
```

Übersetzen

Für die Maschine ausführbares Programm.

```
Jagen:
pushq   %rbp
movq    %rsp, %rbp
pushq   %r15
pushq   %r14
subq    $72, %rsp
movq    %rdi, %r14
movq    %rdi, -32(%rbp)
movq    24(%r14), %rsi
movq    %r14, %r11
movq    %r11, %rdi
movq    (%r11), %r11
movq    40(%r11), %r11
call    *%r11
movq    %rax, -128(%rbp)
movq    -128(%rbp), %rsi
movq    %r14, %r11
movq    %r11, %rdi
movq    (%r11), %r11
movq    24(%r11), %r11
call    *%r11
leaq    -16(%rbp), %rsp
popq    %r14
popq    %r15
leave
ret
```

→ L10

→ engl. to compile: etwas erstellen

→ engl. to link: verbinden

→ engl. Integrated development environment: integrierte Entwicklungsumgebung

Erkunde deine Entwicklungsumgebung anhand des bereitgestellten Materials.

a Erstelle je ein Objekt figur1 und figur2 der Klasse FIGUR.

b Bewege eine der Figuren, indem du abwechselnd die Methoden *Gehen* und *Drehen* aufrufst.

c Lass dir nach jedem Methodenaufruf die Werte der Attribute deines Objekts anzeigen.

Objekte erstellen und ihnen Botschaften schicken

Die Syntax für das Erzeugen von Objekten und Aufrufen von Methoden ist bei allen Programmiersprachen ähnlich. Der Methodenaufruf hat die bekannte Form der Punktnotation. Folgende Abbildung zeigt Beispiele für vier unterschiedliche Sprachen.

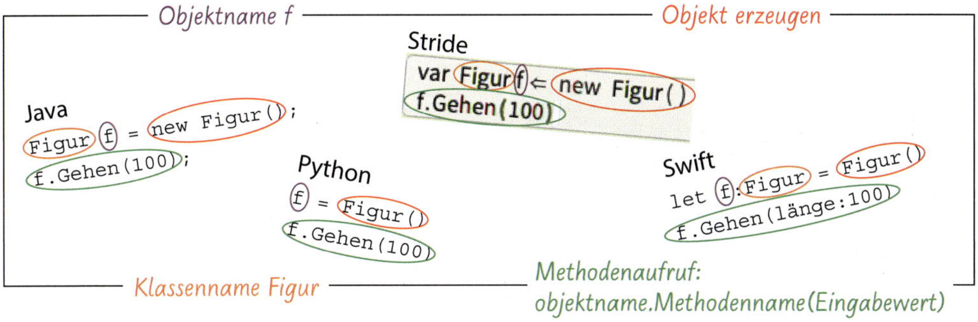

Zur Beschreibung von Klassen (Baupläne für Objekte) werden spezielle **Programmiersprachen** verwendet. Diese haben streng festgelegte Schreibregeln (**Syntax**).
Zum Erstellen der Klassen werden **integrierte Entwicklungsumgebungen** (**IDE**s) verwendet. Diese erlauben auch das Erzeugen von Objekten und Senden von Botschaften an diese Objekte.

Aufgaben

1 Fit in den Grundlagen?
Entscheide zu jeder Aussage, ob sie richtig oder falsch ist. Erkläre knapp anhand eines Beispiels.

a
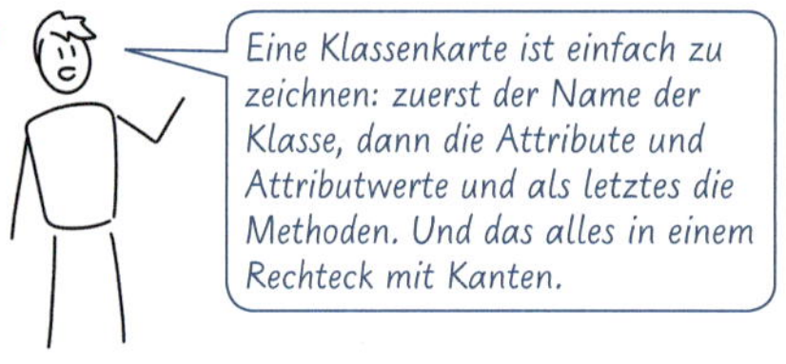

b
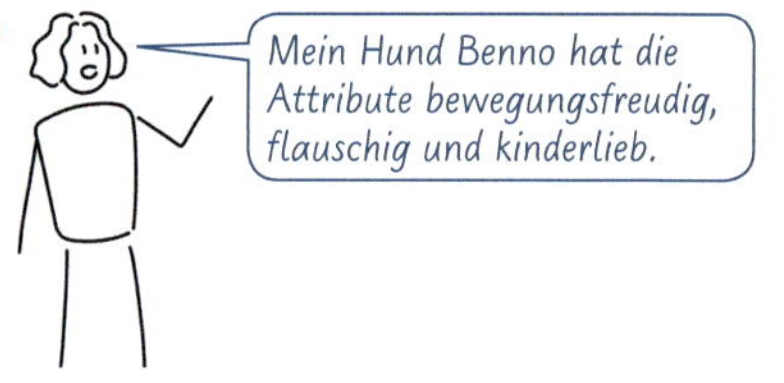

c
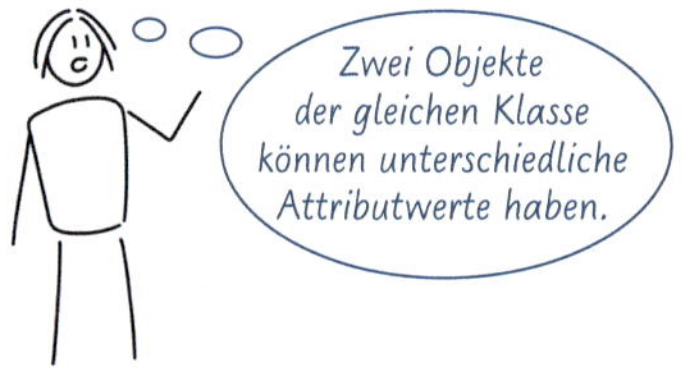

d
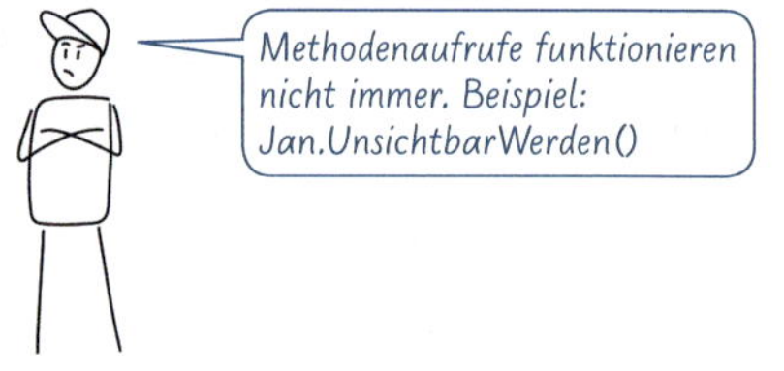

e
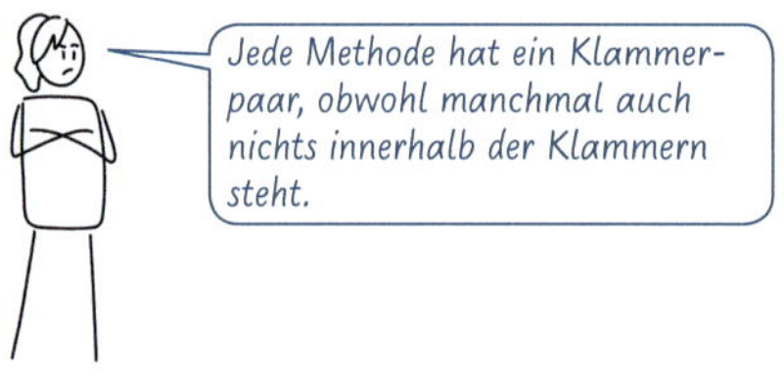

f

2 Informatik ist überall – Steuerung eines elektronischen Krans
Container werden für den Weitertransport von Schiff1 auf Schiff2 verladen. Dabei soll die Anordnung der Container beibehalten werden, damit am Zielort das Entladen in der richtigen Reihenfolge geschehen kann. Zum Umsortieren darf zusätzlich die Rampe zwischen den Schiffen verwendet werden. Zur Steuerung des Krans stehen die Methoden aus dem Klassendiagramm zur Verfügung.

KRAN
position
Links() Rechts() Runter() Hoch() Zugreifen() Loslassen()

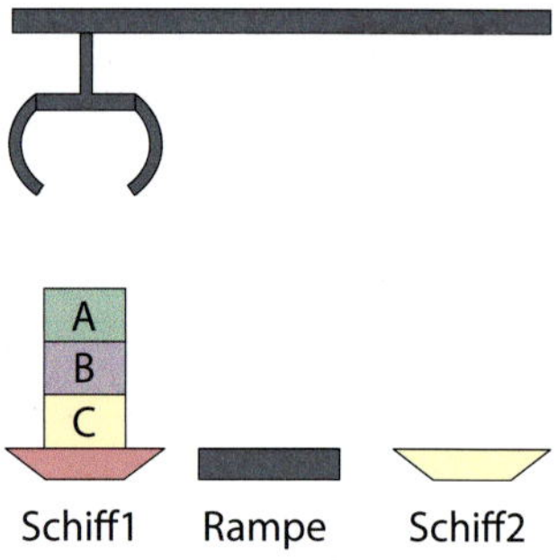

a Notiere die Methodenaufrufe, um die Container passend umzuladen.
b Begründe, warum Aufgabe a) nicht ohne die Rampe als Zwischenablage lösbar ist.
c Für Schnelle: Lade so um, dass wegen der sensiblen Fracht in Container A und B die alphabetische Reihenfolge der Container auf jedem Stapel erhalten bleibt.

3 Einstieg in die Entwicklungsumgebung

a Unter informatikschulbuch.de findest du Videotutorials zu verschiedenen Entwicklungsumgebungen. Suche das Video zu deiner Umgebung und schaue es dir zunächst vollständig an, um einen Überblick zu erhalten.
b Öffnet nun in Zweierteams die Entwicklungsumgebung und vollzieht die wesentlichen Schritte aus dem Video nach. Wenn ihr merkt, dass ihr nicht weiterkommt (aber nur dann!), dürft ihr auf eurem zweiten Rechner auch noch einmal kurz im Video „spicken".
c Variiert das Einstiegsbeispiel und erprobt selbstständig weitere Methodenaufrufe.
d Für Schnelle: Betrachtet ein Video zu einer weiteren Entwicklungsumgebung. Formuliert Gemeinsamkeiten und Unterschiede zu eurem Werkzeug.

4 Programmiersprachen – Gemeinsamkeiten und Unterschiede

Vergleiche über den Codeschnipsel auf S. 109 die von euch verwendete Programmiersprache mit einer anderen. Nenne mindestens einen Unterschied und mindestens zwei Gemeinsamkeiten.

5 Zeichnen mit der Turtle

Die Turtle (Schildkröte) ist eine Figur, die am Schwanzende einen Stift hält, mit dem sie zeichnen kann.

a Erstelle ein Objekt t1 der Klasse TURTLE. Erkunde, welche Methoden die Klasse außer *Gehen* und *Drehen* noch zur Verfügung stellt. Probiere insbesondere die Wirkung der Methodenaufrufe *StiftHeben* und *StiftSenken* aus.
b Erstelle ein weiteres Objekt t2 der Klasse TURTLE. Zeichne anschließend ein passendes Objektdiagamm. Finde dazu heraus, wie du die Attributwerte des Turtle-Objekts angezeigt bekommst. Führe nun für das neue Objekt t2 die Methode *Gehen(100)* aus. Gib konkret an, wie du die Botschaft mit dem Methodenaufruf an das zweite Objekt adressiert hast. Überlege dir, welcher Attributwert sich verändert, und trage in das Objektdiagramm den Wert für die neue Position mit Farbe ein. Überprüfe mit Hilfe der Entwicklungsumgebung.
c Die Methoden *Gehen* und *FarbeSetzen* haben Parameter. Finde heraus, von welchem Datentyp diese Parameter sind. Gib an, wodurch sich die Schreibweise der Werte unterscheidet, die du jeweils für die Parameter angeben kannst. → 1.3
d Die Methode *XPositionGeben* gibt einen Wert zurück. Stelle eine Vermutung auf, welchen Datentyp dieser Wert haben könnte und überprüfe deine Vermutung.
e Erzeuge zusätzlich zum Turtleobjekt ein Objekt der Klasse RECHTECK und bewege dein Turtleobjekt so, dass die Methode *Berührt* den Wert WAHR zurück gibt.
f Überlege dir, welche Methoden du aufrufen musst, damit die Turtle ein Sechseck zeichnet. Notiere diese Aufrufe in der bekannten Punktnotation.
g Zeichne mit dem erstellten TURTLE-Objekt Figuren wie ein Rechteck, einen Stern oder einen Lastwagen. Vergleiche die Notation der notwendigen Methodenaufrufe in deiner Programmiersprache mit der in f) erstellten Punktnotation.
Verwende die Methoden *StiftHeben* und *StiftSenken*, um mehrere Figuren getrennt zu zeichnen.

6 Einfache Grafiken für Spiele entwerfen

a Erstelle je ein Objekt der Klassen RECHTECK, DREIECK, KREIS und TEXT. Erkunde mit Methodenaufrufen, welche Methoden diese Objekte besitzen und was diese tun.

b Erstelle mit Hilfe von Objekten der Klassen KREIS und DREIECK einen Regentropfen.

c Erstelle die beiden rechts abgebildeten Monster-Figuren. Überlege dir, warum die Figuren nicht ganz optimal gezeichnet werden können. Tauscht euch zu zweit darüber aus.

d Erstelle ein (einfaches) Schild mit der Aufschrift „Computerraum". Erprobe, welche Attribute dir zur Ausgestaltung der Schrift zur Verfügung stehen.

e Erstelle aus einem rotem und einem schwarzen Rechteck einen roten Ziegelstein mit schwarzem Rand. Beobachte was passiert, wenn du die Objekte in einer anderen Reihenfolge erzeugst. Erkläre aus dieser Beobachtung, wofür die Methoden *NachVornBringen()* und *NachHintenBringen()* benötigt werden. Überprüfe deine Erklärung durch Anwenden der Methoden.

f Für Schnelle: Erstelle weitere, selbst designte Figuren.

7 Hausbau

a Liste auf, welche Objekte du benötigst, um das rechts abgebildete Haus zu erstellen und welche Methoden du aufrufen musst, um das gewünschte Aussehen zu erreichen.

b Erstelle nun die Objekte und führe deren Methoden so aus, dass ein Haus ähnlich wie das rechts abgebildete entsteht.

c Vergleicht zu zweit eure Ergebnisse. Welche Unterschiede könnt ihr feststellen? Überlegt, worauf diese Unterschiede zurückzuführen sind.

d Zeichne für das Haus, das Dach und ein Fenster die Objektkarten.

e Erstelle nun den abgebildeten Apfelbaum. Du kannst das Aussehen auch variieren.

f Zeichne für einen der Äpfel die Objektkarte.

g Lasse über dem Haus auch eine Sonne ähnlich wie rechts dargestellt aufgehen.

8 2D-Spielwelt (Teil 1)

Welten von zweidimensionalen Spielen sind häufig quadratisch. Mit der Anzahl der Zellen und deren Abmessungen kann man die Größe der Welt und damit auch die Komplexität des Spiels beeinflussen. In dieser Aufgabe beginnt alles sehr klein.

a Öffne das Projekt und erzeuge Objekte unterschiedlicher Klassen. Erkunde deren Methoden, indem du sie aufrufst.

b Setze das Projekt auf den Anfangsstand zurück. Erzeuge ein Objekt der Klasse KLEINEWELT. Die Welt ist unvollständig. Ergänze sie passend durch weitere Objekte. Gegebenenfalls müssen über Methodenaufrufe die Objekte angepasst werden.

c Erzeuge nun ein Objekt der Klasse DREIECK als Spielfigur. Bewege es über Methodenaufrufe von Feld zu Feld in der 2D-Welt. Gegebenenfalls muss das Objekt über Methodenaufrufe angepasst werden.
Notiere knapp, mit welchen Methodenaufrufen die Bewegung erfolgt und welche Verbesserungen bzw. Ergänzungen an der Bewegung wünschenswert wären.

9 Robot Karol

a Der Roboter Karol (Objekt der Klasse ROBOTER) kann sich in einer für ihn geschaffenen Welt (Objekt der Klasse WELT) bewegen. Überlege dir, welches der beiden Objekte du zuerst erzeugen musst und erzeuge dann die Objekte. Erkunde weiter, wie du angeben kannst, wo der Roboter zu Beginn steht.

b Überlege dir, welche Methoden du aufrufen musst, damit der Roboter von der normalen Startposition aus die nebenstehende Welt erzeugt und notiere die notwendigen Methodenaufrufe in Punktnotation.

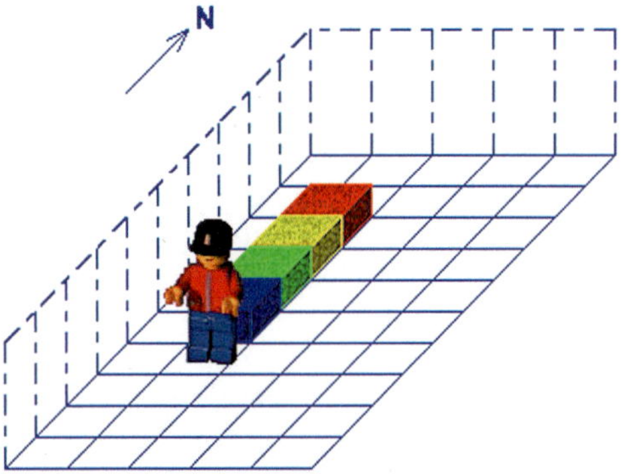

c Rufe die Methoden in deiner Entwicklungsumgebung auf und überprüfe, ob das Ergebnis der Vorlage entspricht. Vergleiche auch die Notation der notwendigen Methodenaufrufe in deiner Programmiersprache mit der in b) erstellten Punktnotation.

d Zeichne die Objektkarte für den Roboter an der Stelle, an der er in der Abbildung steht. Überprüfe mit Hilfe deiner Entwicklungsumgebung, ob deine Attributwerte korrekt sind.

e Die Methode *IstWand* gibt einen Wert zurück. Überlege, welchen Datentyp dieser Rückgabewert haben sollte und überprüfe deine Überlegungen mit Hilfe der Entwicklungsumgebung. Erzeuge dann in zwei passenden Situationen verschiedene Rückgabewerte.

10 Wichtige Begriffe

Die folgende Übersicht listet sechs zentrale Begriffe der Objektorientierung auf.

Klasse:	ein Bauplan für Objekte
Objekt:	konkretes Exemplar, das nach dem Bauplan erstellt ist
Attribut:	Merkmal eines Objekts (alle Objekte der gleichen Klasse haben die gleichen Attribute)
Attributwert:	konkreter Wert eines Attributs bei einem Objekt
Methode:	(schlummernde) Fähigkeit eines Objekts
Methodenaufruf:	Botschaft an ein Objekt, seine Methode auszuführen

Veranschauliche die Begriffe einmal durch ein nicht digitales Beispiel (z. B. durch dich als Objekt) und einmal durch ein digitales (z. B. durch ein Turtle-Objekt).

11 Entwicklungsumgebungen unterstützen beim Programmieren

Teste bzw. recherchiere für deine Entwicklungsumgebung die folgenden hilfreichen Funktionalitäten beim Programmieren. Notiere zu jeder Frage eine knappe Antwort so, dass damit eine Mitschülerin oder ein Mitschüler die entsprechende Funktionalität der Entwicklungsumgebung nutzen kann.

a Wie lässt sich ein Objekt erzeugen?

b Wie lässt sich eine Auswahl möglicher Methodenaufrufe anzeigen und eine Methode aufrufen?

c Wie lässt sich der Quelltext anzeigen? Wie werden Schlüsselwörter, z. B. für eine Klassenbeschreibung, hervorgehoben?

4.2 Erste eigene Klasse – Methoden in Unterklassen schreiben

Lasercutter werden heute zum exakten Ausschneiden oder zum Gravieren vieler Werkstücke aus Holz oder Metall verwendet. Sie benötigen zum Brennen nur die grundlegenden Methoden *Gehen* und *Drehen*. Für viele Anwendungen wäre es vorteilhaft, wenn sie auch Methoden für öfter benötigte Figuren wie Sterne bereitstellen würde. Dafür muss die Klasse LASERSTEUERUNG um neue Methoden ergänzt werden.

a Die Klasse TURTLE hat die gleichen Methoden wie ein Lasercutter. Erkunde im Projekt Lasercutter, wie und wo die neuen Methoden ergänzt werden.
b Erkunde im Projekt, wie die Lasercutter-Turtle ein Sechseck mit fester Kantenlänge zeichnet. Erstelle nach dieser Vorlage eine Methode *RechteckZeichnen()*.
c Im Projekt gibt es auch eine Methode zum Zeichnen eines Sechsecks, bei der die Kantenlänge angegeben werden kann. Erkunde, welche Stelle im Programmtext diese Angabe ermöglicht und wie die Längeninformation verwendet wird.
d Für Schnelle: Schreibe eine Methode zum Zeichnen einer weiteren Figur.

Möglichkeiten von Klassen erweitern – Geometrieturtle
Für das Beschreiben einer neuen Methode *DreieckZeichnen()* muss kein vollständig neuer Bauplan, also keine vollständig neue Klasse, erstellt werden. Es genügt, die Beschreibung einer Klasse zu formulieren, welche die Klasse TURTLE um die neue Methode erweitert. Solche Ergänzungen, man sagt: **Spezialisierungen**, treten bei objektorientierter Modellierung oft auf; zu ihrer Umsetzung wurde das Konzept der **Vererbung** entwickelt.
Im Klassendiagramm wird die Vererbung durch eine neue Beziehung „ist ein“ (oft gesprochen als „erbt von“) mit einem speziellen Pfeil ——▷ dargestellt. Vererbung bedeutet, dass die erbende Unterklasse von der Oberklasse alle Attribute und Methoden erbt (und damit verwenden kann). Die Unterklasse kann auch neue Attribute und Methoden ergänzen. Nur diese neuen Teile werden im Klassendiagramm der Unterklasse angegeben.

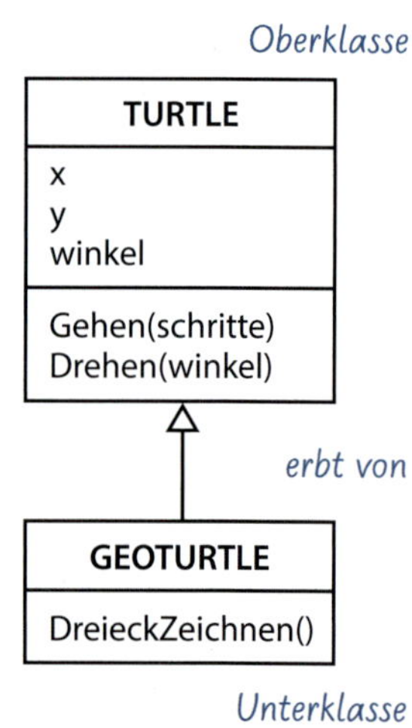

Die Klassenbeschreibung sieht in jeder Sprache ähnlich aus:

Klassenbeschreibung beginnt — Klassenname — erbt von Oberklasse

Java
```
class GeoTurtle extends Turtle
{
    // Meine Attribute
    // und Methoden
}
```

Python
```
class GeoTurtle(Turtle):
    # Meine Attribute
    # und Methoden
```

Swift
```
class GeoTurtle: Turtle
{
    // Meine Attribute
    // und Methoden
}
```

Stride
```
class GeoTurtle extends Turtle
```

Die erste Methode

Methoden sind Teil der Klassenbeschreibung. Jede Methode benötigt einen innerhalb der Klasse eindeutigen Namen sowie eine Beschreibung, ob und wenn ja welche Parameter die Methode benötigt. Weiter muss in den meisten Programmiersprachen angegeben werden, ob die Methode einen Wert zurück liefert. Diese Angaben nennt man den **Methodenkopf**. Im Anschluss folgen die Anweisungen, welche die Methode ausführen soll. Diese **Sequenz** (Folge) von Anweisungen wird als **Methodenrumpf** bezeichnet.

→ 1.3

Eine erste Methode *DreieckZeichnen()* soll keine Parameter haben; sie zeichnet immer ein gleichseitiges Dreieck der gleichen Größe. Diese Methode gibt auch keine Information zurück, sondern führt nur die angegebene Folge von Anweisungen aus.

```
methode DreieckZeichnen()          ——— Methodenkopf
  selbst.Gehen(100)                ⎫
  selbst.Drehen(120)               ⎪
  selbst.Gehen(100)                ⎬ Methodenrumpf
  selbst.Drehen(120)               ⎪
  selbst.Gehen(100)                ⎪
  selbst.Drehen(120)               ⎭
endemethode
```

Java
```
void DreieckZeichnen()
{
  this.Gehen(100);
  ...
  this.Drehen(120);
}
```

Stride
```
public void DreieckZeichnen()
  this.Gehen(100)
  •••
  this.Drehen(120)
```

Python
```
def DreieckZeichnen(self):
  self.Gehen(100)
  ...
  self.Drehen(120)
```

Swift
```
func RechteckZeichnen()
{
  self.Gehen(länge:100)
  ...
  self.Drehen(grad:120)
}
```

→ engl. void: Leere; hier für kein Rückgabewert

→ def Abkürzung für engl. definition: Festlegung

→ func Abkürzung für engl. function: hier Methode

Anmerkung: In einigen Programmiersprachen kann der Bezeichner für das eigene Objekt auch weggelassen werden; in diesem Fall ist der Bezeichner grau dargestellt.

Parameter

Wenn eine Methode gleichseitige Dreiecke beliebiger Seitenlänge zeichnen soll, braucht sie Zusatzinformation, sie braucht einen Parameter. Parameter haben immer einen Namen; meist muss auch noch angegeben werden, von welchem Datentyp sie sind. Der Parameter für die Seitenlänge ist ganzzahlig.

→ 1.3

```
methode DreieckZeichnen(seitenlänge: GANZZAHL)
  selbst.Gehen(seitenlänge)
  ...
  selbst.Drehen(120)
endemethode
```

Eingabewert beim Methodenaufruf angeben

```
t.DreieckZeichnen(100)

selbst.Gehen(100)
...
```

Verwendet an allen Stellen im Methodenrumpf den angegebenen Parameterwert

Durch das Konzept der **Vererbung** können Klassen (Baupläne der Objekte) erweitert werden: **Unterklassen** erben von **Oberklassen** alle Attribute und Methoden und können selbst neue Attribute und Methoden ergänzen (**Spezialisierung**).
Methodenbeschreibungen bestehen aus dem **Methodenkopf** mit Namen der Methode, Parametern und gegebenenfalls dem Typ des Rückgabewerts sowie dem **Methodenrumpf**, einer **Sequenz** von Anweisungen, welche die Methode ausführt.

Aufgaben

1 Informatik ist überall – Fahrzeugverleih

Ein Mobilitätsanbieter verleiht unterschiedliche Arten von Fahrzeugen an Kunden. Für alle Fahrzeuge werden die GPS-Koordinaten in zwei Zahlen und der Preis pro Kilometer gespeichert. Spezielle Fahrzeuge sind E-Scooter, für die zusätzlich der Ladestand der Batterie und die Versicherungsnummer angegeben sind. Daneben gibt es Kraftfahrzeuge, deren Kennzeichen und erforderliche Führerscheinklasse notiert werden.

FAHRZEUG
xKoordinate yKoordinate preisProKm
SchlossÖffnen() KDNummerWeiterleiten(kdNr) Starten()

a Erstelle ein Klassendiagramm mit den Vererbungsbeziehungen und den angegebenen Attributen der beschriebenen Klassen.

b Notiere in allgemeiner Schreibweise oder in deiner Programmiersprache für die Klasse FAHRZEUG eine Methode *FahrzeugInBetriebNehmen(kundennummer)*, die die Kundennummer an die Zentrale weiterleitet, das Schloss öffnet und das Fahrzeug startet.

2 Von Motten und Quietscheentchen

Fehler werden im Informatik-Slang Bugs (engl. Ungeziefer) genannt. Dieser Ausdruck wird oft in Beziehung gesetzt zur Computerpionierin Grace Hopper, die im Jahr 1945 eine echte Motte in einem Bauteil eines Computers fand, die eine Fehlfunktion auslöste.
Je nach Programmiersprache begegnen dir in diesem Jahr unterschiedliche Arten von Bugs: Syntaxfehler (Verstöße gegen die Schreibregeln der Sprache) und logische Fehler.

First actual case of bug being found

a Bei der Berichtigung von Syntaxfehlern hilft dir der Compiler. Er zeigt dir mehr oder weniger genau die Stelle, an der der Fehler auftritt und gibt dir unter Umständen sogar Hinweise zur Lösung des Problems. Öffne das gegebene Projekt und beseitige die Fehler. Notiere in einer Tabelle, die du später als Nachschlagewerk nutzen kannst, jeweils die Fehlermeldung und wie du den Fehler beseitigt hast.

b Danach sind die logischen Fehler dran: Rufe die Methode zum Zeichnen eines Dreiecks auf. Eine praktische Methode zum Aufdecken von Fehlern kann das „Rubber Ducking" (Quietscheenten-Debugging) sein. Erkläre einem (imaginären oder realen) Quietscheentchen Zeile für Zeile, was das Programm tun soll und ob der Code das leistet. Im Beispiel hilft dir ein reales Quietscheentchen vielleicht sogar dabei, den Bewegungsablauf nachzustellen! Berichtige auch den Fehler beim Zeichnen des Hauses!

3 Turtle zeichnet geometrische Grundfiguren

Mit einem Objekt der Klasse TURTLE kann man verschiedene Formen zeichnen. Um bestimmte, wiederkehrende Aufgaben wie das Zeichnen eines Rechtecks schneller zu erledigen, soll eine Unterklasse GEOTURTLE entwickelt werden, die entsprechende Methoden bereitstellt.

a Erstelle eine Methode *RechteckZeichnen()*, welche die Turtle ein Rechteck der Breite 100 und der Höhe 30 zeichnen lässt. Teste die neue Methode und vergewissere dich auch, dass die bisher verwendeten Methoden der Oberklasse weiterhin zur Verfügung stehen.

b Ergänze in der Klasse GEOTURTLE eine weitere Methode *RechteckZeichnen(breite, höhe)*, mit der die Turtle ein Rechteck beliebiger Größe zeichnen kann. Achte gegebenenfalls auf die Datentypen der Parameter.

c Gib für deine Methode *RechteckZeichnen(breite, höhe)* an, woraus Methodenkopf und Methodenrumpf bestehen.

d Ergänze noch eine weitere Methode, bei der auch die Randfarbe des Rechtecks angegeben werden kann.

e Zeichne das Klassendiagramm für die Klassen TURTLE und GEOTURTLE. Bei der Klasse TURTLE kann auf die Angabe von Attributen und Methoden verzichtet werden.

f Entwickle Methoden für weitere Grundfiguren wie gleichseitiges Dreieck oder Parallelogramm oder eigene Logos etc.

4 Ein Ball als bewegter Kreis

a Erstelle eine Klasse BALL, die von der Klasse KREIS erbt und diese um eine Methode *BewegenNachOben()* ergänzt. Diese Methode soll den Ball durch den Aufruf von *Verschieben* um 10 Einheiten nach oben bewegen. Teste die neue Methode und vergewissere dich, dass die bisher verwendeten Methoden der Oberklasse weiterhin zur Verfügung stehen.

b Ergänze entsprechend eine Methode *BewegenNachUnten()* und teste wieder.

c Ergänze in der Klasse BALL zwei weitere Methoden *BewegenNachOben(länge)* und *BewegenNachUnten(länge)*, mit denen der Ball um beliebige Strecken nach oben bzw. unten bewegt werden kann.

d Zeichne für die Klassen KREIS und BALL das Klassendiagramm. Bei der Klasse KREIS kann auf die Angabe von Attributen und Methoden verzichtet werden.

5 Figuren entwerfen

Objekte der Klasse FIGUR können sich mit den gleichen Methoden bewegen wie Objekte der Klasse TURTLE. Sie können nicht zeichnen, dafür kannst du ihr Aussehen verändern. Dazu kannst du durch wiederholten Aufruf der Methoden *FigurteilFestlegenRechteck(x, y, breite, höhe, farbe)*, *FigurteilFestlegenEllipse(x, y, breite, höhe, farbe)* und *FigurteilFestlegenDreieck(x1, y1, x2, y2, x3, y3, farbe)* ein eigenes Aussehen für deine Figur festlegen. Wofür die Parameter im Einzelnen stehen, kann in der Methodenbeschreibung, die in der Klasse FIGUR steht, nachgelesen werden. Alle Werte beziehen sich auf das abgebildete Quadrat.

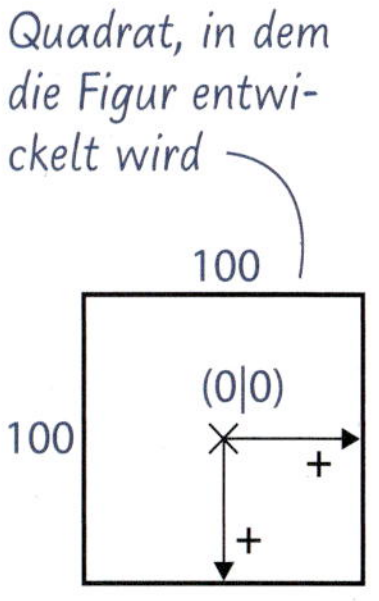

a Nebenstehende Figur wurde durch die drei folgenden Methodenaufrufe erstellt. Skizziere die Figur in dein Heft (kariertes Papier, 1 Kästchen entspricht 10 Einheiten) und trage alle Parameterwerte in die Zeichnung ein.

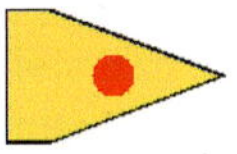

```
selbst.FigurteilFestlegenRechteck(-50,-30,20,60,"gelb")
selbst.FigurteilFestlegenDreieck(-30,-30,50,0,-30,30,"gelb")
selbst.FigurteilFestlegenEllipse(-10,-10,20,20,"rot")
```

b Erstelle eine Klasse MEINEFIGUR, die von FIGUR erbt. Erstelle in der neuen Klasse eine Methode *FigurAutoFestlegen()*, die der Figur das rechts dargestellte Aussehen gibt.

c Zeichne das Klassendiagramm für die Klassen FIGUR und MEINEFIGUR. Bei der Klasse FIGUR kann auf die Angabe von Attributen und Methoden verzichtet werden.

d Du kannst dir auch noch weitere Figuren ausdenken und dafür eigene Methoden entwerfen.
Dabei kann es zu seltsamen Effekten kommen, z. B. zu nebenstehendem Bild, das eigentlich nur ein Monster als Figur zeigen sollte. Erkunde, welche Methode vor dem Vereinbaren der zweiten Figur hätte aufgerufen werden müssen und ergänze deine eigenen Figuren um diesen Aufruf, sodass automatisch die gewünschte Figur korrekt dargestellt wird.

e Für Schnelle: Das Aussehen der Figuren lässt sich auch schön ausgestalten. Analysiere, mit welchen Figurteilen die rechts stehende Figur erzeugt wurde. Überprüfe deine Überlegungen durch Implementieren. Entwirf selbst „künstlerische" Figuren.

6 2D-Spielwelt (Teil 2): Spielfigur im 2D-Spiel bewegen

In 2D-Spielen müssen Figuren auf einem Spielfeld bewegt werden. Das gegebene Projekt ist erst in der Anfangsphase: Es gibt eine Klasse BLUMENWELT mit Blumen, die die Spielfigur → Florian zu einem späteren Zeitpunkt einsammeln soll. Ziel der Aufgabe ist es, den Aufbau der Welt zu verstehen und die Bewegung von Florian zu programmieren.

→ lat. florus: blühend, glänzend, prächtig

a Öffne das Projekt und erzeuge ein Objekt der Klasse BLUMENWELT. Erkunde die Größe der Zellen (in Pixel).
Hinweis: Blicke dazu in die Dokumentation, in den Quelltext oder verändere den Quelltext leicht und beobachte die Auswirkungen.

b Bisher ist in der Blumenwelt eine Blume. Erzeuge zuerst eine weitere so, dass diese direkt neben der bereits existierenden Blume liegt. Verändere dann die Klasse BLUMENWELT so, dass die zweite Blume beim Erzeugen der Welt automatisch erzeugt und positioniert wird.

c Verändere die Welt so, dass passend zu einer Wiese der Hintergrund grün ist.

d Erzeuge ein Objekt Florian und lasse dir von deiner Entwicklungsumgebung die Attributwerte anzeigen. Rufe die Methode zum Setzen des Winkels in der Oberklasse mit den Eingabewerten 0, 90, 180 und 270 auf. Ordne die Winkel den Himmelsrichtungen zu.

e Teste die Methode *LinksDrehen*. Korrigiere den enthaltenen Fehler.

f Ergänze die Methoden *NachSüdenGehen*, *NachNordenGehen*, *Nach WestenGehen* und *RechtsDrehen*.

g Für Schnelle: Gib der Spielwelt noch deine persönliche Note.

7 Regentropfen (Teil 1)

Die Klasse REGENTROPFEN erbt von der Klasse FIGUR.

a Erstelle in der Klasse REGENTROPFEN eine Methode *FigurTropfenFestlegen()*, die der Figur das Aussehen eines Regentropfens gibt. Der Tropfen wird sich später nach unten bewegen.

b Erstelle eine weitere Methode *FlachWerden()*, die den Tropfen flach werden lässt (Aufprall auf den Boden).

c Erstelle eine dritte Methode *PfützeWerden()*, die den Regentropfen als Pfütze (blaues Rechteck) auf dem Boden darstellt.

8 Krümel und Monster (Teil 1)

Eine Klasse MONSTER erbt von der Klasse FIGUR. Das Monstersymbol wechselt immer zwischen „Mund geschlossen" und „Mund offen"; es kann „fressen".

a Erstelle in der Klasse MONSTER eine Methode *Schließen()*, die der Figur das Aussehen des Monstersymbols mit geschlossenem Mund gibt.
Tipp: Denke daran, die alte Figur zu Beginn der Methode zu löschen.

b Erstelle in der Klasse MONSTER eine Methode *Öffnen()*, die der Figur das Aussehen des Monstersymbols mit offenem Mund gibt.

c Du kannst deine Monsterfigur auch weiter ausgestalten, das Öffnen des Mundes in Zwischenschritten darstellen usw. Erstelle weitere Monsterfiguren, bei denen man einen Mund zum Fressen sieht.

9 Robot Karol

Der Roboter Karol hat schon sehr viele Methoden; er kann viel. Trotzdem kannst du ihm in einer Unterklasse ROBOTBESSER noch einiges beibringen, das du später gut brauchen kannst.

a Ergänze eine Methode *Umdrehen()*, bei der sich der Roboter umdreht. Vergleicht eure Lösungen in der Klasse. Wie viele verschiedene, aber korrekte Lösungen habt ihr gefunden?

b Ergänze eine Methode *SchrittZurück()*, die den Roboter einen Schritt nach hinten machen lässt. Diese Methode kann die Methode *Umdrehen* verwenden.

c Ergänze eine Methode *ZiegelLinksLegen()*, bei der Karol einen (roten) Ziegel links neben sich legt.

d Ergänze eine Methode *ZiegelLinksLegen(farbe)*, bei der du die Farbe des Ziegels angeben kannst.

e Ergänze eine Methode *ZiegelUnterSichLegen()*, bei der der Roboter einen Ziegel genau dahin legt, wo er steht. Verwende dazu soweit sinnvoll bisher schon ergänzte Methoden. Ergänze auch die Methode *ZiegelUnterSichLegen(farbe)*, mit der die Farbe des Ziegels angegeben werden kann.

f Für alle zusätzlichen Methoden kannst du mit der Methode *VerzoegerungSetzen(msec)* dafür sorgen, dass die Einzelschritte deiner eigenen Methoden nicht sichtbar sind. Probiere aus, was diese Methode genau bewirkt und ergänze deine eigenen Methoden so, dass sie ihre Aufgabe ohne die Anzeige der Zwischenschritte erledigen.

10 Entwicklungsumgebungen unterstützen beim Programmieren

Teste bzw. recherchiere für deine Entwicklungsumgebung folgende Hilfestellungen für das Implementieren. Notiere zu jeder Frage eine Antwort so, dass damit eine Mitschülerin oder ein Mitschüler die entsprechende Funktionalität der Entwicklungsumgebung nutzen kann.

a Über welchen Menüpunkt kann man die Anzeige der Zeilennummern aktivieren bzw. deaktivieren?

b Wann wird automatisch eingerückt bzw. wie kann man manuell (ohne Leertaste!) einrücken?

c Wie lässt sich ein unvollständiger Methodenaufruf automatisch vervollständigen?

d Wie erhält man bei Syntaxfehlern Hinweise auf den Fehlerort (Zeilennummer) und die Fehlerart?

11 Forschungsauftrag: Vorschriften und Konventionen

a Finde durch eine Recherche heraus, wie gültige Namen (von Methoden) in deiner Programmiersprache aufgebaut sein dürfen.

b Teste deine Recherche, indem du einen ungültigen Namen für eine Methode verwendest.

c "Alle Methodennamen sollten in lowerCamelCase geschrieben werden!"
Finde die Bedeutung des Begriffs lowerCamelCase (kleineKamelHöckerSchreibweise) heraus.

d Oft werden solche allgemeingültigen Konventionen für die Schreibweise von Namen angegeben. Manche Programmierer halten sich an gar keine Konventionen. Andere überlegen sich eigene Konventionen. Erörtere Vor- und Nachteile dieser Vorgehensweisen.

4.3 Wiederholung mit Bedingung

Ein Mähroboter fährt so lange geradeaus, bis er auf ein Hindernis trifft. Dann dreht er sich zufällig und mäht wieder, bis er auf ein Hindernis trifft …
Ein wichtiger Teil dieser Aufgabe ist es, so lange geradeaus zu mähen, wie er auf kein Hindernis trifft.

a Erkunde, wie diese Aufgabe in der Methode *BisZaunMähen()* gelöst wurde. Notiere den Aufbau der Wiederholungsanweisung.

b Erkunde, wie in der Methode *Mähen* das Drehen bei Erreichen eines Hindernisses gelöst ist. Vergleiche mit der Beschreibung zum Einleitungstext und bewerte.

c Pro Aufruf der Methode *FahrenUndMähen* verliert der Mähroboter eine Energieeinheit. Er mäht nur bei einem Batteriestand größer als 10, ansonsten bleibt er stehen. Ergänze den Quelltext entsprechend.

Wiederholung mit Bedingung

Ein Staubsaugerroboter saugt so lange gerade aus, wie er kein Hindernis berührt. Zur Lösung dieser Aufgabe verwendet er eine **bedingte Wiederholung**. Die Beschreibung der Steuerung des Saugroboters sieht dann so aus:

Programmtext

Wiederholung — Bedingung

```
wiederhole solange nicht roboter.BerührtHindernis()
    roboter.FahrenUndSaugen()
endewiederhole
```

Zu wiederholende Anweisungen

Struktogramm

wiederhole solange nicht roboter.BerührtHindernis()	
	roboter.FahrenUndSaugen()

Bedingungen

→ 1.7

Als Bedingung kann wie im Beispiel oben das Ergebnis einer Methode verwendet werden, die wahr oder falsch zurückmeldet. In Kapitel 1 hast du aber bereits weitere Möglichkeiten kennen gelernt, Bedingungen zu formulieren, etwa durch den Vergleich zweier Werte. Eine Figur kann durch folgende Bedingung testen, ob sie den oberen Rand des Spielfelds überschritten hat:

```
selbst.YKoordinateGeben() < 0
```

Die typischen Vergleichsoperatoren kennst du, folgende Symbole sind üblich für objektorientierte Programmiersprachen:

< kleiner	<= kleiner oder gleich	== gleich
> größer	>= größer oder gleich	!= ungleich

Weiter können Bedingungen wie gewohnt auch durch die logischen Operatoren kombiniert werden, folgende Symbole sind üblich:

&& UND (zugleich)	|| ODER (oder beide)	! NICHT

Eine ähnliche Regel wie „Punkt vor Strich" gibt es auch für logische Operatoren: „UND vor ODER". Ob Vergleiche vor logischen Operatoren kommen oder umgekehrt ist aber in den einzelnen Programmiersprachen unterschiedlich und zum Teil sehr kompliziert geregelt. Daher ist es am besten, Bedingungen immer wie aus der Mathematik gewohnt zu klammern.

Wiederholungen in Methoden

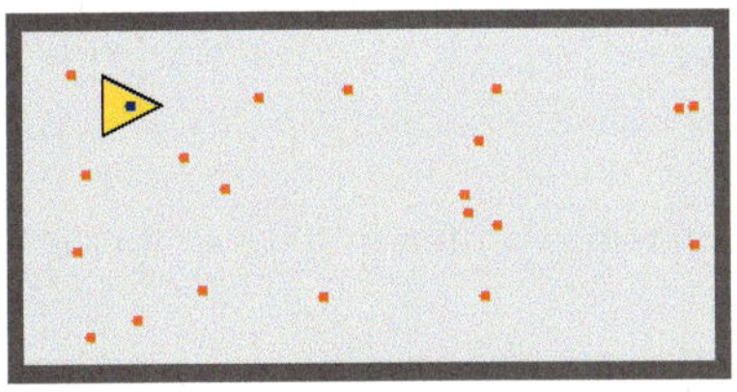

Wiederholungen sind immer Teil eines Methodenrumpfs. Eine Klasse SPIELFIGUR erweitert FIGUR um die Methode *ZuObjektGehen()*; ein Objekt dieser Klasse geht in kurzen Schritten so lange, wie nicht ein anderes Objekt berührt wird.

Java

```
void ZuObjektGehen()
{
   while (!this.Berührt())
   {
        this.Gehen(10);
   }
}
```

Stride

```
public void ZuObjektGehen()
    while ( !this.Berührt() )
        this.Gehen(10)
```

Swift

```
func ZuObjektGehen()
{
   while !self.Berührt()
   {
        self.Gehen(10)
   }
}
```

Python

```
def ZuObjektGehen(self):
  while not self.Berührt():
    self.Gehen(10)
```

Zur Erinnerung: this oder self sind typische Bezeichner für das Objekt, für das die Methode gerade aufgerufen wurde.

Die **bedingte Wiederholung** wird verwendet, wenn eine Sequenz wiederholt werden soll, solange eine Bedingung wahr ist. Sie hat die Form:

```
wiederhole solange Bedingung
    Sequenz
endewiederhole
```

wiederhole solange Bedingung	
	Sequenz

Wiederholungen können geschachtelt werden.

Struktogramme stellen Beschreibungen von Abläufen grafisch dar.

Zum Erstellen von Bedingungen können folgende Vergleichsoperatoren verwendet werden:
<, >, <=, >=, ==, !=

Bedingungen können mit logischen Operatoren verknüpft werden:
&& bzw. and (UND), || bzw. or (ODER), ! bzw. not (NICHT)

Aufgaben

1 Informatik ist überall: Getränkeautomat

a Beschreibe den Zahlvorgang an einem Getränkeautomaten mit einer geeigneten bedingten Wiederholung.

b Finde ein weiteres Beispiel, bei dem eine Wiederholung mit Bedingung sinnvoll zum Verständnis ist. Illustriere das Beispiel durch ein Struktogramm.

2 Bedingungen

a Formuliere in eigenen Worten, was folgende Bedingungen überprüfen und wofür du sie verwenden könntest:

i In einem Instantmessenger sind neue Nachrichten da und ich habe Zeit.

ii Es regnet nicht und es ist noch nicht Abendessenszeit.

b Überlege dir weitere ähnliche Bedingungen wie in a) aus deinem täglichen Leben. Versuche, diese Bedingungen so formal wie möglich zu notieren.

c Erläutere die grafische Bedeutung dessen, was die folgenden Bedingungen für ein Objekt figur der Klasse FIGUR prüfen:

i figur.Berührt("gelb")

ii figur.XKoordinateGeben() < 0

iii (figur.XKoordinateGeben() >= 0) UND (figur.YKoordinateGeben() >= 0)

Erzeuge in deiner Entwicklungsumgebung ein Objekt der Klasse FIGUR und überprüfe deine Überlegungen.

d Gib für ein Objekt figur der Klasse FIGUR eine Bedingung an, die überprüft, ob das Objekt noch innerhalb der Grenzen des sichtbaren Bereichs ist (der größte erlaubte x-Wert ist 800, der größte erlaubte y-Wert ist 550).
Teste die Bedingung mit deiner Entwicklungsumgebung.

3 Was wird da wiederholt?

Im Programm ist nicht nur der Beginn der Wiederholung wichtig, auch das Ende der zu wiederholenden Anweisungen muss klar gekennzeichnet werden.

a Der Startwert des Zählers ist immer 0. Durch die Zeile zähler=zähler+1 wird der Wert des Zählers um eins hochgezählt. Teste die folgenden Struktogramme mit der Turtle, nachdem du eine Vermutung angestellt hast, was sie jeweils bewirken:

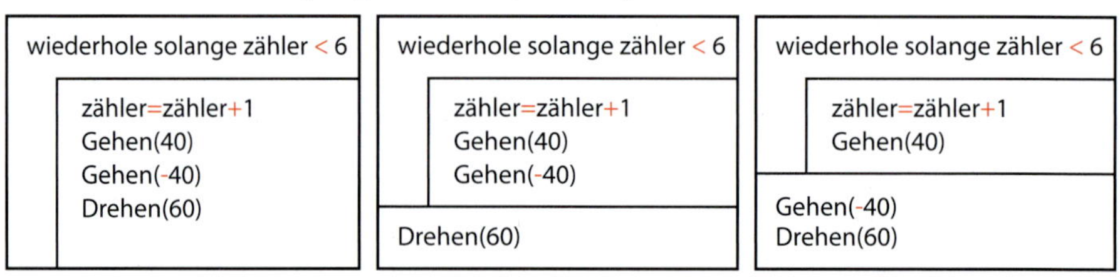

b Tom schreibt in der Programmiersprache Java die folgenden Zeilen in den beiden Varianten und wundert sich, weshalb das Programm jeweils nicht zum Ende kommt. Beschreibe den Fehler, den er jeweils begangen hat.
Falls du selbst Java benutzt: Lokalisiere den Fehler, indem du nach jedem Schritt einen Text mit Werten ins Ausgabefenster ausgibst. Beispiel:

```
System.out.println("zähler erhält Startwert 0");
```

Falls du kein Java benutzt: Überprüfe, ob in der von dir verwendeten Programmiersprache auch die Möglichkeit zu ähnlichen Fehlern besteht.

Variante 1

```
zähler = 0;
while(zähler<5);
{
    zähler=zähler+1;
    Gehen(50);
}
```

Variante 2

```
zähler = 0;
while(zähler<5)
{
    Gehen(50);
}
```

4 Weg aus dem Labyrinth

a Die rote Spielfigur soll aus dem Labyrinth bewegt werden. Ergänze dazu vier Methoden *NachLinksBewegen()*, *NachObenBewegen()*, *NachRechtsBewegen()*, *NachUntenBewegen()*, die die Spielfigur jeweils solange in die Richtung bewegen, wie keine schwarze Linie berührt wird. Anschließend muss die Spielfigur immer ein kleines Stück zurückbewegt werden (solange die schwarze Linie berührt wird).

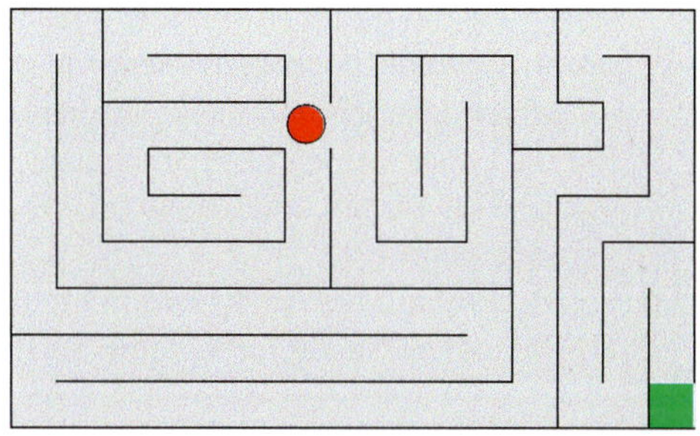

b Verbessere die Bedingung in den Wiederholungen, so dass die Spielfigur am Ziel (grünes Rechteck) stoppt.

5 Turtle, pass auf!

Die Turtle Rennate lebt auf einer Verkehrsinsel. Sie muss aufpassen, dass sie nicht auf die Straße gerät. Von der Bürgermeisterin wird sie geduldet, solange sie das Blumenbeet in der Mitte in Ruhe lässt. Wenn sie auf Straße oder Beet trifft, muss sie deshalb schnell zurückgehen und sich geeignet drehen!

Entwickle eine Methode *Spazierengehen()*, die die Turtle in dem beschriebenen Bereich gehen lässt. Nutze dabei die bedingte Wiederholung.

6 Autonomes Fahren – Turtle als Linienfolger

Beim autonomen Fahren wird ein Auto per Algorithmus gesteuert. Eine erste Basis für ein solches Programm ist eine Figur, welche einer Linie folgen kann.

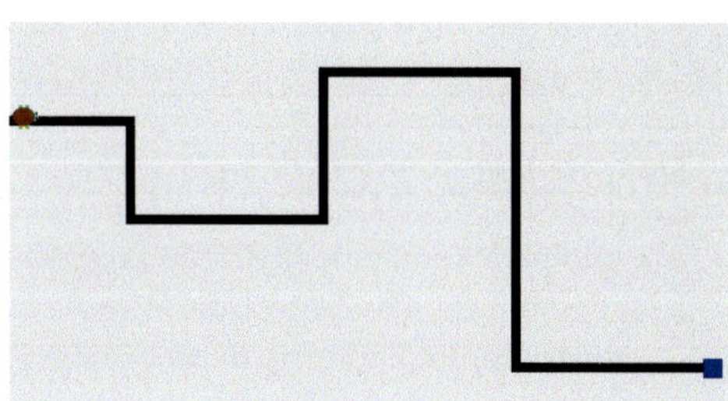

a Vervollständige die Klasse PARCOURS so, dass mit Objekten der Klassen WAAGRECHTELINIE und SENKRECHTELINIE eine Linie wie in der Abbildung erzeugt wird.

b Das nebenstehende Struktogramm zeigt einen einfachen Weg, mit dem die Turtle der Linie folgen kann. Vollzieht den Algorithmus zu zweit mit kariertem Papier und Bleistift nach. Malt dazu eine Linie auf und markiert zu jedem Zeitpunkt die Richtung und den Ort der Turtle.

```
wiederhole solange nicht berührt blau
    wiederhole solange berührt schwarz
        Gehen um 1
    Drehen um 90 Grad
    Gehen um 1
```

c Setze das Struktogramm in eine Methode *LinieFolgen* in der Klasse LINIENFOLGERTURTLE um.

d Teste den Algorithmus ausgiebig. Modifiziere dazu auch den Parcours.

e Für Schnelle: Für die abgebildete Figur rechts kann dieser Algorithmus nicht verwendet werden. Begründe, weshalb er hier fehlschlägt. Vollziehe den Vorgang dazu ggf. wieder mit Papier und Bleistift nach.

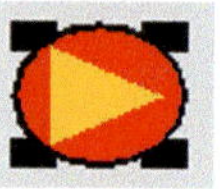

7 Turtle verlegt Parkett

a Die Turtle Trödelliese verlegt ein Parkett. Analysiere das gegebene Projekt und gib an, wozu die bedingten Wiederholungen und die Methoden dienen. Variiere die Zahlenwerte in den Bedingungen und die Farben und beobachte die Veränderung.

b Entwickle eine alternative Grundfigur für das Parkett und setze es in der Klasse PARKETT-TURTLE um. Lasse die Turtle damit ein Parkett bauen.

8 Robot Karol

a Erstelle eine Methode *ZurWandGehen()*, die Karol so lange vorwärts gehen lässt, wie er nicht an der Wand steht. Teste deine Methode mit verschiedenen Positionen von Karol.

b Erstelle eine Methode *AlleZiegelAufheben()*, die Karol alle vor ihm liegenden Ziegel aufheben lässt. Teste deine Methode, insbesondere, wenn vor Karol kein Ziegel liegt.

c Erstelle eine Methode *Putzen1()*, die Karol alle Ziegel in einer Reihe aufräumen lässt und die in b) verwendete Methode nutzt. Erstelle weiter eine Methode *Putzen2()*, die Karol ebenfalls alle Ziegel in einer Reihe aufräumen lässt, aber die in b) verwendete Methode nicht nutzt. Vergleiche beide Lösungen und erläutere, welche du für geeigneter hältst.

d Erläutere, welche Aufgabe Karol durch die im Struktogramm angegebene Anweisungsfolge löst, wenn er in der rechts dargestellt Welt steht.

```
wiederhole solange nicht karol.IstWand()
    wiederhole solange nicht karol.IstZiegel()
        karol.LinksDrehen()
    karol.Aufheben()
    karol.Schritt()
```

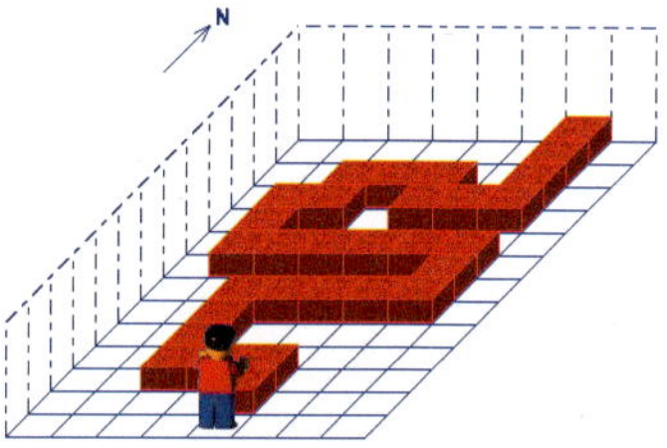

e Erstelle für Karol eine Methode *ZumHindernisGehen()*, die ihn so lange gehen lässt, bis er auf ein Hindernis (Ziegel oder Wand) stößt. Formuliere den Methodenrumpf zuerst als Struktogramm und teste dann in einer Klasse MEINROBOTER, die von ROBOTER erbt.

9 2D-Spielwelt (Teil 3): Blumenwelt

Öffne das Projekt und erzeuge ein Objekt der Klasse BLUMENWELT. In der Welt befindet sich eine horizontale Reihe von fünf Blumen. Erkunde den entsprechenden Quelltextabschnitt und verändere ihn entsprechend der folgenden Vorgaben:

a eine horizontale Reihe mit acht Blumen

b eine vertikale Reihe mit fünf Blumen

c eine Blumenwelt deiner Wahl

10 Code analysieren

In einer Methode *Test()* einer Unterklasse MEINETURTLE der Klasse TURTLE wird das nebenstehende Codestück ausgeführt.

```
selbst.PositionSetzen(100, 200)
wiederhole solange selbst.XPositionGeben() < 400
    selbst.FarbeSetzen("schwarz")
    selbst.Gehen(5)
    selbst.FarbeSetzen("rot")
    selbst.Gehen(5)
```

a Analysiere das Codestück und beschreibe in Worten möglichst genau, was es leistet.
b Implementiere die Methode *Test* und überprüfe, ob die in a) aufgestellte Vermutung auch stimmt.
c Beschreibe und teste, was die Turtle zeichnet, wenn der Wert in der Bedingung der Wiederholung auf 392 abgeändert wird. Untersuche auch den Wert 407. Gib an, ob das Ergebnis aus deiner Sicht erwünscht ist.
d Das Codefragment wird gemäß dem folgenden Struktogramm erweitert.

```
selbst.PositionSetzen(100, 200)
wiederhole solange selbst.WinkelGeben() < 360
    wiederhole solange selbst.XPositionGeben() < 400
        selbst.FarbeSetzen("schwarz")
        selbst.Gehen(5)
        selbst.FarbeSetzen("rot")
        selbst.Gehen(5)
    selbst.Drehen(90)
```

Der Programmierer wollte eigentlich ein Quadrat zeichnen. Beschreibe, was er falsch gemacht hat.
e Entwirf eine Methode *FigurBuntZeichnen()*, welche die Figur zeichnet, die du in d) als gewünschtes Ergebnis vermutet hast.

11 Forschungsauftrag – Und wenn sie nicht unterbrochen worden sind, …

a Erkläre den Namen der folgenden Methode; gib dabei die entscheidende Programmstelle an:

```
methode EndloswiederholungAusführen()
  wiederhole solange WAHR
    Gib "es läuft" auf dem Bildschirm aus!
  endewiederhole
endemethode
```

b Finde heraus, wie du in deiner Programmiersprache etwas auf dem Bildschirm (z. B. Arbeitsfenster oder eigenes Ausgabefenster) ausgeben kannst. Setze mit diesem Wissen die Methode um und teste sie.
c Finde heraus, wie du ein laufendes Programm in deiner Entwicklungsumgebung abbrechen kannst.
d Üblicherweise möchte man Endloswiederholungen vermeiden. Es gibt aber auch Situationen, in welchen sie bewusst eingesetzt werden. Beschreibe ein Beispiel hierzu.

4.4 Die bedingte Anweisung

Flora programmiert gerade ein 2D-Spiel, in dem die Hauptfigur Florian in möglichst wenigen Schritten alle Blumen einsammeln muss. Aktuell programmiert sie Methoden zur Bewegung von Florian für ein 10 × 10 Zellen großes Spielfeld. Jede Zelle ist quadratisch mit der Seitenlänge von 50 Pixeln.

a Erkunde im Projekt BlumenSammeln, wie bei der Methode *NachOstenGehen* sichergestellt wird, dass Florian das Spielfeld nicht verlässt. Begründe, weshalb man die verwendete Struktur bedingte Anweisung nennt.

b Erkunde die Methode *NachSüdenGehen* und benenne den Unterschied im Aufbau zu a).

c Hilf Flora bei ihrem Projekt, indem du die Methoden *NachWestenGehen()* und *NachNordenGehen()* implementierst.

d Für Schnelle: Erkunde die Methode *LinksDrehen*. Beschreibe den Aufbau der Kontrollstruktur und implementiere die Methode *RechtsDrehen()*.

Bedingte Anweisung

Wenn die Batterie leer ist, muss ein Mähroboter zur Ladestation fahren. Zur Lösung dieser Aufgabenstellung wird die **bedingte Anweisung** verwendet. Die Beschreibung der Steuerung des Mähroboters sieht dann so aus:

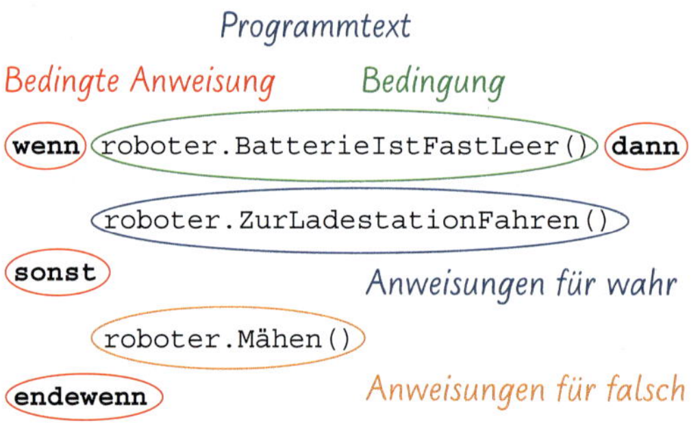

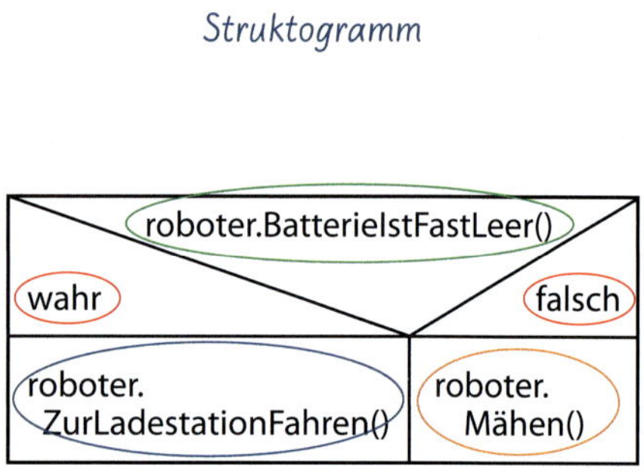

Eine Methode *VorsichtigerSchritt()* in der Klasse MEINEFIGUR lässt die Figur eine Drehung von 90° und einen kleinen Schritt machen, wenn die Figur ein Hindernis berührt, sonst lässt sie die Figur einen großen Schritt gehen.

Java
```java
void VorsichtigerSchritt()
{
  if (this.Berührt())
  {
      this.Drehen(90);
      this.Gehen(5);
  }
  else
  {
      this.Gehen(20);
  }
}
```

Stride
```
public void VorsichtigerSchritt( )
    if ( this.Berührt( ) )
        this.Drehen(90)
        this.Gehen(5)
    else
        this.Gehen(20)
```

Swift
```swift
func VorsichtigerSchritt()
{
  if self.Berührt()
  {
     self.Drehen(90)
     self.Gehen(5)
  }
  else
  {
     self.Gehen(20)
  }
}
```

Python
```python
def VorsichtigerSchritt(self):
    if self.Berührt():
        self.Drehen(90)
        self.Gehen(5)
    else:
        self.Gehen(20)
```

Einseitige bedingte Anweisung

Oft kommt es vor, dass nur etwas gemacht wird, wenn eine bestimmte Bedingung erfüllt wird; sonst geschieht nichts.

wenn IstEsDunkel()
    LichtEinschalten()
endewenn

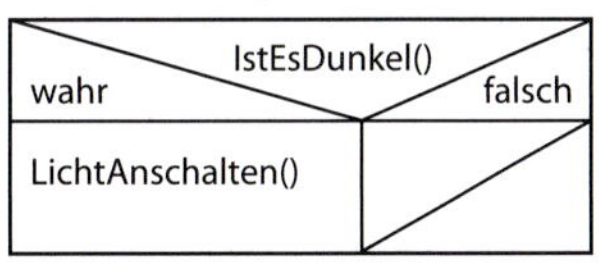

Viele Programmiersprachen erlauben zur Vereinfachung das Weglassen von „sonst", wenn die Sequenz für falsch leer ist.

Ablauf kontrollieren

Anweisungen wie die bedingte Anweisung und die bedingte Wiederholung nennt man **Kontrollstrukturen**, da sie kontrollieren, ob oder wie oft eine Sequenz ausgeführt wird. Sie können beliebig verschachtelt werden.

Algorithmen

Exakte Beschreibungen von Abläufen sind zwingend notwendig, damit Computer diese ausführen können. Sie können mit sehr wenigen Grundbausteinen erstellt werden: Folge von einzelnen Anweisungen (Sequenz), Wiederholungen und bedingte Anweisungen. Eine Folge von endlich vielen, ausführbaren und eindeutig beschriebenen Anweisungen, deren Ausführung auch zu einem Ende kommt, nennt man **Algorithmus**.

Die **bedingte Anweisung** wird verwendet, um abhängig von einer Bedingung eine von zwei verschiedenen Sequenzen auszuführen:

wenn Bedingung **dann**
    Sequenz_wahr
sonst
    Sequenz_falsch
endewenn

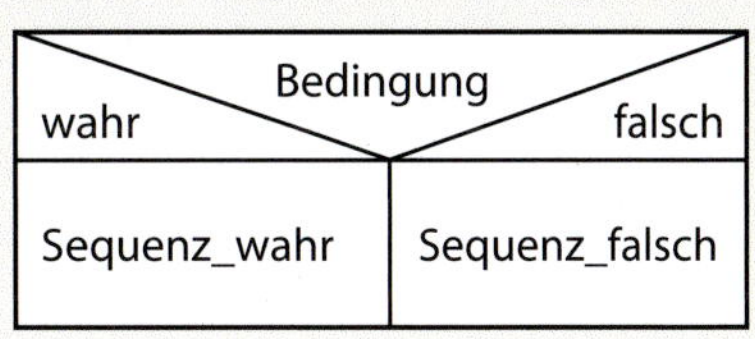

Die **einseitige bedingte Anweisung** wird verwendet, um eine Sequenz abhängig von einer Bedingung auszuführen:

wenn Bedingung **dann**
  Sequenz
endewenn

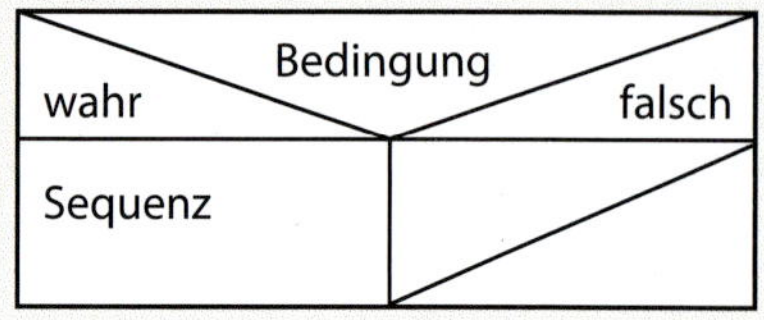

Bedingte Anweisung und Wiederholung werden auch unter der Bezeichnung **Kontrollstrukturen** zusammengefasst.

Ein **Algorithmus** ist eine exakt formulierte Vorgehensweise zum Lösen einer Aufgabenstellung in endlich vielen, ausführbaren und eindeutig beschriebenen Einzelschritten (Anweisungen).

Aufgaben

1 Informatik ist überall: Ampelschaltung

Eine Ampelsteuerung speichert die aktuelle Ampelphase im gleichnamigen Attribut. Eine Methode *Weiterschalten* ist dafür verantwortlich, (gemäß der abgebildeten Grafik) korrekt auf die nächste Phase zu schalten.

AMPELSTEUERUNG
ampelphase
GrünSetzen() GelbSetzen() RotSetzen() RotGelbSetzen() Weiterschalten()

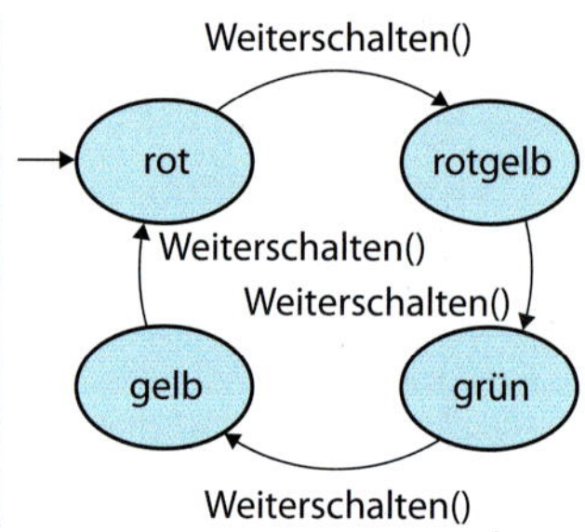

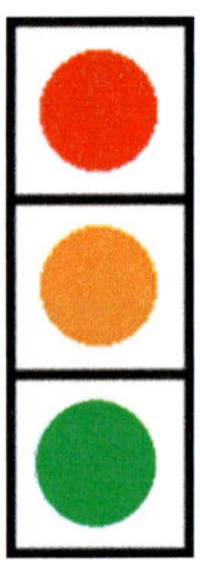

a Im Struktogramm ist die Arbeitsweise der Methode *Weiterschalten* beschrieben. Anna ist der Meinung, dass ein Fehler vorliegt, da trotz der vier Ampelphasen im Struktogramm nur drei Überprüfungen stattfinden.
Analysiere anhand des Struktogramms, wie die Methode *Weiterschalten* arbeitet und beziehe auch zu Annas Einwand Stellung.

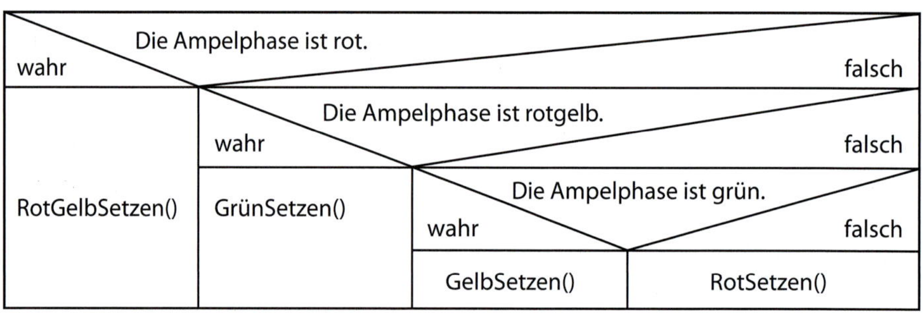

b Formuliere den Algorithmus der Methode *Weiterschalten* im vorgegebenen Projekt. Achte darauf, die Strukturen entsprechend der Schachtelung im Struktogramm übersichtlich einzurücken.

2 Taschenlampe

Eine Taschenlampe verfügt nur über einen einzigen Knopf. Das Attribut zustand vom Typ ZEICHENKETTE kann die drei Werte „aus", „an" und „blinkend" annehmen. Das Drücken des Schalters soll durch den Aufruf der Methode *SchalterDrücken()* simuliert werden.

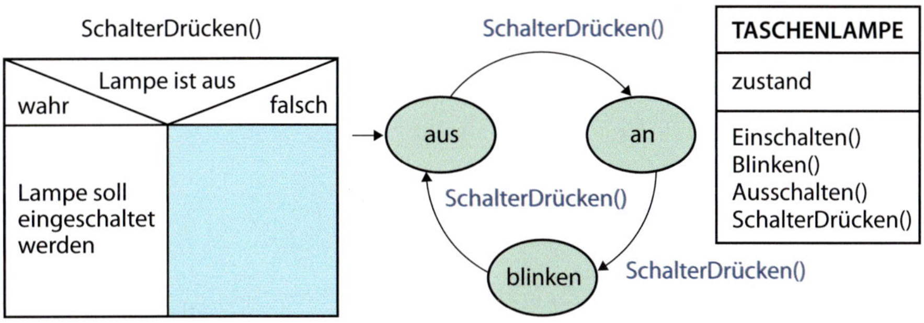

a Zeichne den fehlenden (blau markierten) Teil des Struktogramms in dein Heft.

b Implementiere die Methode *SchalterDrücken()* anhand des Struktogramms übersichtlich im vorgegebenen Projekt.

c Wo hast du im Quelltext Bedingungen formuliert? Betrachte deinen Code, grenze die Bedingungen exakt vom Rest ab und vergleicht zu zweit.

3 FIGUR

Eine Klasse CHAMÄLEON hat die Methoden *BlauSetzen()*, *RotSetzen()*, *GrünSetzen()* und *SchwarzSetzen()*, welche das Chamäleon in der angegebenen Farbe darstellen.

a Erstelle eine Methode *Umfärben()*, welche das Chamäleon rot darstellt, wenn eine andere Grafikfigur berührt wird, sonst schwarz.

b Wenn nur eine Farbe berührt wird, bewirkt das Ausführen der beiden durch Struktogramme beschriebenen Algorithmen bei einem Objekt der Klasse CHAMÄLEON genau das Gleiche.

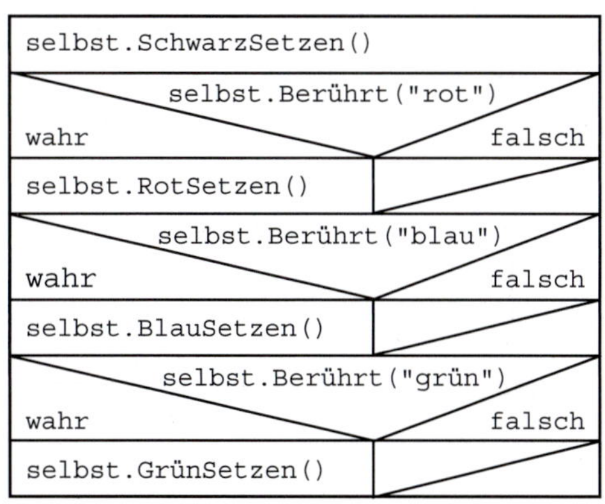

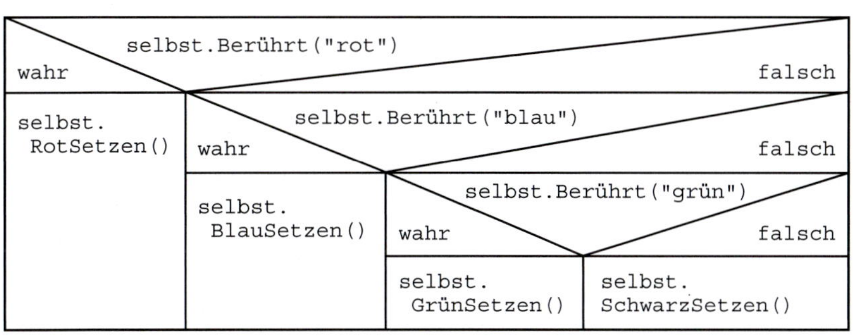

c Implementiere die Methode *UmfärbenBesser()* anhand des von dir in b) gewählten Struktogramms und teste an verschiedenen Beispielen.

4 Bedingte Anweisungen

a Notiere in allgemeiner Schreibweise:

i Wenn es regnet, ziehe ich die Boots an, sonst ziehe ich die Sandalen an.

ii Wenn es heiß ist, esse ich ein Eis.

b Notiere als Struktogramm:
Solange noch Karten da sind, nimm die oberste vom Stapel; wenn sie rot ist, lege sie auf die linke Seite, sonst auf die rechte.
Gib an, was dieser Algorithmus bewirkt.

5 Krümel und Monster (Teil 2)

In der Klasse MONSTER gibt es bereits die Methoden *GeschlossenGelb()*, *GeschlossenOrange()*, *GeschlossenRot()* und *GeschlossenGrün()*, die das Monstersymbol mit geschlossenem Mund in der jeweiligen Farbe darstellen.

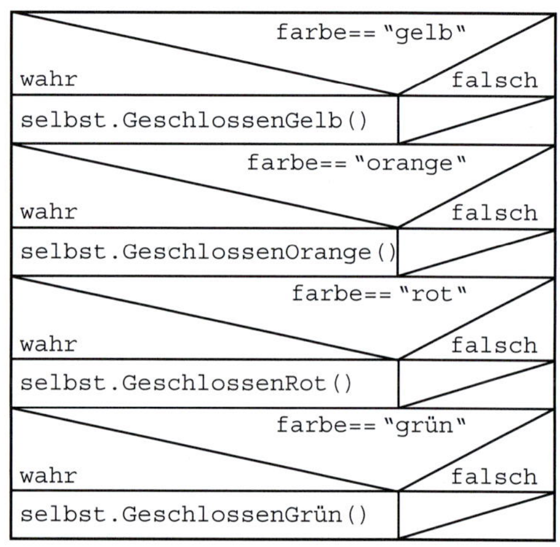

a Überlege, was das Ausführen des nebenstehenden Struktogramms bei einem Objekt der Klasse MONSTER bewirkt. Überlege weiter, von welcher Annahme dabei ausgegangen wird.

b Erstelle in der Klasse MONSTER eine Methode *Schließen(farbe : ZEICHENKETTE)*, deren Rumpf das Struktogramm aus a) ausführt.

c Teste die Methode *Schließen* mit verschiedenen Farben. Wähle dabei auch „nicht vorgesehene" Farben und beobachte, was die Methode dann bewirkt. Erkläre das Resultat.

d Für Schnelle: In der Klasse MONSTER gibt es auch die Methode *Offen(farbe : ZEICHENKETTE)*, die das Monstersymbol mit offenem Mund in der jeweiligen Farbe darstellt. Entwirf eine Methode *Öffnen(farbe : ZEICHENKETTE)*, die mit Hilfe von *Offen* das Monstersymbol mit geöffnetem Mund darstellt und zusätzlich absichert, dass nur die Farben gelb, rot, orange und grün zugelassen werden. Implementiere die Methode.

e Für ganz Schnelle: Vergleiche den Aufbau der Methoden *Schließen* und *Öffnen* und nenne jeweils einen Vorteil für die Vorgehensweise.

6 Codeanalyse

In der Klasse FUßGÄNGERAMPEL gibt es die Methode *Umschalten()*. Der Aufruf der Methode soll bewirken, dass die Ampel von Rot auf Grün bzw. von Grün auf Rot umschaltet. Entscheide bei jeder Variante, ob diese Funktionalität erfüllt wird und begründe deine Entscheidung.

```
methode Umschalten()
  wenn ampelphase == "grün"
    selbst.RotSetzen()
  endewenn
  wenn ampelphase == "rot"
    selbst.GrünSetzen()
  endewenn
endemethode
```

```
methode Umschalten()
  wenn ampelphase == "grün"
    selbst.RotSetzen()
  sonst
    selbst.GrünSetzen()
  endewenn
endemethode
```

```
methode Umschalten()
  wenn ampelphase == "grün"
    selbst.RotSetzen()
  sonstwenn ampelphase == "rot"
    selbst.GrünSetzen()
  endewenn
endemethode
```

7 Robot Karol

a Der Roboter Karol (Objekt der Klasse ROBOTER) steht in der rechts dargestellten Welt. Beschreibe, was der unten beschriebene Algorithmus macht.

```
wiederhole solange
nicht karol.IstWand()
    wenn karol.IstZiegel() dann
        karol.Aufheben()
    sonst
        karol.Hinlegen()
    endewenn
    karol.Schritt()
endewiederhole
```

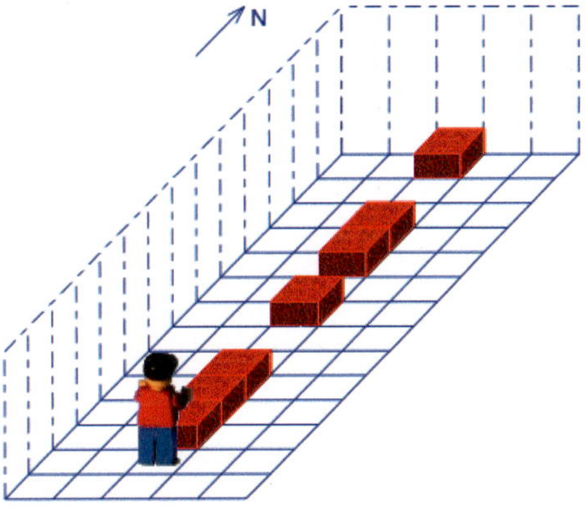

b Formuliere den Algorithmus aus a) als Struktogramm.

c Ergänze in einer Klasse MEINROBOTER eine Methode *Ausführen()* (du kannst auch einen treffenderen Namen wählen), die obigen Algorithmus als Rumpf hat und überprüfe damit deine Überlegungen.

8 Forschungsauftrag: Laufzeitbetrachtungen

Eine Möglichkeit, um Algorithmen nach Effizienz zu klassifizieren, ist es, die Anzahl der Vergleiche zu zählen, die beim Programmablauf ausgeführt werden müssen. Je weniger Vergleiche ausgeführt werden müssen, desto kürzer ist die Laufzeit des Programms.

a Gib die Anzahl der Vergleiche an, die im Beispiel der Aufgabe 3b) bestenfalls, schlechtestenfalls und durchschnittlich jeweils durchgeführt werden?

b Recherchiere, auf welche weitere Weise bedingte Anweisungen, die mehrere sich ausschließende Fälle abprüfen, üblicherweise umgesetzt werden. Wende dies im Beispiel von 3b) geeignet an.

4.5 Methoden anpassen

Beim Spiel „Don't touch" muss der rote Ball durch die Pfeiltasten gesteuert werden, so dass er nicht gegen die verschiedenartigen Hindernisse stößt.

a Erprobe das Spiel und beobachte das unterschiedliche Aussehen und Bewegungsverhalten insbesondere von Schlagbaum und Quadrat. Vergleiche deine Beobachtung mit dem Code der Klassen SCHLAGBAUM und QUADRAT.

b Erstelle ein Klassendiagramm zu den Klassen HINDERNIS, QUADRAT und SCHLAGBAUM mit den jeweiligen Methoden.

c Der Kopf der Methoden *Bewegen* und *Zeichnen* in der Klasse QUADRAT bzw. SCHLAGBAUM hat in den meisten Programmiersprachen ein neues Syntaxelement. Erkunde die Bedeutung des englischen Begriffs und versuche dann zu erklären, was bei den betrachteten Methoden gemeint ist.
Tipp: Wirf zum Vergleich auch einen Blick in die Klasse HINDERNIS.

d Erstelle selbst eine neue Unterklasse von HINDERNIS mit neuem Aussehen und Bewegungsverhalten.

Überschreiben von Methoden

In einer Unterklasse können nicht nur neue Methoden und Attribute vereinbart werden, sondern es kann auch für jede Methode der Oberklasse in der Unterklasse eine neue Wirkungsweise festgelegt werden. Beispielsweise kann in der Unterklasse TURTLEBREIT eine Methode *Gehen* geschrieben werden, die im Gegensatz zur gleichnamigen Methode in der Oberklasse eine dicke Linie zeichnet. Wird nun die Methode *Gehen()* eines Objekts der Klasse TURTLEBREIT aufgerufen, wird die Linie dick gezeichnet. Deshalb sagt man, dass die Methode der Oberklasse **überschrieben** wurde.

Überschreiben

```
überschreibe methode Gehen(länge: GANZZAHL)
    super.Gehen(länge)
    selbst.Drehen(90)
    super.Gehen(1)
    selbst.Drehen(90)
    super.Gehen(länge)
    selbst.Drehen(90)
    super.Gehen(2)
    selbst.Drehen(90)
    super.Gehen(länge)
    selbst.Drehen(90)
    super.Gehen(1)
    selbst.Drehen(-90)
endemethode
```

überschriebene Methode

überschreibende Methode

Nutzen der überschriebenen Methode

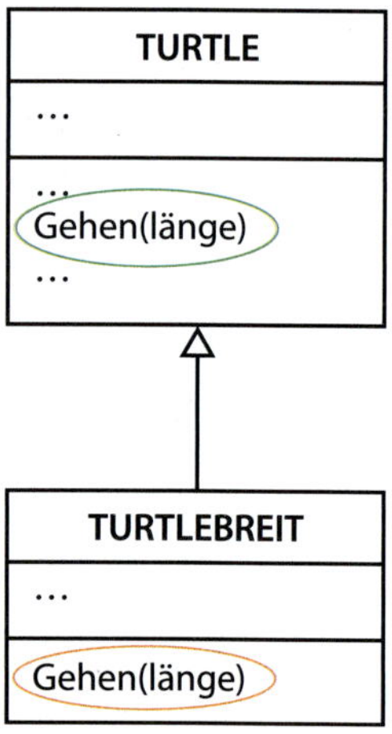

→ super, lat. oberhalb, hier: auf die Oberklasse bezogen

Für den Aufruf der ursprünglichen Oberklassenmethode wird ein spezieller Bezeichner verwendet, in der Regel das Schlüsselwort → super.

Swift
```
override func Gehen(länge: Double)
{
    super.Gehen(länge: länge)
    self.Drehen(90)
    ...
    super.Gehen(länge: 1)
    self.Drehen(-90)
}
```

Stride
```
public void Gehen(double länge) overrides method from Turtle
    super.Gehen(länge)
    this.Drehen(90)
    ...
    super.Gehen(1)
    this.Drehen(-90)
```

Java
```
@Override void Gehen(double länge)
{
    super.Gehen(länge);
    this.Drehen(90);
    ...
    super.Gehen(1);
    this.Drehen(-90);
}
```

Python
```
def Gehen(self, länge):
    super().Gehen(länge)
    self.Drehen(90)
    ...
    super().Gehen(1)
    self.Drehen(-90)
```

Nutzen vorbereiteter Funktionalität

Eine häufig genutzte Möglichkeit des Überschreibens von Methoden ist, dass eine Klasse Methoden bereitstellt, die erst durch Überschreiben in der Unterklasse genutzt werden.
So kann die Steuerung eines Chips für Wetterbeobachtungen eine Methode *TemperaturGeändert()* haben, die immer aufgerufen wird, wenn sich die Temperatur ändert. Je nachdem, ob der Chip z. B. in einer Heimwetterstation mit Anzeige verbaut ist oder in einer im Freien stehenden Wetterstation zur Klimabeobachtung mit Datenaufzeichnung, wird sie in einer Unterklasse der Steuerung überschrieben und sorgt dann entweder für eine geänderte Anzeige oder für die Speicherung des neuen Wertes.

Temperatur-Geändert() aktualisiert die Anzeige.

Temperatur-Geändert() zeichnet den Wert auf.

Die Klassen FIGUR und TURTLE haben eine Methode *AktionAusführen()*, die in dieser Klasse nichts tut. In der Unterklasse kannst du diese Methode überschreiben, um die Figur oder die Turtle zu animieren.

```
überschreiben methode AktionAusführen()
  selbst.Gehen(10)
endemethode
```

Wow, die Figur bewegt sich jetzt automatisch!

Unterklassen können von der Oberklasse geerbte Methoden neu festlegen, um ihnen neue Funktionalitäten zu geben. Dadurch werden die Methoden der Oberklasse **überschrieben**. In der Unterklassenmethode ist es weiterhin möglich, die überschriebene Oberklassenmethode zu nutzen. In der Regel wird dafür der Bezeichner **super** verwendet.

Aufgaben

1 Informatik ist überall: Ofensteuerung

OFEN
eingestellteGradzahl
AufTempEinstellen(sollTemp) TemperaturHalten(dauerMinuten) Einschalten() Ausschalten()

Viele Küchengeräte werden heutzutage von Algorithmen ganz oder zum Teil gesteuert. Im Folgenden soll eine (vereinfachte) Ofensteuerung entwickelt werden.
Wird der Ofen eingeschaltet, so wird er auf die eingestellte Temperatur aufgeheizt, die im entsprechenden Attribut gespeichert ist. Dann wird die Temperatur sechs Stunden lang gehalten (außer, er wird per Hand schon eher wieder ausgeschaltet).
Anschließend schaltet er sich dann aus Sicherheitsgründen automatisch vollständig aus.

a Formuliere die Methode *Einschalten()*.

b Für einen Aufpreis ist auch ein Gerät mit erweitertem Funktionsumfang erhältlich (OFENPLUS): Dieses überprüft beim Einschalten, ob der Wert eines zusätzlichen Attributs spezialProg auf 1 gesetzt ist (Standard: 0); dann führt es anstelle des normalen Betriebs ein besonderes Bratenprogramm (Ablauf in der Abb. dargestellt) aus. Ansonsten arbeitet der Ofen wie gewohnt. Modelliere die Vererbungsbeziehung und überschreibe die Methode *Einschalten()* so, dass sie den geschilderten Ablauf ausführt.

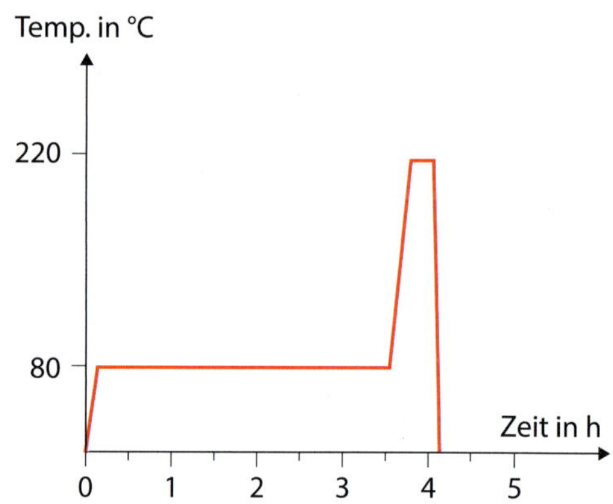

c Für Schnelle: Gib den gesamten Code der Klasse OFENPLUS an.

2 Don't touch – Level 2

a Das Spiel „Don't touch" aus der Einstiegsaufgabe soll im Level 2 noch abwechslungsreicher werden. Dazu ist geplant, zwei Unterklassen von QUADRAT zu schreiben, deren Objekte genauso aussehen wie die bestehenden Quadrate, sich aber unterschiedlich verhalten: Die einen werden beim Kontakt mit einer anderen Figur gelöscht (LÖSCHQUADRAT), die anderen löschen sich beim Kontakt mit einer anderen Figur (VERDOPPLERQUADRAT) und erzeugen zwei normale Quadrate. Das eine neu entstandene Quadrat soll am gleichen Ort starten wie das vorhandene und auch den gleichen Winkel haben, das andere soll ebenfalls am gleichen Ort starten, sich aber in eine andere Himmelsrichtung bewegen. Implementiere die genannten Klassen und teste damit das erweiterte Spiel.

b Für Schnelle: Formuliere noch eine weitere Idee zur Weiterentwicklung. Setze diese um.

3 TurtleBreit – die Spezialisten für dicke Linien

a Erstelle eine Klasse TURTLEBREIT, die von der Klasse TURTLE erbt und die Methode *Gehen* so ergänzt, dass Linien der Dicke 3 gezeichnet werden. Teste die neue Methode.

b Für Schnelle: Begründe, wieso bei schrägen Linien das Resultat der in a) erstellten Methode nicht befriedigend ausfällt. Überlege Maßnahmen zur Verbesserung und teste eine davon.

4 Einfache Grafik

Für viele Darstellungen ist ein grobes Raster der Elemente z. B. von 10 Punkten günstiger. Dazu muss die Einheit in Positions- und Längenangaben 10 Punkte bedeuten.

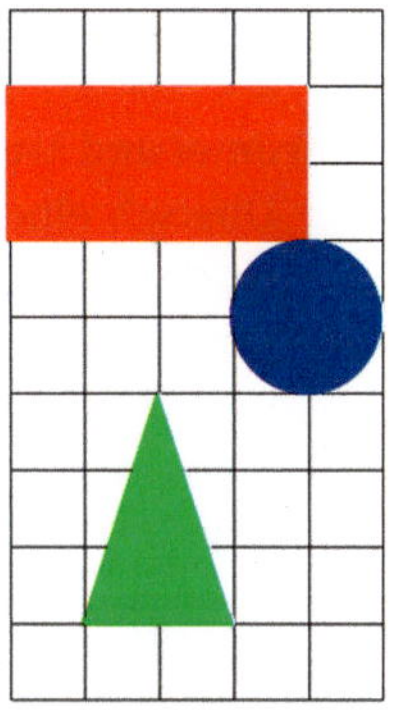

a Erstelle eine Klasse RASTERRECHTECK, die von RECHTECK erbt, und ergänze die Methode *PositionSetzen* so, dass als Koordinaten nur ganzzahlige Vielfache von 10 verwendet werden, d. h., der Parameter 5 für x bedeutet jetzt die fünfte Rasterlinie; die Spitze des grünen Dreiecks rechts hat die Position (2|5). Teste die neue Methode.

b Ergänze in der Klasse RASTERRECHTECK die Methode *GrößeSetzen* so, dass als Breite und Höhe nur ganzzahlige Vielfache von 10 verwendet werden; die neuen Parameter geben also Breite und Höhe in Kästchen an. Teste wieder.

c Benenne Situationen, in denen diese grobe Rasterung der Positionen und Größen sinnvoll ist. Analysiere dann alle Methoden der Klasse RECHTECK und überprüfe, welche noch überschrieben werden müssen, um das Kästchenraster vollständig zu unterstützen.

d Betrachte nun auch die Klassen KREIS und DREIECK. Erstelle zwei Klassen RASTERDREIECK und RASTERKREIS, in denen du alle Methoden entsprechend überschreibst, die an das 10er-Raster angepasst werden müssen.

e Erstelle mit den neuen Klassen eine kleine Grafik und prüfe, dass die Einzelfiguren gut zusammenpassen.

5 Turtle: Tastaturgesteuert!

a Überschreibe zunächst in einer Klasse TASTATURTURTLE die Methode *SonderTasteGedrückt(taste)* so, dass jeder Tastendruck die Turtle um 10 Einheiten nach vorn bewegt. Gib auch die Nummer der Taste auf dem Bildschirm aus.

b Überschreibe nun in der Klasse TASTATURTURTLE die Methode *SonderTasteGedrückt(taste)* so, dass
- ein Drücken der Taste „↑“ die Turtle um 10 Einheiten nach vorn bewegt,
- ein Drücken der Taste „→“ die Turtle um 90° nach rechts dreht,
- ein Drücken der Taste „←“ die Turtle um 90° nach links dreht und
- ein Drücken der Taste „↓“ die Turtle um 180° dreht.

Teste die Methode und beschreibe, welche Art von Figuren auf diese Weise gezeichnet werden kann.

c Überschreibe in der Klasse TASTATURTURTLE die Methode *MausGeklickt(x, y, anzahl)* so, dass die Turtle jedes Mal mit *PositionSetzen* an der Stelle des Klicks platziert wird.

6 Regentropfen (Teil 2)

Regentropfen sollen selbstständig nach unten fallen. Überschreibe in der Klasse REGENTROPFEN die Methode *AktionAusführen* so, dass

i der Winkel der Regentropfenfigur sicher auf 270° gesetzt wird,

ii die Figur 10 Einheiten fällt, wenn sie noch mehr als 20 Einheiten über dem Boden ist (Probiere aus, welche Höhe der Boden hat!), ansonsten

iii flach wird und nur noch 5 Einheiten fällt, wenn sie mehr als 5 Einheiten über dem Boden ist und ansonsten

iv zur Pfütze wird und nicht mehr fällt.

7 Krümel und Monster (Teil 3)

a Überschreibe in der Klasse MONSTER die Methode *SonderTasteGedrückt(taste)* zunächst so, dass jeder Tastendruck die Monster-Figur um 10 Einheiten nach vorn bewegt.

b Überschreibe nun in der Klasse MONSTER die Methode *SonderTasteGedrückt(taste)* so, dass
- ein Drücken der Taste „↑" die Monster-Figur nach Norden ausrichtet,
- ein Drücken der Taste „→" die Monster-Figur nach Osten ausrichtet,
- ein Drücken der Taste „←" die Monster-Figur nach Westen ausrichtet und
- ein Drücken der Taste „↓" die Monster-Figur nach Süden ausrichtet.

Verwende dabei die Methoden *GeschlossenNord()*, *GeschlossenOst()* etc.

c Überschreibe in der Klasse MONSTER die Methode *AktionAusführen* so, dass die Monster-Figur um 10 Einheiten nach vorn geht.

d Ergänze die Methode *AktionAusführen* so, dass die Figur den sichtbaren Bereich der Zeichenfläche nicht überschreitet.

e Für Schnelle: Erstelle auch eine weitere Unterklasse KRÜMEL von FIGUR, deren Objekte die Eigenschaft haben zu verschwinden, wenn sie vom Monster berührt werden.
Tipp: Du musst dort ebenfalls die Methode *AktionAusführen* überschreiben.

f Für Schnelle: Um das Spiel zu zweit spielen zu können, kannst du eine zweite Monsterklasse ergänzen. Das zweite Monster wird z. B. über die Tasten „a", „s", „w" und „d" gesteuert. Die Aufgabe könnte dann sein

i für jeden, möglichst viele Krümel zu fressen oder

ii zusammen möglichst viele Krümel zu fressen oder

iii dass ein Monster das andere frisst, ehe es die Krümel abgeräumt hat.

8 Figur – Verrückte Reise (Teil 1)

Ein Objekt der Klasse FIGUR soll sich beim Bewegen über die Zeichenfläche mit den Pfeiltasten „→" und „←" steuern lassen.

a Überschreibe in einer Klasse SPIELFIGUR die Methode *AktionAusführen* so, dass sich die Figur bei jedem Aufruf um 15 Einheiten geradeaus bewegt.

b Überschreibe die Methode *SonderTasteGedrückt(taste)* so, dass
- ein Drücken der Taste „→" die Figur um 5° im Uhrzeigersinn und
- ein Drücken der Taste „←" die Figur um 5° gegen den Uhrzeigersinn dreht.

9 2D-Spielwelt (Teil 4): Tastaturgesteuert durch die Blumenwelt

a Ergänze die Methode *Gehen* so, dass Florian abhängig von seiner Blickrichtung (festgelegt durch das Attribut winkel) in die passende Himmelsrichtung geht.

b Implementiere durch Überschreiben entsprechender Methoden der Klasse FIGUR, dass Florian nach einem Klick auf den Start-Schaltknopf geht und über die Cursortasten gedreht werden kann.

10 Robot Karol

In der Klasse ROBOTER sind mehrere Methoden vereinbart, die nicht immer fehlerfrei ausführbar sind. Dazu gehören die Methoden *Schritt*, *Aufheben* und *Hinlegen*.

a Gib für jede der drei Methoden an, unter welchen Bedingungen sie eine Fehlermeldung erzeugen müssen, statt ihre Arbeit machen zu können.

b Überschreibe die drei Methoden in einer Klasse MEINROBOTER so, dass jeweils die Fehlergründe geprüft werden. Wenn es geht, soll die vorgesehene Arbeit gemacht werden, sonst soll einfach nichts getan werden. Teste deine neue Methoden.

c Überlege in verschiedenen Situationen, ob es da hilfreich ist, die Fehlermeldung zu sehen, oder ob die neuen Methoden besser wären. Tauscht euch zu zweit aus.

11 Geometrische Grundfiguren – anders implementiert

Nebenstehendes Klassendiagramm ist ein Ausschnitt aus einer möglichen Implementierung von geometrischen Figuren. Hier ist ein Rechteck eine Spezialisierung einer allgemeinen Klasse GEOMETRISCHE_FIGUR. Bei der Klasse RECHTECK bezieht sich die Position (x|y) auf die linke obere Ecke des Rechtecks.

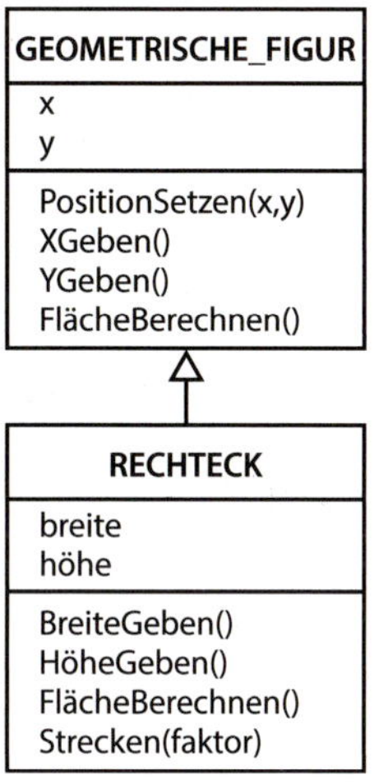

a Beschreibe die Klassen und verwende dabei die Begriffe erben, überschreiben und ergänzen.

b Ergänze im Klassendiagramm eine Klasse KREIS, die ebenfalls von GEOMETRISCHE_FIGUR erbt und beschreibe kurz deinen Implementierungsansatz.

c Gib den Methodenrumpf der Methode *FlächeBerechnen* in allen drei Klassen an.

d Beschreibe in Worten einen Lösungsansatz zur Methode *Strecken*.

e Für Schnelle: Ergänze eine weitere Klasse für eine geometrische Figur deiner Wahl.

12 An die Grenzen

Joscha hat beim Überschreiben der Methode *Gehen* in der Klasse TURTLEBREIT (siehe Aufgabe 3) nicht konzentriert genug gearbeitet und einen Fehler gemacht.

```
01  überschreiben methode Gehen(länge: GANZZAHL)
02    super.Gehen(länge)
03    selbst.Drehen(90)
04    super.Gehen(1)
05    selbst.Drehen(90)
06    selbst.Gehen(länge)
07    selbst.Drehen(90)
08    super.Gehen(2)
09    selbst.Drehen(90)
10    super.Gehen(länge)
11    selbst.Drehen(90)
12    super.Gehen(1)
13    selbst.Drehen(-90)
14  endemethode
```

a Implementiere die Methode in deiner Entwicklungsumgebung und stelle durch einen Aufruf der Methode fest, was passiert. Betrachte die Fehlermeldung genau und stelle fest, ob du einen Hinweis auf die fehlerhafte Stelle bekommst.

b Gib die Zeilennummer des Fehlers an und berichtige.

4.6 Attribute – Vereinbarung und Initialisierung

Ob Kilometer-, Betriebsstunden-, Puls- oder Schrittzähler, Zähler kommen in vielen technischen Geräten vor.

a Erkunde in dem Projekt Zähler, welches Attribut für das Zählen verwendet wird und in welcher Zeile es erhöht wird.

b Finde weiter heraus, in welcher Methode die Anfangswerte für die Anzeige des Zählerstandes und der Anfangswert für den Zähler festgelegt werden.

c Wenn du ein Objekt der Klasse ZÄHLER erzeugst, musst du die in b) gefundene Methode nicht selbst aufrufen, trotzdem wird der Text so wie angegeben dargestellt. Stelle eine Vermutung auf, warum du diese Methode nicht aufrufen musst.

d Der Kopf der in b) gefundenen Methode sieht ungewöhnlich aus. Nenne die Unterschiede zu einem „typischen" Methodenkopf.

Anfangswerte von Attributen
Um die Anfangswerte der Attribute eines Objekts festzulegen, haben alle Klassen eine spezielle Methode, die automatisch beim Erzeugen eines neuen Objekts aufgerufen wird. Diese Methode heißt **Konstruktor**. Sie hat in allen Programmiersprachen einen besonderen Namen, um zu verhindern, dass der Konstruktor als „normale" Methode aufgerufen werden kann.

Methode ist ein Konstruktor

```
konstruktor()
    super()
    selbst.PositionSetzen(100, 300)
    selbst.Drehen(90)
endekonstruktor
```

Oberklassenkonstruktor ausführen (nur in der Unterklasse)

Anfangszustand herstellen

Wie bei jeder anderen Methode kann es mehrere Konstruktoren mit verschiedenen Parametern geben. So ist es möglich, dem Konstruktor die Anfangsposition der Figur mitzugeben.

Java
```java
Spielfigur (int x, int y)
{
    super();
    this.PositionSetzen(x, y);
    this.WinkelSetzen(0);
}
```

Stride
```
public Spielfigur(int x, int y)
    super()
    this.PositionSetzen(x, y)
    this.WinkelSetzen(0)
```

Python
```python
def __init__(self, x, y):
    super().__init__()
    self.PositionSetzen(x, y)
    self.WinkelSetzen(0)
```

Swift
```swift
init(x: Int, y: Int)
{
    super.init()
    self.PositionSetzen(x:x, y:y)
    self.WinkelSetzen(winkel:0)
}
```

Neue Attribute

Wenn man in einer Klasse ein neues Attribut zum Speichern von Information benötigt, sind immer die gleichen Schritte nötig. Nach der Fertigstellung einer Zeichnung möchte man z.B. gerne wissen, welchen Weg die Turtle insgesamt zurückgelegt hat, weil aus der Weglänge die Zeit berechnet werden kann, die ein Lasercutter braucht, um die gezeichnete Form auszuschneiden. Zur Umsetzung muss

- das Attribut weglänge (als ganze Zahl) vereinbart werden,
- es im Konstruktor auf den Anfangswert 0 gesetzt werden und
- in der Methode *Gehen()* jeweils das neue Wegstück zum Wert des Attributs weglänge addiert werden.

Attribut vereinbaren

Anfangswert setzen im Konstruktor

Verändern in den Methoden

```
klasse MEINETURTLE beerbt TURTLE
attribut weglänge: GANZZAHL

  konstruktor()
    super()
    weglänge = 0
  endekonstruktor

  überschreiben methode Gehen(länge: GANZZAHL)
    weglänge = weglänge + länge
    super.Gehen(länge)
  endemethode
endeklasse
```

→ 4.8

Manche Programmiersprachen entscheiden anhand des Werts eines Attributs, zu welchem Datentyp dieses gehört und welche (Rechen-)Operationen mit diesem Attribut möglich sind. Die meisten Programmiersprachen erwarten aus Sicherheitsgründen, dass der Datentyp angegeben wird. Typische Datentypen sind GANZZAHL, KOMMAZAHL, WAHRHEITSWERT, ZEICHEN und ZEICHENKETTE.

Rechnen mit Attributen

Für das Arbeiten mit Attributwerten gibt es in den Programmiersprachen viele Möglichkeiten:

- Für ganze Zahlen und Kommazahlen gibt es die gewohnten Rechenzeichen (+, –, * und /) sowie meistens den Operator %, um den Rest bei der ganzzahligen Division zu erhalten.
- Für Zeichenketten gibt es ein Rechenzeichen oder eine Methode, womit zwei Zeichenketten zu einer verbunden (konkateniert) werden.
- Für Vergleiche sind die Symbole ==, !=, <, <=, >, >= üblich. Sie gelten für ganze Zahlen und Kommazahlen sowie in der Regel für Zeichen.
- Zum Zuweisen eines neuen Werts an ein Attribut wird oft das Zeichen „=" verwendet.

In jeder Klasse können Attribute vereinbart werden, um Informationen als Attributwerte zu speichern. Typische **Datentypen** eines Attributs sind **GANZZAHL**, **KOMMAZAHL**, **WAHRHEITSWERT**, **ZEICHEN** und **ZEICHENKETTE**.
Jedem Attribut soll ein sinnvoller Anfangswert zugewiesen werden (**Initialisierung**). Dies geschieht im **Konstruktor** – eine besondere Methode, die beim Erzeugen eines Objekts automatisch aufgerufen wird.
Durch eine **Zuweisung** (in der Regel mit dem Zeichen "=") erhält ein Attribut einen neuen Wert.
Mit Zahlenwerten wird mit den üblichen Rechenzeichen gerechnet (+, –, *, /) sowie % für den Rest der ganzzahligen Division.

Aufgaben

PARKAUTOMAT
gesamtePlätze belegtePlätze einfahrtGeöffnet ausfahrtGeöffnet minutenpreisInEu tageseinnahmenInEu letzteParkzeitInMin
…

1 Informatik ist überall: Parkautomat

Die Tiefgarage eines Opernhauses ist ab 18.00 Uhr geöffnet und schließt um 04.00 Uhr morgens. Sie verfügt über 120 Stellplätze. Ein Parkautomat verwaltet die Anlage: Er steuert eine Schranke an der Einfahrt, die so lange geöffnet ist, wie Plätze frei sind, sowie eine an der Ausfahrt, die sich öffnet, wenn vor Verlassen der Garage bezahlt wurde. Außerdem wird auf einem Display angezeigt, wie viele Plätze frei bzw. besetzt sind.

a Gib geeignete Datentypen für alle Attribute an; verwende, wenn möglich, die Datentypen deiner Programmiersprache, ansonsten allgemeine Typen.

b Lege sinnvolle Anfangswerte der Attribute des Parkautomaten in einer Objektkarte fest.

c Die zuletzt bezahlte Parkzeit wird jeweils im System gespeichert. Gib die Zuweisungen bzw. Berechnungsvorschriften an, mit denen Attributwerte nach dem Bezahlvorgang (und der Ausfahrt des Fahrzeugs) aktualisiert werden müssen sowie den zusätzlichen Rechenschritt, der für die Aktualisierung der Anzeige notwendig ist.

2 Datentypen in deiner Sprache

a Erkunde, ob in deiner Programmiersprache Datentypen für Attribute angegeben werden müssen. Wenn ja, gib die Namen für GANZZAHL, KOMMAZAHL, WAHRHEITSWERT, ZEICHEN und ZEICHENKETTE in deiner Programmiersprache an.

b Erkunde, welche Methoden Objekte der Klasse ZEICHENKETTE in deiner Programmiersprache haben. Finde insbesondere heraus, wie du
- i zwei Zeichenketten zu einer verbinden (konkatenieren) kannst und
- ii die Länge einer Zeichenkette bestimmen kannst.

3 2D-Spielwelt (Teil 5): Florian sammelt Blumen

Florian muss jetzt Blumen in möglichst wenigen Schritten sammeln.

a Ergänze ein Attribut schritte zum Speichern der Anzahl der Schritte von Florian.

b Entwickle das Spiel weiter, so dass Blumen bei einer Berührung verschwinden und in einem Attribut die bereits von Florian gesammelten Blumen gezählt werden.

c Für Schnelle: Ergänze einen Cheat, z. B. einen Sprung von einem Eck ins andere.

4 Regentropfen (Teil 3)

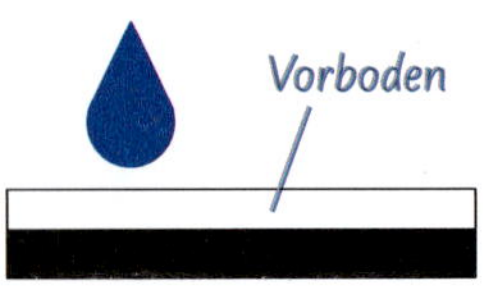

a Ergänze die Klasse REGENTROPFEN um einen Konstruktor, in dem der Tropfen in Tropfenform dargestellt und in geeigneter Fallhöhe positioniert wird mit Bewegungsrichtung nach unten.

b Schöner als an einer gedachten Linie aufzuprallen ist es, wenn der Regentropfen am Boden aufprallt. Erstelle eine Klasse BODEN als Unterklasse von RECHTECK, die ein schwarzes, fünf Einheiten hohes Rechteck an der Position des Bodens erzeugt. Ändere die Methode *AktionAusführen* in der Klasse REGENTROPFEN so ab, dass der Regentropfen zur Pfütze wird und nicht mehr fällt, wenn er den (schwarzen) Boden berührt.

c Auch das Flachwerden des Regentropfens lässt sich noch einbauen, indem du ein flaches (fünfzehn Einheiten hohes), weißes – also fast unsichtbares – Rechteck direkt über dem Boden erzeugst (Klasse VORBODEN) und den Tropfen beim Berühren dieses „Vorbodens" flach werden lässt.

d Um nicht immer drei Objekte erzeugen zu müssen, kannst du die Objekte der Klasse BODEN und VORBODEN auch im Konstruktor des Regentropfens erstellen.

5 Einfache Grafik – Haus mit Fertigteilen

Beim Erstellen des nebenstehenden Hauses müssen vier Rechtecke gleicher Größe und Farbe (Fenster) erzeugt werden.

a Erstelle eine Klasse FENSTER, die von der Klasse RECHTECK erbt und in ihr einen Konstruktor, der Fenster mit der Größe 30 × 30 und der Farbe „gelb" erzeugt.

b Wie alle Methoden können auch Konstruktoren Parameter haben. Ergänze in FENSTER einen weiteren Konstruktor, der zusätzlich die Position des Fensters angeben lässt.

c Überschreibe die Methode *FarbeSetzen* so, dass die Farbe des Fensters damit nicht verändert werden kann. Ergänze zwei weitere Methoden *NachtSetzen()* bzw. *TagSetzen()*, die ein Fenster schwarz bzw. gelb einfärben.

6 Krümel und Monster (Teil 4)

a Das Monster soll die Krümel zählen, die es gefressen hat. Ergänze dazu ein Attribut anzahl in der Klasse MONSTER, das du im Konstruktor auf den Wert 0 setzt und zu dem du in der Methode *AktionAusführen* nach dem Gehen jedesmal den Wert 1 addierst, wenn ein Krümelobjekt berührt wird.
Tipp: Die Anweisung für das Hochzählen lautet `anzahl = anzahl + 1`

b Erstelle eine Unterklasse GEWONNEN der Klasse TEXT, bei der im Konstruktor der Text „Du hast das Spiel gewonnen" gesetzt wird und die den Text an der linken, oberen Ecke des Spielfelds erscheinen lässt. Erzeuge in der Methode *AktionAusführen* ein Objekt der Klasse GEWONNEN, sobald das Monster den zehnten Krümel gefressen hat. Zum einfacheren Erzeugen der Krümel kannst du die Klasse KRÜMEL um einen Konstruktor erweitern, der die Position und die Figur festlegt.

c Um das Spiel schwieriger zu gestalten, kannst du die Randüberwachung in *AktionAusführen* so ändern, dass ähnlich wie in Aufgabe b) der Text „Du hast verloren" an der rechten oberen Ecke des Spielfelds erscheint.

d Damit das Monster wirklich „frisst", muss der Mund des Monsters abwechselnd offen und geschlossen sein. Ergänze ein Attribut mundIstZu, welches angibt, ob der Mund zu ist (wahr) oder offen (falsch). Ergänze die Methode *AktionAusführen* so, dass zu Beginn die Monsterfigur abhängig von mundIstZu offen oder geschlossen dargestellt wird und das Attribut den passenden Wert erhält.

7 Forschungsauftrag: Zurück zum Start

a Viele technische Geräte werden heutzutage von Microcontrollern (Minicomputern) gesteuert. Bei diesen Geräten gibt es bei den Bedienelementen oft ein „Zurücksetzen auf Werkseinstellungen". Überlege, welche Attribute bei einem Fernseher vom Zurücksetzen betroffen sein könnten und welche Werte die Attribute nach dem Zurücksetzen haben könnten.

b Auch jedes Handy hat in seinen Einstellungen einen Menüpunkt zum Zurücksetzen. Überlege dir Attribute deines Handys, die von dem Menüpunkt „Zurücksetzen" betroffen sein sollten. Ermittle für wenigstens fünf dieser Attribute, welchen Wert sie jetzt haben und welchen Wert sie nach dem Zurücksetzen haben müssten. Zeichne für dein Handy dazu zwei Objektdiagramme mit den ausgewählten Attributen, eines für „vor dem Zurücksetzen" und eines für „nach dem Zurücksetzen".

c Bei modernen Autos wird viel digital gesteuert und gespeichert. Für Einstellungen zur Art der Anzeige gibt es immer einen Menüpunkt „Zurücksetzen". Begründe, warum die Anzeige des Kilometerstandes nicht zurückgesetzt werden kann und darf.

4.7 Vielseitig einsetzbar: Weitere Kontrollstrukturen

Am John-von-Neumann-Gymnasium ist Abiturfeier! Die Schülerinnen und Schüler dürfen über einen Laufsteg zur Schulleitung gehen, um sich die Zeugnisse abzuholen. Der Laufsteg besteht aus Glaswürfeln, die farbig leuchten, mit durchlaufenden Farben oder in den Lieblingsfarben der jeweiligen Abiturienten.
Das Technikteam hat vorab eine Simulation erstellt, um die Steuerung zu testen.

a Erkunde, wie im Projekt Catwalk die Festlegung der nächsten Farbe realisiert ist.
b Erprobe, wie eine alternative Lösung mit bedingten Anweisungen möglich wäre.
c Erkunde, wie die Beleuchtung des Catwalks gesteuert wird.
d Erprobe eine Beleuchtung in deinen Lieblingsfarben.

Die Zählwiederholung

In der Unterstufe wurde für Wiederholungen, bei denen die Anzahl der Durchläufe bekannt war, die Wiederholung mit fester Anzahl verwendet. Bei vielen Aufgabenstellungen benötigt man aber die Information, zum wievielten Mal man eine zu wiederholende Sequenz ausführt. Daher stellen die meisten Programmiersprachen als weitere Kontrollstruktur eine erweiterte Form der Wiederholung mit fester Anzahl bereit, bei der eine Variable mitgeführt wird, die für jeden Durchlauf hoch- oder heruntergezählt wird, die **Zählwiederholung**.
Mit Hilfe der Zählwiederholung kann eine Methode *SpiraleZeichnen()* der Turtle sehr einfach und übersichtlich formuliert werden.

*Zählvariable (**lokale Variable**, d.h. eine Variable, die nur innerhalb einer Methode bzw. hier innerhalb der Wiederholung existiert)*

Startwert *Endwert* *Schrittweite*

```
zähle nummer von 1 bis 8 schritt 1
    selbst.Gehen(nummer*50)
    selbst.Drehen(90)
endezähle
```

zähle nummer von 1 bis 8 schritt 1
selbst.Gehen(nummer*50) selbst.Drehen(90)

Java
```
void SpiraleZeichnen()
{
    for (int nummer = 1; nummer <= 8; nummer = nummer + 1)
    {
        this.Gehen(nummer*50);
        this.Drehen(90);
    }
}
```

Stride
```
public void SpiraleZeichnen()
    for each ( int nummer in 1 .. 8 )
        this.Gehen(nummer * 50)
        this.Drehen(90)
```

Swift
```
func SpiraleZeichnen()
{
    for nummer in 1 ... 8
    {
        self.Gehen(länge:nummer*50)
        self.Drehen(winkel:90)
    }
}
```

Python
```
def SpiraleZeichnen(self):
    for nummer in range(1, 9):
        self.Gehen(nummer*50)
        self.Drehen(90)
```

Die Mehrfachauswahl

Einfacher und übersichtlicher als die bedingte Anweisung ist bei mehreren zu unterscheidenden Fällen die Kontrollstruktur **Mehrfachauswahl**. Damit kann zum Beispiel für ein Objekt einer Unterklasse von TURTLE strukturierter notiert werden, wie es in der Methode *TasteGedrückt* auf verschiedene Tasten reagiert.

Auswahlwert

Wert für den 1. Fall *Wert für den 2. Fall*

```
unterscheide taste
  fall 's':
     selbst.StiftSenken()
  fall 'h':
     selbst.StiftHeben()
  :
  sonst:
     selbst.Gehen(50)
endeunterscheide
```

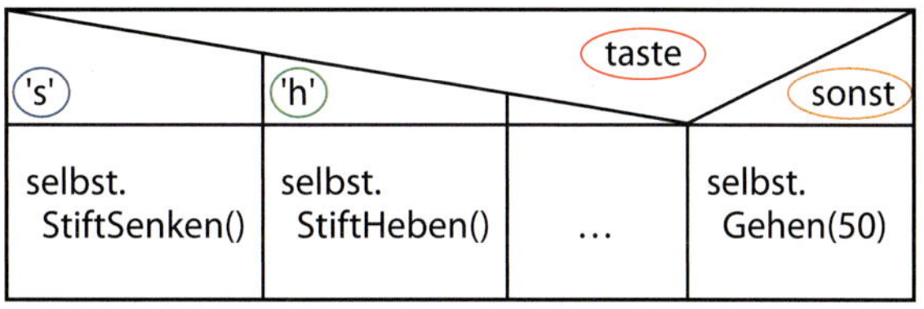

Fall für alle anderen Werte

Java

```
@Override
void TasteGedrückt(char taste)
{
    switch (taste)
    {
        case 's':
            this.StiftSenken();
            break;
        case 'h':
            this.StiftHeben();
            break;
        :
        default:
            this.Gehen(50);
    }
}
```

Stride

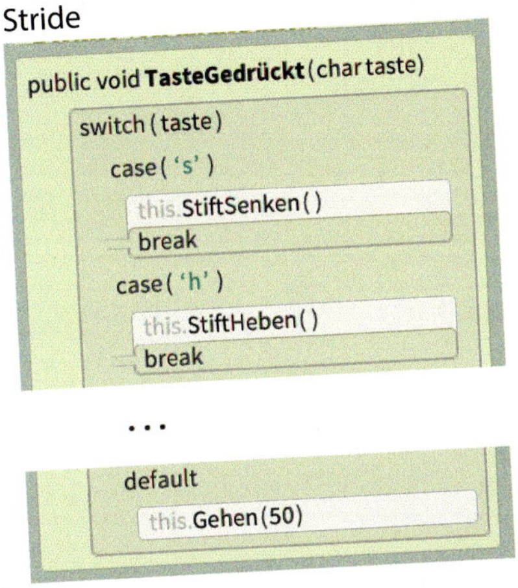

Swift

```
override
func TasteGedrückt(taste: Character)
{
    switch taste
    {
        case "s":
            self.StiftSenken()
        case "h":
            self.StiftHeben()
        :
        default:
            self.Gehen(50)
    }
}
```

Python

```
def TasteGedrückt(self, taste):
    if taste == 's':
        self.StiftSenken()
    elif taste == 'h':
        self.StiftHeben()
    :
    else:
        self.Gehen(50)
```

Falls – wie in Python – eine Mehrfachauswahl nicht möglich ist, kann man oft eine vereinfachte Form der geschachtelten bedingten Anweisung verwenden.

```
wenn taste == 's' dann
  selbst.StiftSenken()
sonstwenn taste == 'h' dann
  selbst.StiftHeben()
  :
sonst
  selbst.Gehen(50)
endewenn
```

Die **Zählwiederholung** wird verwendet, wenn bereits vor Eintritt in die Wiederholung feststeht, wie oft wiederholt werden muss.

zähle nummer **von** anfangswert **bis** endwert **schritt** weite
    Sequenz
endezähle

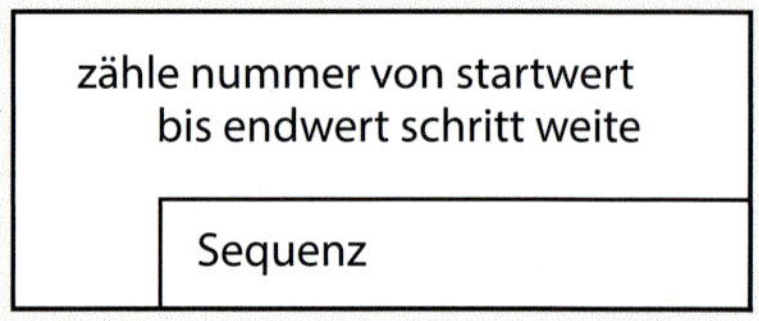

Die Mehrfachauswahl erlaubt abhängig von einem Wert aus beliebig vielen Alternativen zu wählen.

unterscheide auswahlwert
    fall wert1:
        Sequenz 1
    fall wert2:
        Sequenz 2
    ⋮
    sonst:
        Sequenz sonst
endeunterscheide

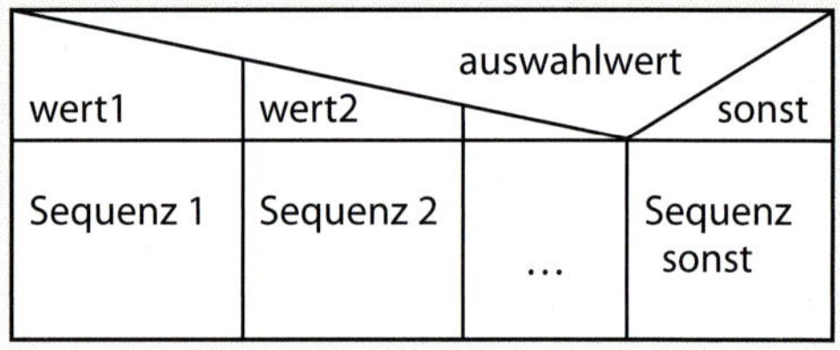

Aufgaben

1 Informatik ist überall: Smoothiemaker

MIXERSTEUERUNG
ausgewählterFeinheitsgrad
Mixen()

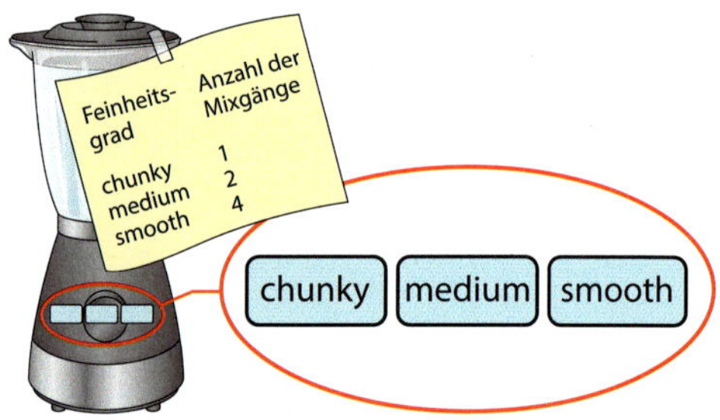

An einer Smoothiebar kann man auswählen, wie fein püriert man sein Getränk serviert bekommt. Ein Mixgang hat eine feste Dauer. Je nach Auswahl können mehrere Mixgänge nötig sein. Drei Schnellwahltasten sind so belegt wie auf der Haftnotiz angegeben.

a Die aktuelle Auswahl ist im Attribut gespeichert. Formuliere einen Algorithmus, der die korrekte Anzahl an Mixgängen in einem Attribut mixgänge festlegt.

b Ergänze den Algorithmus so, dass die korrekte Anzahl an Mixgängen auch durchgeführt wird.

2 Turtle – Mit Zählwiederholung besser

a Erstelle in einer Klasse GEOTURTLE eine Methode *Sechseck()*, welche die Turtle mit Hilfe der Zählwiederholung ein Sechseck mit der Seitenlänge 100 zeichnen lässt.
Tipp: Der Drehwinkel ist 360/6.

b Erstelle in der Klasse GEOTURTLE eine Methode *Achteck()*, welche die Turtle ein Achteck zeichnen lässt. Wenn das Achteck ebenfalls die Kantenlänge 100 bekommt, wird es größer als das Sechseck. Erkläre diese Beobachtung. Probiere aus, welche Kantenlänge das Achteck bekommen muss, damit es etwa gleich groß wie das Sechseck wird.

c Erstelle nun eine Methode *Hundertzwanzigeck()*, welche die Turtle ein 120-Eck zeichnen lässt. Finde heraus, welche Kantenlänge du wählen musst, damit die neue Figur auch wieder ungefähr die Größe des Secksecks hat. Gib an, welcher geometrischen Form sich die Vielecke immer mehr annähern, wenn die Eckenzahl immer größer wird.

3 Mehrfachauswahl

Manche Programmiersprachen erlauben es, den Sonst-Teil der Mehrfachauswahl wegzulassen. Nenne Beispiele, wann dies möglich ist und überlege Gründe dafür, dass andere Programmiersprachen den Sonst-Teil immer verlangen.

4 Krümel und Monster (Teil 5) – Mehrfachauswahl

a Überschreibe in der Klasse MONSTER die Methode *SonderTasteGedrückt(taste)* so, dass
- ein Drücken der Taste „↑" die Monsterfigur um 10 Einheiten nach vorn bewegt,
- ein Drücken der Taste „→" die Monsterfigur um 90° nach rechts dreht,
- ein Drücken der Taste „←" die Monsterfigur um 90° nach links dreht und
- ein Drücken der Taste „↓" die Monsterfigur um 180° dreht.

Verwende dafür die Mehrfachauswahl. Begründe, warum der Sonst-Teil der Mehrfachauswahl keine Anweisungen enthält.

b Ergänze die Klasse MONSTER weiter so, dass bei einem Drücken der Leertaste (Leerzeichen: „␣") die Monsterfigur sich um 50 Einheiten nach vorn bewegt.

5 Figur – Verrückte Reise (Teil 2)

Ein Objekt der Klasse FIGUR soll sich beim Bewegen über die Zeichenfläche von den dort vorhandenen Grafikfiguren beeinflussen lassen. Insbesondere sollen schwarze Ränder dafür sorgen, dass die Figur die Zeichenfläche nicht verlässt.

a Überschreibe in einer Klasse SPIELFIGUR die Methode *AktionAusführen* so, dass sich die Figur
- um 180° dreht und 40 Einheiten weit geht, wenn sie eine schwarze Fläche berührt,
- um 5° dreht und 5 Einheiten weit geht, wenn sie eine rote Fläche berührt,
- um −10° dreht und 5 Einheiten weit geht, wenn sie eine grüne Fläche berührt,
- um 15° dreht und 10 Einheiten weit geht, wenn sie eine blaue Fläche berührt und
- um −5° dreht und 10 Einheiten weit geht, wenn sie eine gelbe Fläche berührt.

Ansonsten geht sie 15 Einheiten gerade aus.

b Begründe, warum du für diese Aufgabe keine Mehrfachauswahl verwenden kannst, sondern dafür bedingte Anweisungen in geeigneter Form verwenden musst.

c Erzeuge nun passende Rand- und Ablenkobjekte. Teste, ob die Ablenkobjekte eher groß oder eher klein sein sollten, um verschlungene Wege zu erhalten.

6 Karol – Zählwiederholung

a Schreibe in einer Klasse TURMBAUROBOTER eine Methode *Quadrat4Legen()*, mit der Karol ein Quadrat der Seitenlänge 4 auslegt.

b Ergänze die Klasse TURMBAUROBOTER um eine Methode *TurmBauen()*, welche die Methode *Quadrat4Legen* nutzt und einen Turm der Höhe 10 baut.
Achte darauf, dass die Welt ausreichend hoch ist.

c Die Methode *TurmBauen* hätte auch ohne Verwendung von *Quadrat4Legen* mit drei geschachtelten Zählwiederholungen umgesetzt werden können. Vergleiche die beiden Möglichkeiten und begründe, welche Umsetzung dir geeigneter erscheint.

d Überlege dir eine neue Ziegelsteinfigur, die Karol mit seinen Fähigkeiten erstellen kann. Die Figur muss so gestaltet sein, dass mindestens dreimal eine Zählwiederholung verwendet wird. Nutze die Fähigkeit von Karol, verschiedenfarbige Steine und Marken zu erstellen.

7 Abiturparty

Nach der Zeugnisverleihung ist am John-von-Neumann-Gymnasium große Abiparty. Die Würfel des Laufstegs werden von der Technikgruppe so umgestellt und ergänzt, dass sie als Tanzfläche genutzt werden können.

a Analysiere die vorgegebene Klasse DANCEFLOOR und beschreibe, wie sie arbeitet. Überprüfe anschließend deine Überlegungen durch Ausprobieren.

b Überlege dir eine eigene Beleuchtung für die Tanzfläche und setze sie unter Verwendung der Zählwiederholung in einer eigenen Klasse um.

8 Wachsender Baum

Trickfilme wurden früher mühsam Bild für Bild von Hand gezeichnet. Moderne computeranimierte Trickfilme nutzen bei ihrer Erstellung auch die Kontrollstrukturen, um Abläufe zu steuern und eine Abfolge von Bildern zu erzeugen. Im Beispiel soll ein einfacher Trickfilm erzeugt werden, der einen Baum im Laufe der Jahreszeiten und über die Jahre hinweg simuliert.

a Experimentiere im vorgegebenen Projekt mit der Klasse BAUM und finde heraus, was die gegebenen Methoden leisten.

b Erstelle eine Unterklasse WACHSENDERBAUM. Überschreibe die Methode *AktionAusführen* so, dass der Baum mit Hilfe einer Mehrfachauswahl je nach aktueller Jahreszeit in die nachfolgende Jahreszeit überführt wird. Im Frühling soll der Baum zudem wachsen.

c Ergänze deinen Film um eigene Ideen (z. B. Baum kippt nach 200 Jahren um) oder erstelle selbst einen eigenen Film.

9 Druckaufträge

Benötigt man ein Bild oder einen Text mehrfach, kann man beim Druckauftrag eine Anzahl angeben – der Drucker wiederholt passend zur Eingabe den Druckvorgang.

a Erkunde im Projekt Drucker, mit welcher Kontrollstruktur das wiederholte Drucken umgesetzt wurde und führe den "Druckauftrag" einmal aus.

b Ändere den Quelltext so, dass das Bild acht Mal ausgedruckt wird.

c Verbessere die Methode *Drucken()* so, dass über einen Parameter die Anzahl der Ausdrucke eingegeben werden kann.

d Ergänze einen weiteren Parameter zur Auswahl des zu druckenden Motivs. Zum Beispiel wird mit dem Methodenaufruf *Drucken(5, 'K')* die Katze fünfmal gedruckt.

10 2D-Spielwelt (Teil 6): Achtung Florian, die Pilze sind giftig!

In der Blumenwelt gibt es nicht nur Blumen, sondern auch giftige Pilze. Wenn Florian einen verspeist, wird er krank und als Strafe erhöht sich die Anzahl der Schritte um 10.

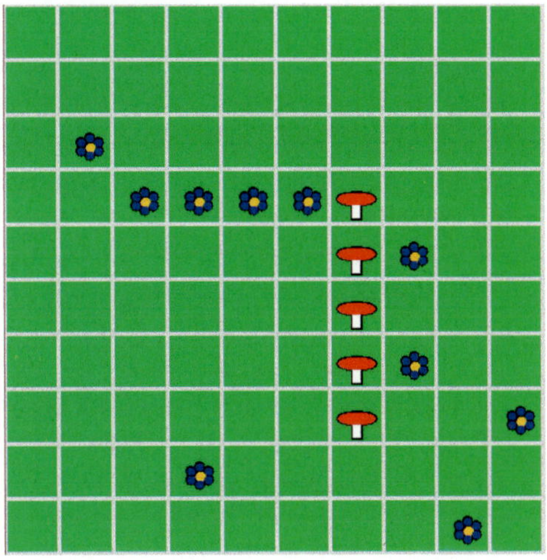

a In dem Projekt wurde eine neue Klasse FLIEGENPILZ ergänzt. Erweitere die Klasse BLUMENWELT mit Hilfe einer Zählwiederholung so, dass eine vertikale Reihe mit 5 Fliegenpilzen erzeugt wird.

b Ergänze die Klasse FLORIAN so, dass er eine Strafe bei der Berührung eines Pilzes erhält.

c Programmiere das Spielende: Wenn alle Blumen gepflückt sind, endet die automatische Bewegung und die Anzahl der gegangenen Schritte wird angezeigt. Hinweis: Deine Lehrkraft gibt dir zwei Codeschnipsel, die dir bei der Anzeige und dem Ende der automatischen Bewegung helfen.

d Überlege dir eine zusätzliche Funktionalität oder eine andere individuelle Gestaltung für das Spiel und setze sie um. Eine Möglichkeit wäre, über andere Objekte auf der Wiese Bonuspunkte zu sammeln.

e Für Schnelle: Dass Florian nach dem Verspeisen eines Pilzes krank wird, sollte man ihm ansehen. Ergänze dein Programm so, dass sich das Aussehen von Florian für fünf Schritte verändert. Danach hat er sich wieder regeneriert.

f Für ganz Schnelle: Vergrößere die Welt von Florian z. B. auf 20 mal 20 Zellen, damit das Spiel anspruchsvoller wird. Beachte: Es ist nicht ausreichend, nur die Anzahl der Zellen zu erhöhen. Weitere Anpassungen, beispielsweise bei den Grafiken, sind auch nötig.

4.8 Methoden mit Rückgabewert und Variablenkonzept

Bei vielen der bisherigen Beispiele wie Krümel und Monster oder Regentropfen musstest du eine ganze Reihe von Hilfsobjekten anlegen, um eine passende Testsituation herzustellen.

a Erkunde, wie im Projekt SzenariumAufbauen in der Klasse AUFBAU die Objekte angelegt werden.

b Vergleiche das durch das Projekt erzeugte Bild mit dem Bild rechts. Ergänze das Projekt so, dass das rote Dreieck wie rechts abgebildet gezeichnet wird.

c Erkunde, wie in der Klasse AUFBAU2 erreicht wird, dass die Objekte zufällige Positionen einnehmen. Ergänze die Klasse so, dass auch die Größen der Objekte zufällig festgelegt werden.

Alle Objekte automatisch anlegen

Du kannst alle Objekte, die für eine bestimmte Aufgabe benötigt werden, automatisch im Konstruktor einer eigenen Klasse anlegen lassen. Allerdings musst du dafür in der Regel passende eigene Unterklassen der vorhandenen Klassen erstellen, in denen du den Anfangszustand der Objekte wie gewünscht festlegen kannst. Hilfreich dafür sind Konstruktoren mit Parametern.

→ 4.6

→ L12

Zufälle

Oft möchte man gar nicht jedes Mal den genau gleichen Anfangszustand aller Objekte: Beispielsweise bei Simulationen oder Spielen (Ort der Figuren, Fähigkeiten der Figuren) soll er in einem vorgegebenen Rahmen zufällig variieren.

Dafür gibt es in der Bibliothek jeder Programmiersprache eine Klasse ZUFALL; Objekte dieser Klasse haben mindestens eine Methode *KommazahlGeben()*, die eine Zahl aus dem Intervall [0; 1[zurückgibt. Zur Vereinfachung existiert in der Regel auch eine Methode *GanzzahlGeben(obergrenze)*, die bei jedem Aufruf eine ganze Zahl aus dem Intervall [0; obergrenze[zurückgibt.

ZUFALL
KommazahlGeben() GanzzahlGeben(obergrenze)

Folgendes Beispiel erzeugt 10 zufällig auf der Zeichenfläche positionierte Hindernisse (Rechtecke fester Größe und Farbe) für ein Spiel.

```
klasse RAHMEN
  attribut zufall: ZUFALL
  konstruktor()
    zufall = neu ZUFALL()
    zähle nummer von 1 bis 10
      neu HINDERNIS(zufall.GanzzahlGeben(600),zufall.GanzzahlGeben(400))
    endezähle
    // anlegen weiterer Objekte
  endekonstruktor
endeklasse
```

Attribut zum Speichern des Zufallsobjekts

Erzeugen des Zufallsobjekts

Verwenden des Zufallsobjekts

Werte aufheben in Variablen

Werte können in Attributen, Parametern oder lokalen Variablen (auch „lokale Attribute" genannt) gespeichert werden. All diese Möglichkeiten zum Speichern von Werten werden allgemein unter dem Begriff **Variable** zusammengefasst. Variable kann man sich wie Schachteln vorstellen, in denen Werte aufbewahrt werden.

→ 4.6

Ob bei der Vereinbarung einer Variablen der zugehörige Datentyp angegeben werden muss, hängt von der Programmiersprache ab.

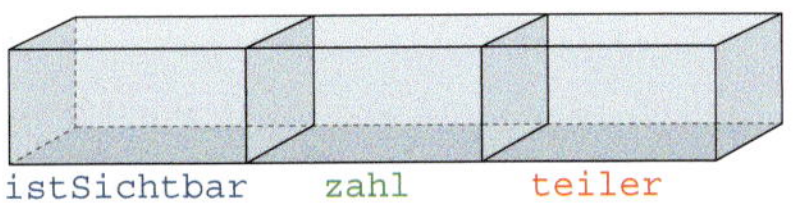


```
attribut istSichtbar: WAHRHEITSWERT
```

Attribut *Parameter*

```
methode BerechneTeiler (zahl: GANZZAHL)
    var teiler: GANZZAHL
```

Lokale Variable

Zustände von Objekten

Ein Objekt kann während seiner Existenz viele Zustände annehmen. Der **Zustand** eines Objekts ist festgelegt durch die Werte aller Attribute dieses Objekts. Das Verändern eines oder mehrerer Attributwerte bewirkt einen **Zustandsübergang**.

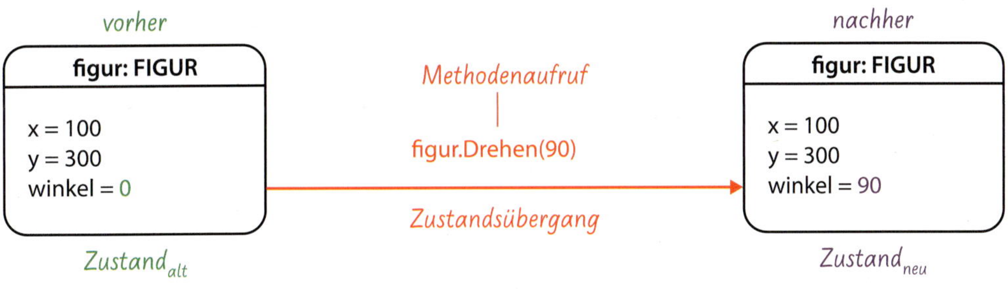

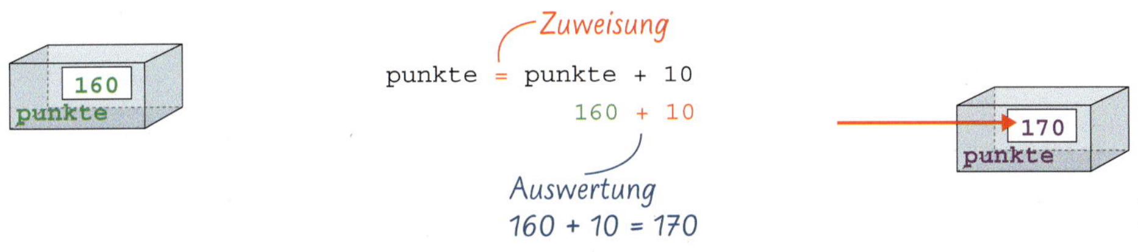

Die Methode *BonusErhöhen()* einer Klasse SPIEL vergrößert den Punktestand (Attribut punkte) um 10 Einheiten.

Methoden mit Rückgabewert

Werte können auch das Ergebnis von Methodenaufrufen mit Rückgabewert (Funktionen) sein.

Methode hat Rückgabewert vom Typ GANZZAHL

```
methode SummeBerechnen(s1: GANZZAHL, s2: GANZZAHL) -> GANZZAHL
  rückkehrmitwert s1 + s2
endemethode
```

Wert wird zurückgegeben

Java
```
int SummeBerechnen(int s1, int s2)
{
  return s1 + s2;
}
```

Stride
```
public int SummeBerechnen(int s1, int s2)
  return s1 + s2
```

Python
```
def SummeBerechnen(self, s1, s2):
    return s1 + s2
```

Swift
```
func SummeBerechnen(s1: Int, s2: Int) -> Int
{
    return s1 + s2
}
```

Spezielle Methoden mit Rückgabewert sind auch die sogenannten **Getter-Methoden.** Sie liefern einfach den Wert eines Attributs zurück (z. B. *XPositionGeben()* oder *WinkelGeben()* bei der Klasse FIGUR). Als **Setter-Methoden** bezeichnet man die Methoden, die das Setzen eines Attributwerts für die Klasse kontrollierbar machen (*WinkelSetzen(winkel)* in FIGUR).

Variable sind allgemein eine Möglichkeit, Werte zu speichern. Dazu gehören Attribute, Parameter und lokale Variable.
Der **Zustand** eines Objekts ist festgelegt durch die Werte all seiner Attribute. Durch die **Zuweisung** eines neuen Werts an eine Variable findet ein **Zustandsübergang** statt.
Getter- und **Setter-Methoden** erlauben den kontrollierten Zugriff auf Attribute.

Aufgaben

1 Informatik ist überall: Programmierbarer Rasensprenger

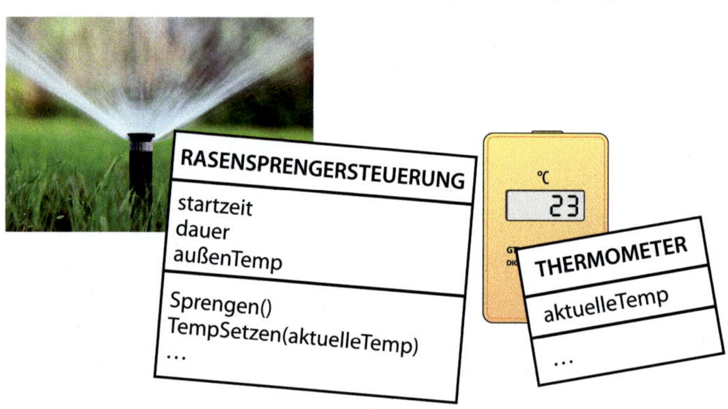

Ein programmierbarer Rasensprenger wässert den Rasen termingerecht, falls Zeitpunkt und Dauer eingestellt wurden. Ansonsten folgt er vorprogrammierten Regeln, die von der Außentemperatur abhängen. Einstellungen werden per App vorgenommen: Nach Tippen auf Senden werden die eingegebenen Werte an die Rasensprengersteuerung gesendet.

a Gib den vollständigen Code zweier weiterer Methoden der Rasensprengersteuerung an, mit denen die Werte passend gesetzt werden können.

Die Außentemperatur erhält der Sprenger von einem angeschlossenen Thermometer.

b Gib den Code der Methode der Klasse THERMOMETER an, die notwendig ist, damit die Temperatur des Thermometers abgefragt werden kann.

c Gib in deiner Programmiersprache an, wie die Temperatur eines Thermometers t abgefragt und in einer lokalen Variable gespeichert wird; gib weiter an, wie der Wert der Variablen in einer Rasensprengersteuerung rss gespeichert wird.

d Stelle den Zustand des Objekts rss nach Ausführung der Methoden aus a) und c) mit Hilfe einer Objektkarte dar.

2 Einfache Grafik – Pflastern

a Erstelle eine Klasse PFLASTERSTEIN als Unterklasse von RECHTECK. Dem Konstruktor kann die Position als Spalten- und Zeilennummer übergeben werden. Der Konstruktor soll die Farbe des Pflastersteins als „rot" und seine Größe als Quadrat der Seitenlänge 20 festlegen. Die Position soll so gesetzt werden, dass der Stein die angegebene Spalten- und Zeilenposition einnimmt; zwischen den Steinen soll eine Fuge der Breite 2 sein.

b Erstelle ein Klasse PFLASTERUNG, die im Konstruktor einen Weg erzeugt, der 20 Steine lang und der 5 Steine breit ist.

c Erweitere die Klassen PFLASTERSTEIN und PFLASTERUNG so, dass dem Konstruktor von PFLASTERUNG die Farbe und Größe der Pflastersteine sowie Länge und Breite des Wegs übergeben werden können.

3 Besseres Rechteck

Erstelle eine Klasse BESSERESRECHTECK, die die Klasse RECHTECK um die folgenden Methoden ergänzt.

a **methode** *BreiteGeben()* → GANZZAHL

b **methode** *HöheGeben()* → GANZZAHL

c **methode** *FlächeninhaltGeben()* → GANZZAHL

d **methode** *BreiteSetzen(wert: GANZZAHL)*
Hinweis: Nutze die Methode *GrößeSetzen* in Verbindung mit der in b) entwickelten Methode.

e **methode** *IstQuadratGeben()* → WAHRHEITSWERT
Gibt zurück, ob ein Rechteck ein Quadrat ist oder nicht.

4 Regentropfen (Teil 4)

a Ändere den Konstruktor der Klasse REGENTROPFEN so ab, dass er den Regentropfen zufällig in geeigneter Höhe und an beliebiger x-Koordinate platziert.

b Ergänze in deinem Projekt eine Klasse REGEN, in welcher – statt wie bisher in REGENTROPFEN – die Bodenelemente platziert und dann 30 Regentropfen erzeugt werden.

c Die Klasse REGEN soll nun von EREIGNISBEHANDLUNG erben. In der (überschriebenen) Methode *TaktimpulsAusführen* soll jeweils ein neuer Regentropfen erzeugt werden. Der Konstruktor der Klasse REGEN soll keine Regentropfen mehr erzeugen, dafür aber den Takt starten. Finde heraus, welche Methode der Klasse EREIGNISBEHANDLUNG dazu aufgerufen werden muss.

d Für Schnelle: Überschreibe nun auch die Methode *MausGeklickt*. Erzeuge jeweils einen Regentropfen an der Stelle, an der die Maus geklickt wurde. Hinweis: Du musst dafür einen weiteren Konstruktor in der Klasse REGENTROPFEN ergänzen.

5 Krümel und Monster (Teil 6)

a Ergänze in deinem Krümel und Monster-Projekt eine Klasse RAHMEN, deren Konstruktor automatisch 40 Krümel mit zufälliger Position sowie die Monster-Figur erzeugt.

b Lasse die Klasse RAHMEN von EREIGNISBEHANDLUNG erben und starte den Taktgenerator beim Anlegen des Rahmenobjekts.

c Du kannst in der Klasse RAHMEN auch einen richtigen Monster-Parcours aufbauen, indem du graue Rechtecke als Hindernisse erzeugst und die Krümel gezielt in den freien Plätzen zwischen den Hindernissen platzierst. Damit die Monsterfigur nicht in ein Hindernis hineinläuft, kannst du sie automatisch einen Schritt zurückgehen lassen, wenn sie ein Hindernis berührt. Ergänze deine Klassen entsprechend.

6 Figur – Verrückte Reise (Teil 3)

Für die verrückte Reise der Figur kannst du in einer Klasse RAHMEN alle Hilfsflächen automatisch erzeugen.

a Erstelle je eine Klasse RECHTECKBESSER, KREISBESSER und DREIECKBESSER als Unterklasse von RECHTECK, KREIS, bzw. DREIECK, deren Konstruktor es jeweils erlaubt, die Grafikfigur gleich mit gewünschter Größe, Position und Farbe anzulegen.

b Erstelle eine Klasse RAHMEN, deren Konstruktor alle benötigten Hilfsflächen und das Figur-Objekt anlegt.

7 Zustandsänderungen

a Der Aufruf der Methode *Gehen* bewirkt einen Zustandsübergang eines TURTLE-Objekts. Überlege, welche Attribute dabei ihren Wert ändern. Teste deine Überlegungen, indem du dir die Attributwerte vor und nach dem Aufruf von *Gehen* anzeigen lässt. Zeichne auch die Objektdiagramme für das Objekt vor und nach dem Methodenaufruf.

b Auch die Aufrufe von *Drehen*, *StiftHeben* und *StiftSenken* bewirken Zustandsübergänge. Überlege dir, welche Attribute dadurch verändert werden könnten. Überprüfe wieder durch Anzeigen der Attribute und ihrer Werte.

c Der Aufruf der Methode *PositionSetzen(x, y)* bei einem Objekt der Klassen RECHTECK, DREIECK oder KREIS bewirkt einen Zustandsübergang des jeweiligen Objekts. Überlege, welche Attribute dabei ihren Wert ändern. Teste deine Überlegungen, indem du dir die Attributwerte vor und nach dem Aufruf von *PositionSetzen* anzeigen lässt.

d Auch die Aufrufe der anderen Methoden der einfachen Grafikobjekte bewirken Zustandsübergänge. Überlege dir, welche Attribute dadurch verändert werden könnten. Überprüfe wieder durch Anzeigen der Attribute und ihrer Werte.

e Erstelle für Karol je ein Objektdiagramm für den Zustand Z1 (links) und den Zustand Z2 (rechts). Du brauchst nur die veränderten Attribute anzugeben. Gib auch eine Folge von Methodenaufrufen in Punktnotation an, die diesen Zustandsübergang bewirken.

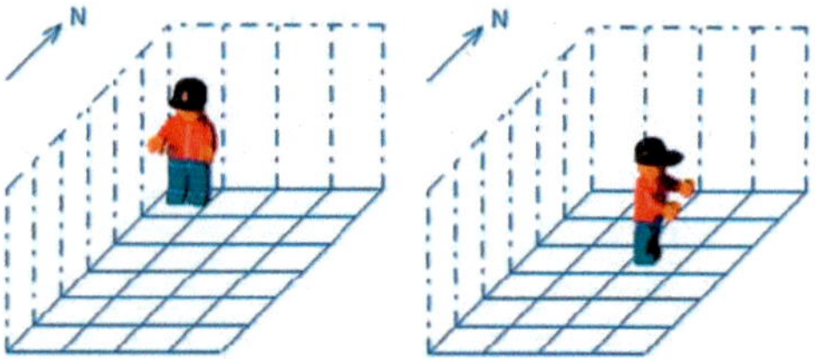

*8 Abiturparty (Teil 2)

Das Technikteam des John-von-Neumann-Gymnasiums Infohausen ist mit den bisherigen Steuerungen des Laufstegs und der Tanzfläche noch nicht zufrieden. Es soll jetzt auch möglich sein, die feste Abfolge der Lichter durch eine zufallsgesteuerte Programmierung zu ergänzen.

a Baue die Einstiegsaufgabe zum Laufsteg aus dem vorigen Kapitel so um, dass die jeweils erste Lampe des Lauflichts eine zufällige Farbe hat.

b Baue die Aufgabe zur Tanzfläche aus dem vorigen Kapitel (Aufgabe 7) so um, dass alle Lampen der Tanzfläche eine zufällige Farbe erhalten.

***9 Zahlenraten**

Wie schnell kannst du eine Zahl erraten? Programmiere folgendes Spiel und teste dich dann selbst. Das Programm erzeugt eine Zufallszahl im Bereich von 1 bis 100. Über den Aufruf der Methode *RatezahlEingeben(neueZahl)* hast du die Möglichkeit, eine Zahl einzugeben. Durch die Farbe eines Kreises wird zurückgemeldet, ob die geratene Zahl zu niedrig (blau) oder zu hoch (rot) ist oder ob die Zahl erraten wurde (grün). Jeder Rateversuch wird mitgezählt und die Anzahl der Versuche wird am Ende ausgegeben. Programmiere das Spiel.
Für Schnelle: Achte auf eine gute Benutzerfreundlichkeit. Zu Spielbeginn soll eine kleine Spielbeschreibung ausgegeben werden und bei falschen Eingaben – Zahlen die nicht im Bereich 1 bis 100 liegen – soll der Nutzer einen entsprechenden Hinweis bekommen.

***10 2D-Spielwelt (Teil 7): Florian sammelt Blumen**

a Gestalte das Spiel variantenreicher, indem z. B. fünf Blumen und drei Pilze beim Erzeugen der Blumenwelt dort an zufälligen Positionen verteilt werden.

b Überlege dir eine Erweiterung des Spiels und setze sie um. Beispielsweise könntest du Hindernisse programmieren, die Florian den Weg versperren.

11 Jäger und Beute – Maussteuerung

Ein Beuteobjekt (roter Kreis) bewegt sich zufallsgesteuert über das Spielfeld. Der Jäger (blaues Quadrat mit gelbem Pfeil) muss das Beuteobjekt berühren. Seine Richtung kann durch Mausklicks gesteuert werden: Jeder Mausklick dreht den Jäger genau in Richtung des Klicks.

a Die Klasse BEUTE im Projekt JägerUndBeuteStart erbt von FIGUR. Ergänze in der Klasse BEUTE den Konstruktor so, dass die Beute das von dir gewünschte Aussehen bekommt. Beim Berühren wird die Methode *Umfärben* aufgerufen. Ergänze die Methode, so dass sich das Aussehen der Beute passend verändert.

b Ergänze den Konstruktor der Klasse JÄGER so, dass der Jäger das von dir gewünschte Aussehen bekommt.

c Erweitere die Klasse JÄGER um einen Zufallsgenerator (du kannst in der Klasse BEUTE nachsehen) und sorge dafür, dass der Jäger mit zufälliger Startposition und zufälligem Winkel beginnt.

d Analysiere in der Klasse JÄGER, wie ein Mausklick verarbeitet wird. Beschreibe dabei insbesondere die Aufgabe der Methode *RichtungGeben*, ohne dabei auf deren Implementierung einzugehen. Gib die Bedeutung der einzelnen Teile des Kopfs dieser Methode an und nenne die Anweisung, mit der das Ergebnis zurückgegeben wird.

e Ergänze in der Klasse JÄGER ein Attribut zum Zählen der Berührungen von Jäger und Beute.

f Ergänze die Klasse BEUTE so, dass die Beute an einen neuen, zufällig bestimmten Ort wechselt, wenn sie berührt wurde.

g Ergänze die Klasse BEUTE so, dass das Umfärben der Beute nach z. B. 10 Taktimpulsen rückgängig gemacht wird.

h Für Schnelle: Recherchiere im Internet die Bedeutung der Funktion Arcustangens. Gib mit Hilfe dieser Beschreibung an, wie die Methode *RichtungGeben* ihre Aufgabe erfüllt.

4.9 Miniprojekte – Modellieren in der Informatik

Von der Idee zur Umsetzung

Unabhängig davon, ob eine Funktion für ein Rechenblatt, eine Datenbank oder ein Programm/eine App erstellt wird, die grundlegende Vorgehensweise ist immer die gleiche:

→ 2.3

- **Zielfindung oder Anforderungsliste:** Genau überlegen, was das Rechenblatt, die Datenbank oder das Programm am Ende können soll,
- **Schwerpunktsetzung:** nur die dafür wichtigen Dinge betrachten,
- **Fokussierung:** diese wichtigen Dinge so einfach wie möglich und so umfassend wie nötig zusammenfassen,
- **Entwurf:** diese Dinge dann mit einer normierten Darstellungsform beschreiben,
- **Implementierung:** den Entwurf mit einem passenden Werkzeug umsetzen und
- **Test:** nach der Implementierung das erstellte Produkt testen.

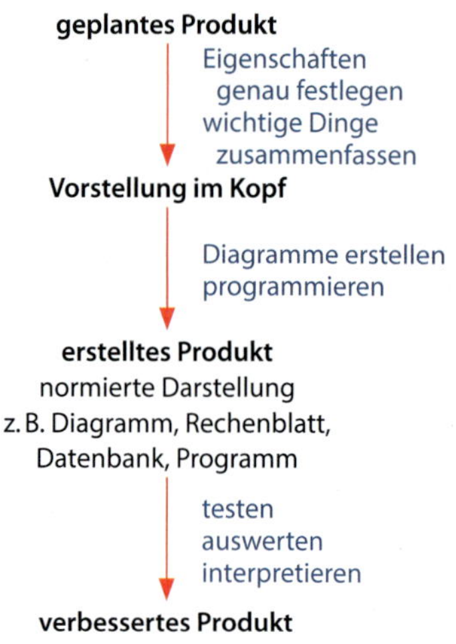

Dabei geht man meist in mehreren Schritten vor. Die ersten Schritte legen Grundideen fest und sind noch sehr informell, z. B. in Alltagssprache beschrieben (**Zielfindung, Schwerpunktsetzung**). Dann schärft man diese Überlegung mit Hilfe von Diagrammen aus; diese sind nicht notwendig restlos exakt (**Entwurf**). Erst der letzte Schritt ist dann vollständig formal und für den Computer verwendbar, d. h., man erstellt die Terme für das Rechenblatt, die Tabellenbeschreibungen und die in SQL formulierten Abfragen für die Datenbank oder das in einer Programmiersprache erstellte Programm (**Implementierung**).
Die folgende Tabelle gibt einen knappen Überblick über die in diesem Schuljahr angesprochenen Modellierungsarten, typische Diagramme für den ersten Modellierungsschritt sowie die Implementierung am Computer.

Modellierungsart	Funktionale Modellierung	Datenmodellierung	Objektorientierte Modellierung
Diagramme (allgemein)	Datenflussdiagramm	Klassendiagramm Tabellenschema	Klassendiagramm Struktogramm
Umsetzung am Computer (formal)	Term im Rechenblatt	Datenbank	Programm (in Programmiersprache erstellt)

Diagramme helfen beim Erstellen

Für erste konkrete Formulierungen der Ideen werden meistens grafische Darstellungen (Diagramme) gewählt. Sie sind sehr übersichtlich und legen Grundlagen fest, aber noch nicht alle Details, und sind daher auch unabhängig vom Zielsystem und können zunächst in Teilen unvollständig sein.

Diagrammart	Modellierung	Inhalt
Datenflussdiagramm	funktionale Modellierung	stellt den Datenfluss innerhalb von Termen dar
Tabellenschema	Datenmodellierung	legt fest, wie Schlüssel umgesetzt werden
Klassendiagramm	objektorientierte Modellierung	stellt die Klassen und ihre Beziehungen dar
	Datenmodellierung	stellt die Klassen dar
Struktogramm	objektorientierte Modellierung	stellt die Algorithmen von Methodenrümpfen programmiersprachenunabhängig dar

Miniprojekte

Auch bei der Erstellung kleinerer Projekte müssen klare Vereinbarungen getroffen werden, welche Aufgaben zu erledigen sind und zu welchem Zeitpunkt diese erledigt sein sollen.

Schrittweises Vorgehen

Ein typisches Vorgehen ist, die Modellierungsschritte der Reihe nach zu bearbeiten. Dabei muss vorab festgelegt werden, wann welcher Schritt abgeschlossen sein muss (Meilensteine).
Je nach Projektgröße kann in der folgenden Übersicht eine Gruppe auch aus einer einzelnen Person bestehen.

Meilen-stein	Beschreibung	Zeitpunkt des Erreichens
1	Einführung in das Projekt; Planung der Teilaufgaben; Gruppeneinteilung; grundlegende Absprachen zwischen den Gruppen (Schnittstellen)	Ende 1. Stunde
2	Erstellen der Diagramme der Teilaufgaben als erstes reales Modell in den Gruppen	Ende 2. Stunde
3	Umsetzung und Test der Teilaufgaben in den Gruppen	Ende 4. Stunde
4	Zusammenführen der Teilergebnisse und Test des Gesamtprogramms	Ende 5. Stunde
5	Vorstellung der Ergebnisse mit Feedback durch die Klasse; Reflexion der Zusammenarbeit	Ende 6. Stunde

Agiles Vorgehen

Eine andere typische Vorgehensweise ist, die Gesamtaufgabe in einzelne Aufgabenpakete zu unterteilen und diese jeweils vollständig fertig zu stellen.

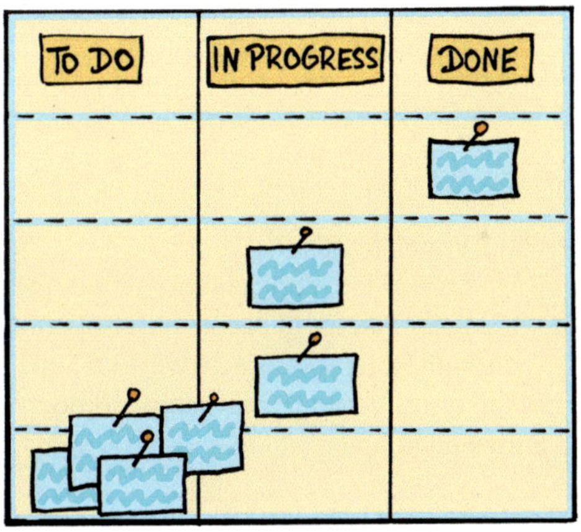

Grobplanung:

- Notiert jede Anforderung an euer Programm als sogenannte User-Story (auf Klebezettel/Karteikarten) mit einem Titel und einer knappen Beschreibung. Achtet auf kleine Aufgabenpakete!
- Entscheidet über die Wichtigkeit der User-Story (Priorisierung): Je kleiner die Zahl, desto wichtiger und desto früher wird die Anforderung umgesetzt.
- Ein Projekt-Board mit den Spalten „To Do“, „In Progress“ und „Done“ gibt einen Überblick über die Ziele und den aktuellen Bearbeitungsstand. Bereitet Euer Projekt-Board vor, indem ihr in Reihenfolge der Priorisierung (wichtigstes oben) eure User-Storys anheftet.

Durchführung:

Setzt entsprechend der Priorisierung in jeder Schulstunde mindestens eine User-Story um (Karte nach „In Progress“ umhängen). Eine kleine Planung vorab (z. B. welche Methode muss in welcher Klasse geschrieben werden) ist hilfreich. Bevor die User-Story in die Spalte „Done“ gehängt wird, sollte die Funktionalität getestet sein. Führt am Ende der Stunde die Ergebnisse zusammen und reflektiert kurz eure Arbeit.

Aufgaben

Die folgenden Aufgaben sind Ideen für mögliche Projekte. Sie können mit den vorgeschlagenen Anforderungen umgesetzt werden. Natürlich sind bei Ergänzungen und Abwandlungen der Phantasie keine Grenzen gesetzt. Für alle Vorschläge gibt es Vorlagen.

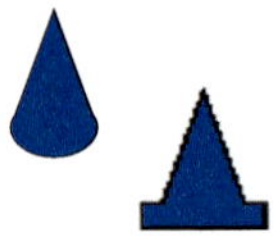

1 Regen
Regentropfen fallen vom Himmel, prallen auf den Boden auf (werden flach), werden anschließend zur Pfütze und verschwinden dann. Eine Steuerklasse (AUFBAU, erbt von EREIGNISBEHANDLUNG) erzeugt als Aktion immer wieder neue Tropfen. Eine Figur, die nach links und rechts bewegt werden kann, muss die Regentropfen einfangen.

2 Luftballone platzen lassen
Eine Rahmenklasse lässt (bunte) Luftballone aufsteigen. Eine durch die Tasten steuerbare Figur muss die Luftballone platzen lassen (berühren). Gezählt wird, wie viele Luftballone in der vorgegebenen Zeit geplatzt sind. Mögliche Steuerung: „→" und „←" drehen die Richtung der Figur um 5° nach rechts oder links, „↑" und „↓" machen die Figur schneller bzw. langsamer.

3 Pong
Ein Ball fliegt schräg über ein Spielfeld. Oben und unten sind Begrenzungsrechtecke, an denen der Ball abprallt. Links und rechts kann ein Schläger (senkrechtes Rechteck) von jeweils einer Person nach oben oder unten gelenkt werden. Der Ball prallt auch vom Schläger ab. Verloren hat, wer den Ball durchsausen lässt.

4 Flieg, Vogel, flieg!
Beim Spiel „Flieg, Vogel, flieg!" befindet sich ein Vogel im Sinkflug, wenn er nicht mittels „Pfeil nach oben"-Taste zum Flattern gebracht wird. Im Spiel muss er den Mauern ausweichen, die sich als Hindernisse auf ihn zubewegen.

5 Arkanoid
Der Ball im rechts abgebildeten Szenarium prallt vom Schläger und den Wänden ab. Manche Steine verschwinden bei der ersten Berührung und lassen dabei den Ball abprallen. Andere Steine färben sich zuerst um und verschwinden erst bei der zweiten Berührung. Diese lassen den Ball nur bei der ersten Berührung abprallen.

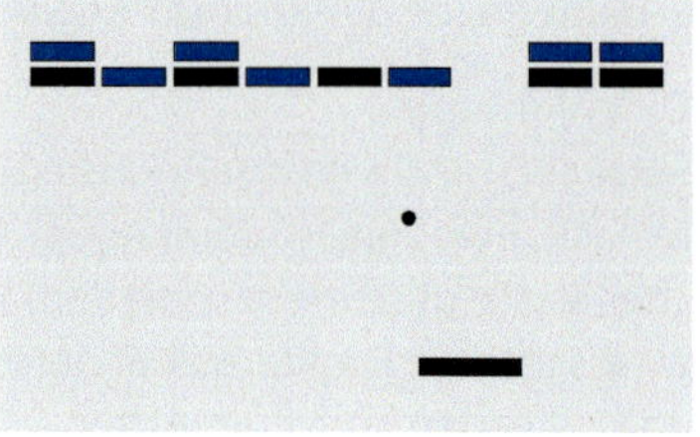

6 Krümel und Monster

Das Monster soll die vorhandenen Krümel fressen. Die Steuerklasse, die auch das Szenarium aufbaut, schaltet nach vorgegebener Zeit den Takt ab und gibt dann aus, wie viele Krümel gefressen worden sind.

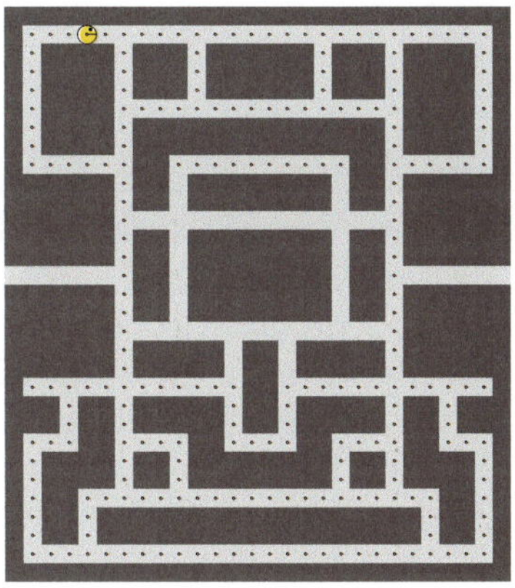

7 Futtersuche von Ameisen

Erstelle eine Simulation zur Futtersuche von Ameisen. Folgende Objekte sind dabei wichtig: ein Ameisenbau, die Ameisenwelt als begrenztes Gebiet, Futter, Ameisen – sie suchen Futter oder transportieren dieses zurück in ihren Bau – und Duftstoff, den die Ameisen beim Transport von Futter in den Bau als Fährte für andere Ameisen regelmäßig ausscheiden.
Hinweis: Einige Tipps findest du unter informatikschulbuch.de.

Teste dich selbst

T1 Richtig oder falsch?

Beurteile, ob folgende Aussagen richtig oder falsch sind. Begründe deine Meinung bei falschen Aussagen und gib eine berichtigte Aussage an:

a Eine Unterklasse erbt nur die Attribute der Oberklasse.
b Der Konstruktor legt den Anfangszustand eines Objekts fest.
c Eine integrierte Entwicklungsumgebung ist eine Programmiersprache, mit der Datenbanken bearbeitet werden können.
d Mit den logischen Funktionen UND sowie ODER können Bedingungen formuliert werden.
e In einer Oberklasse kann eine Methode der Unterklasse überschrieben werden.
f Die beiden Bedingungen `IstSichtbar() == WAHR` und `IstSichtbar()` sind gleichwertig.

T2 Begriffe zuordnen

Ordne die Begriffe rechts den passenden Stellen im Quelltext zu. Die Zeilennummern helfen für eine präzise Angabe.

```
1  methode Üben(kapitelnummer: GANZZAHL)
2    punkte = 0
3    KapitelAufschlagen(kapitelnummer)
4    wiederhole solange AufgabeIstÜbrig() == WAHR
5        AufgabeLösen()
6        wenn Lösung == "Richtig"
7            punkte = punkte + 1
8        endewenn
9    endewiederhole
10 endemethode
```

Methodenkopf
Datentyp
Parameter
Methodenrumpf
Methodenname
bedingte Wiederholung
Zuweisung
Sequenz
bedingte Anweisung

T3 Zustand und Zustandsübergänge

Die beiden Abbildungen zeigen zwei unterschiedliche Zustände des Objekts figur.

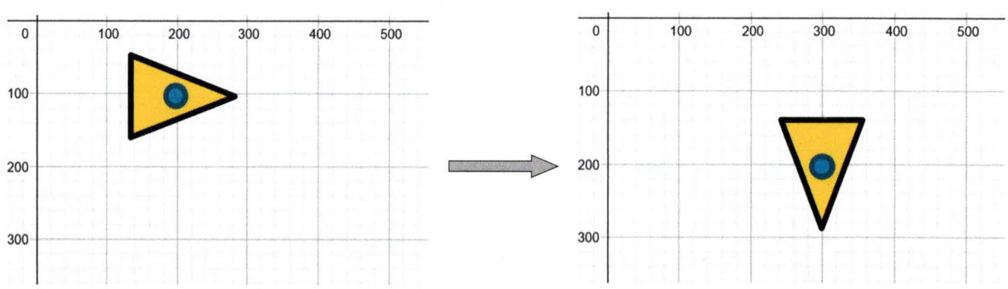

a Zeichne ein Objektdiagramm für die beiden Zustände. Beschränke dich dabei auf die links im Klassendiagramm der Klasse FIGUR angegebenen Attribute.
b Gib die Methodenaufrufe an, die das Objekt vom linken Zustand in den rechten überführen.

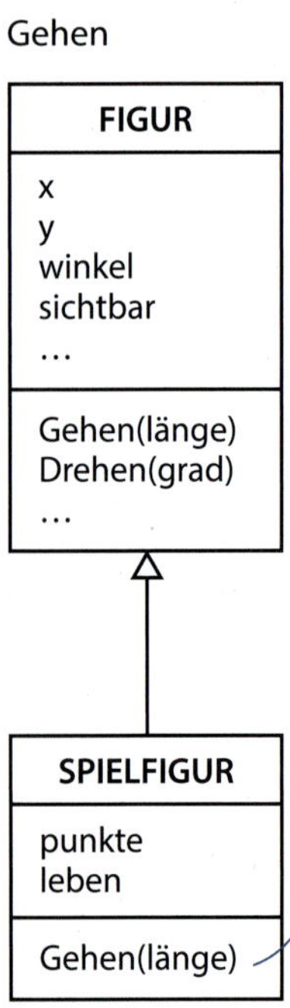

T4 Programmieren

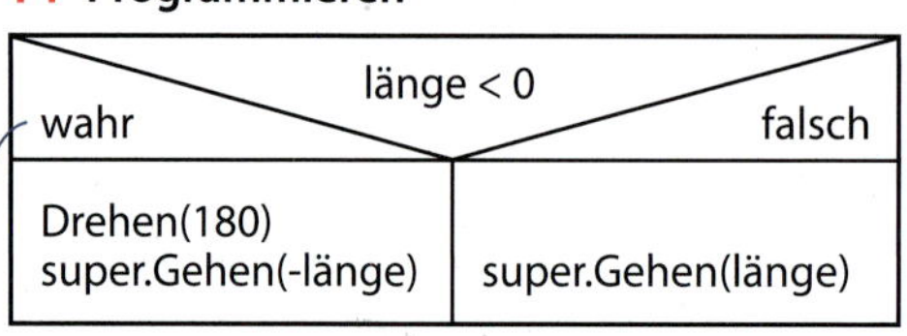

Schreibe den vollständigen Quelltext für die Klasse SPIELFIGUR in deiner Programmiersprache auf. Setze im Konstruktor die Attribute punkte und leben auf einen sinnvollen Startwert.

Projekte mit einer Game-Engine

Eine Game-Engine unterstützt dich beim Entwickeln von Spielen. Sie stellt verschiedene Komponenten zur Verfügung, mit welchen die Spiele einfacher erstellt werden können: Erzeugung von graphischen Benutzeroberflächen, Steuerung des Spielablaufs, Simulation physikalischer Vorgänge, Tastatur- und Maussteuerung, Einbinden von Sound, …

1 Bouncer (ab 4.1)

In dieser Aufgabe lernst du erste Elemente der Game-Engine kennen. Am Ende der Aufgabe wirst du einen „Bouncer" implementieren, also einen Ball, der endlos nach unten fällt und vom Boden wieder abprallt. Die Teilaufgaben davor helfen dir auf dem Weg dorthin.

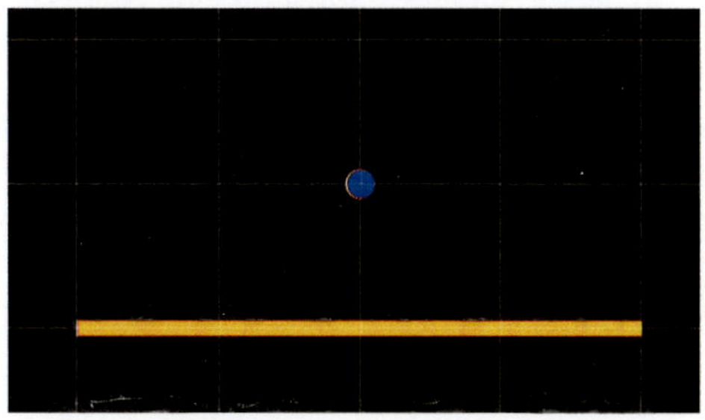

- **a** Erzeuge ein Objekt der Klasse BODEN und betrachte das eingeblendete Koordinatensystem. Gib die Koordinaten vom Mittelpunkt des Fensters an. Nenne den Bereich für sinnvolle x- und y-Koordinaten.
- **b** Rufe nun geeignete Methoden deines Objekts auf und bringe es in eine ähnliche Form wie in der Abbildung.
- **c** Erzeuge zusätzlich ein Objekt der Klasse BALL. Rufe die Methode *macheAktiv* auf und beschreibe ihre Wirkung. Versuche den Ball mit einem geeigneten Methodenaufruf zurück in das Grafikfenster zu holen.
- **d** Rufe nun die Methode *machePassiv* des Bodenobjekts auf und hole anschließend den Ball wieder zurück in den Bildschirm. Beschreibe, wie sich das Verhalten der Objekte nun verändert hat. Formuliere schriftlich die Wirkung der Methode *macheAktiv* und beschreibe, wie aktive Objekte allgemein mit anderen Objekten interagieren, bevor und nachdem ihre Methode *machePassiv* aufgerufen wurde.
- **e** Mit der Methode *setzeElastizitaet(double elastizitaet)* kann angegeben werden, wie sich ein Objekt bei der Berührung eines anderen Objektes verhält. Setze die Elastizität des Balls auf verschiedene Werte zwischen 0.5 und 2 und beobachte die Wirkung. Tipp: Dazu musst du den Ball unter Umständen immer wieder in eine gewisse Höhe über den Boden bringen.
  Für Schnelle etwas Physik für zwischendurch: Erkläre, wie der Wert der Elastizität mit der Energieerhaltung zusammenhängt.
- **f** Erzeuge mit den dir bekannten Mitteln einen „Bouncer", also einen Ball, der endlos springt. Experimentiere weiter mit zwei Bällen, die sich gegenseitig beeinflussen.

2 Lauflicht – Teil I (4.2)

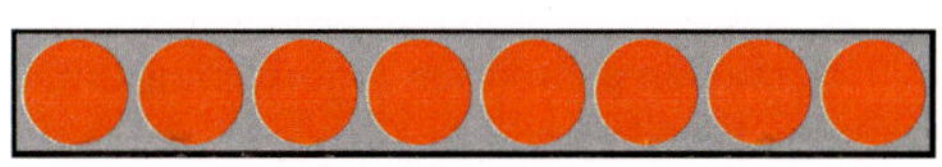

- **a** Erzeuge in deiner Entwicklungsumgebung ein Objekt der Klasse LAUFLICHT und finde heraus, wie du die einzelnen Lichter ein- und wieder ausschalten kannst. Notiere den Methodenaufruf mit dem das Licht an der zweiten Stelle eingeschaltet werden kann.
- **b** Schreibe eine Klasse MEINLAUFLICHT, die von LAUFLICHT erbt. Erstelle darin eine Methode *geradeLichterAn()*, welche alle Lichter mit gerader Nummer einschaltet. Verwende den notierten Methodenaufruf aus a) als Basis und füge weitere Methodenaufrufe hinzu. Erstelle auch eine Methode *geradeLichterAus()*.
- **c** Setze analog dazu zwei Methoden um, mit denen die ungeradzahligen Lichter ein- bzw. wieder ausgeschaltet werden können. Teste deine Methoden, bis alles richtig funktioniert.

d Füge unter Verwendung der bisherigen Methoden die neuen Methoden *alleAn()* und *alleAus()* hinzu.

e Erstelle eine weitere neue Methode *flash()*, welche dreimal abwechselnd die geradzahligen und ungeradzahligen Lichter aufblitzen lässt. Tipp: Verwende die Methode *warte(double sekunden)* für eine Pause zwischen den Blitzen.

f Schreibe eine Methode, mit der ein Licht scheinbar von links nach rechts wandert. Setze das auch in die umgekehrte Richtung um.

g Für Schnelle: Überlege dir weitere interessante Methoden und erstelle aus einer Abfolge von Methodenaufrufen eine Lichtchoreographie.

3 Ampel (4.2, 4.3, 4.4, 4.5)

In dieser Aufgabe kannst du eine Ampelsimulation erstellen, in der es zusätzlich möglich ist, die Ampelphasen mit den Pfeiltasten zu steuern.

a Erzeuge in deiner Entwicklungsumgebung ein Objekt der Klasse AMPEL und erkunde seine Methoden.

b Benenne die dargestellten Ampelphasen und ordne sie in die richtige Reihenfolge.

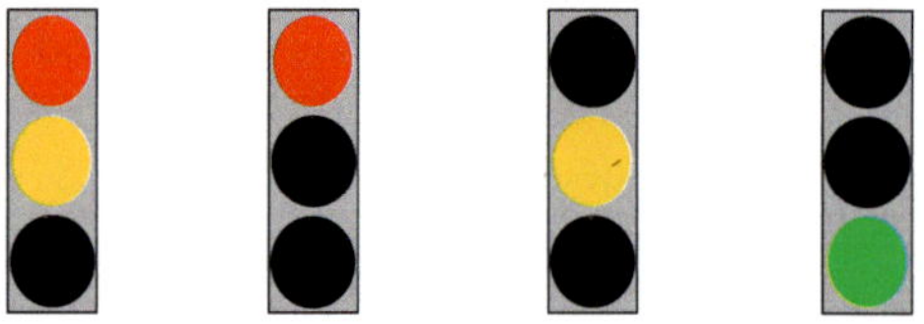

c Schreibe eine Unterklasse von AMPEL und erstelle darin die Methode *rot()*, welche das rote Licht einschaltet und die beiden anderen ausschaltet. Erstelle zu den weiteren drei Ampelphasen auch je eine Methode, in welcher jeweils der Zustand aller drei Lichter festgelegt wird. Schreibe auch eine Methode zum Ausschalten aller Lichter. Teste deine Methoden.

d Entwickle eine Methode *ampeldurchlaufSimulieren()*, welche die bisherigen Methoden und die Methode *warte(double sekunden)* nutzt, um den einmaligen Durchlauf einer Ampel mit den entsprechenden Wartezeiten zu simulieren.

e Nun soll die Ampel auf Eingaben der Computertastatur reagieren. Dafür gibt es eine geerbte Methode. Lies dir ihre Dokumentation mit den Mitteln deiner Entwicklungsumgebung durch.
Erstelle ein Objekt vom Typ der Unterklasse und sorge durch einen Klick in die Kopfzeile des Grafikfensters dafür, dass dieses den Fokus für Tastatureingaben bekommt. Drücke anschließend beliebige Tasten und beobachte die ausgegebenen Zahlen. Halte schriftlich fest, welche Nummern den vier Pfeiltasten zugeordnet werden.

f Überschreibe nun in deiner Klasse die Methode *tasteReagieren(int tastencode)*. Achte dabei darauf, dass du den Methodenkopf exakt aus der Oberklasse übernimmst. Mit den Pfeiltasten soll die Ampel in nebenstehende Phasen geschaltet werden können.

Gelb	Rotgelb	Rot	Grün
←	→	↑	↓

Setze den passenden Algorithmus um. Tipp: Verwende eine geeignete Form der bedingten Anweisung.

g Erstelle eine Methode *einschalten()*, welche mit einer „Endloswiederholung“ (wiederhole solange(WAHR)) endlos die Methode *ampeldurchlaufSimulieren* aufruft. Finde heraus, wie du die Ampel wieder ausschalten kannst.

4 Ball animieren (ab 4.6)

Manchmal ist es wünschenswert, dass gewisse Aufgaben automatisch oder regelmäßig erledigt werden. Solche Mechanismen erbt man in der Regel von einer Oberklasse und überschreibt sie in einer entsprechenden Methode.

a Erzeuge in deiner Entwicklungsumgebung ein Objekt der Klasse BALL. Erkunde die Methoden *starteTickerNeu(double sekunden)* und *stoppeTicker()*. Achte dabei darauf, dass du alle Fenster deines Programms im Blick hast. Halte die Wirkung der Methoden schriftlich fest. Notiere auch die Bedeutung des Parameterwerts.

b Schreibe eine Unterklasse von BALL. Erstelle einen Konstruktor, dem man die Farbe des Balls übergeben kann. Die Farbe wird einfach an den Oberklassenkonstruktor weitergegeben. Der Konstruktor soll auch gleich das Tickersystem starten. Überschreibe die Methode *tick*, so dass bei jedem Aufruf von *tick* der Ball mit der Methode *bewegen* bewegt wird. Überprüfe das Ergebnis deiner Arbeit. Experimentiere mit dem Wert des Tickerintervalls im Rumpf deines Konstruktors bis der Ball das Grafikfenster zügig verlässt.

c Der Ball soll so animiert werden, dass er an den Rändern des Grafikfensters reflektiert wird. Das untenstehende Struktogramm zeigt, wie dies in der Methode *tick* für die rechte und linke Wand umgesetzt werden kann. Analysiert den angegebenen Algorithmus zu zweit. Erklärt euch dazu gegenseitig alle vorkommenden Methodenaufrufe. Setzt das Struktogramm anschließend in Quelltext um und ergänzt auch die Reflexion an der oberen und unteren Wand.

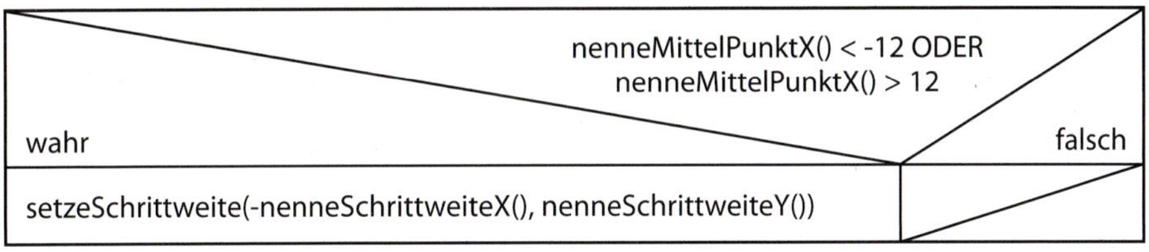

5 Projekt Pong (ab 4.6)

Hier programmierst du eine Variante des Spiels Pong.

a Erzeuge ein Objekt der Klasse PONG und verschaffe dir einen Überblick über seine Methoden. Folgende Fragen helfen dir dabei:
Kannst du die Schläger nach oben und unten bewegen? Wie kannst du den Ball bewegen? Kannst du ihn auf dem Boden springen lassen? Finde den Tastencode der Tasten Pfeil rauf, Pfeil runter, w und s heraus. Notiere dir die Werte, damit du später die Schläger steuern kannst.

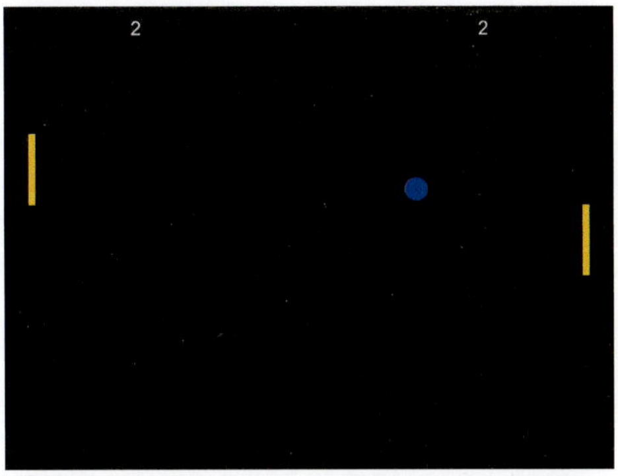

b Erstelle eine Unterklasse von PONG. Bei der Erstellung eines Objekts deiner Klasse müssen die nachfolgenden Aufgaben erledigt werden. Schreibe die passenden Methodenaufrufe in den Konstruktor:

Ball aktiv machen	Ball elastisch machen
Boden passiv machen	Schläger passiv machen

c Damit der Ball nicht nur rauf und runter hüpft, musst du ihm im Konstruktor noch einen seitlichen Stoß mitgeben. Verwende die Methode *ballWirkeImpuls(int x, int y)*. Stelle die Stoßstärke so ein, dass man später noch eine Chance hat, den Ball mit dem Schläger zu spielen.

Für Schnelle: Verwende die geerbte Methode *zufallszahlVonBis(int kleinsterWert, int größterWert)* zusammen mit einer Fallunterscheidung, um den Ball zu Beginn zufällig nach rechts oder links zu stoßen.

d Nun ist es an der Zeit, die Schläger zu bewegen. Hierzu überschreibst du die geerbte Methode *tasteReagieren(int taste)*. Der rechte Schläger soll mit den Pfeiltasten (rauf, runter) gesteuert werden, der linke Schläger reagiert auf die Tasten w und s. Nutze die in Teilaufgabe a) ermittelten Tastencodes für eine bedingte Anweisung.
Hinweis: Anfangs ist eine vertikale Verschiebung von 1 pro Tastendruck ausreichend.
Für Schnelle: Ergänze die Steuerung, so dass die Schläger nicht über den Bildschirmrand hinausbewegt werden können.

e Um die Spiellogik zu vervollständigen, müssen folgende Aufgaben erledigt werden: Wenn der Ball hinter dem rechten Schläger ist, muss der Punktestand des linken Spielers erhöht werden. Anschließend muss der Ball wieder in die Mitte gesetzt werden und einen neuen Impuls bekommen. Analog müssen die gleichen Arbeiten erledigt werden, wenn der Ball hinter dem linken Schläger verschwindet.
Zeichne ein Struktogramm, das diese Aufgaben abbildet.

f Überschreibe die Methode *tick* und setze in ihr das Struktogramm aus e) um.
Tipp: Die x-Koordinaten des rechten und linken Schlägers sind 14 und -14.
Starte zudem im Konstruktor deiner Klasse den Ticker mit beispielsweise 1/10 Sekunde. Verwende dazu die Methode *starteTickerNeu*. Teste deine Arbeit.

6 Lauflicht – Teil II (ab 4.7)

Falls du das Projekt bereits aus Aufgabe 2 kennst, so arbeite hier mit deinem dortigen Endergebnis weiter; verwende ansonsten die Vorlage.

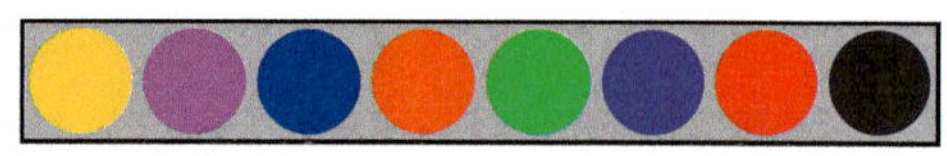

a Fast alle vorhandenen Methoden lassen sich mithilfe von Zählwiederholungen eleganter und oft erheblich kürzer formulieren. Baue die bisherigen Methoden um und verwende Zählwiederholungen. Experimentiere dabei mit dem Anfangswert und der Schrittweite der Zählvariablen.

b Erstelle eine Methode, in der das Lauflicht fünfmal hintereinander von rechts nach links läuft.

c Schreibe eine Methode, die das Lauflicht fünfmal hin und her bewegen lässt.

d Verändere die Methoden aus b) und c), so dass du die Anzahl an Wiederholungen der Methode als Parameter übergibst.

e Für Schnelle: Erstelle eine Methode *zufaelligeFarbeEinstellen()*, die eine Zufallszahl generiert und abhängig von der Zahl eine bestimmte Farbe einstellt. Setze weitere Ideen um.

7 Projekt Jump 'n' Run (ab 4.8)

Als Jump 'n' Run wird ein Computerspiel bezeichnet, indem sich eine Spielfigur laufend und springend fortbewegt. In dieser Aufgabe programmierst du ein solches Spiel. Ziel des Spiels ist es, einen Stern zu holen, der von Wächtern bewacht wird.

a Erzeuge in deiner Entwicklungsumgebung ein Objekt der Klasse JUMPRUN und teste die Wirkung der verschiedenen Methoden der Klasse.

b Schreibe eine Unterklasse von JUMPRUN. Überschreibe die Methode *tasteReagieren*. Die Tabelle zeigt die Wirkung der Tasten.

Pfeil rauf	Sprung nach oben
Pfeil runter	Spielfigur stoppt

Pfeil rechts	gleiten nach rechts
Pfeil links	gleiten nach links

Erzeuge nun ein Objekt deiner Unterklasse und versuche den Stern zu erreichen. (Dabei werden noch alle anderen Objekte außer den Plattformen und den fallenden Kugeln ignoriert.) Verändere bei Bedarf solange die Werte in den Methodenaufrufen innerhalb von *tasteReagieren*, bis du den Stern mit erträglich vielen Tastatureingaben erreichen kannst.

c Zur Interaktion mit den anderen Objekten musst du das Tickersystem in deinem Konstruktor mit einem Intervall von z. B. 0,1 Sekunden starten. Überschreibe zudem die geerbte Methode *tick*. Im Rumpf von *tick()* prüfst du, ob die Spielfigur einen Wächter oder den Kreisel berührt. Ist dies der Fall, so stoppst du das Tickersystem und gibst den Schriftzug „Game Over“ aus. Wenn die Spielfigur den Stern berührt, dann stoppst du auch das Tickersystem, aber gibst den Schriftzug „Gewonnen!!!“ aus.
Spiele dein Spiel, um alles zu testen. Kannst du den Stern erreichen? Variiere bei Bedarf einige Werte bei den Methodenaufrufen in *tasteReagieren*, um das Spielempfinden zu verbessern.

d Eine weitere Schwierigkeit ist es, den Stern mit möglichst wenig Tastendrucken zu erreichen. Die Tastendrucke sollen dazu in der Anzeige mitgezählt werden. Lege zur Umsetzung ein Attribut mit sprechendem Namen von geeignetem Datentyp an und initialisiere es in deinem Konstruktor. Beschreibe, was bei Tastaturereignissen zusätzlich geschehen muss. Teste deine Arbeit. Überprüfe, ob die Anzeige wie beschrieben funktioniert.

Objektorientiere **Programmiersprachen** mit streng festgelegter **Syntax** beschreiben Klassen. **Integrierte Entwicklungsumgebungen** (IDEs) erlauben damit das Erstellen von Objekten und ermöglichen das Senden von Botschaften an diese Objekte durch Punktnotation.

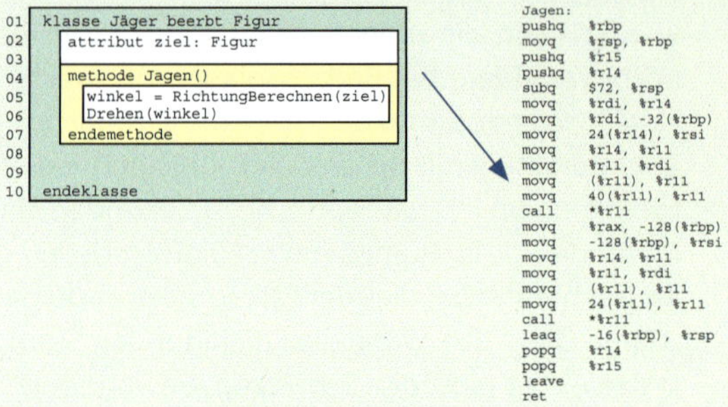

Durch das Konzept der **Vererbung** können Klassen (Baupläne der Objekte) erweitert werden: **Unterklassen** erben von **Oberklassen** alle Attribute und Methoden und können neue Attribute und Methoden ergänzen.
Methodenbeschreibungen bestehen aus dem **Methodenkopf** mit Namen der Methode, Parametern und gegebenenfalls dem Typ des Rückgabewerts sowie dem **Methodenrumpf**, einer **Sequenz** von Anweisungen, welche nach Aufruf der Methode ausgeführt wird.

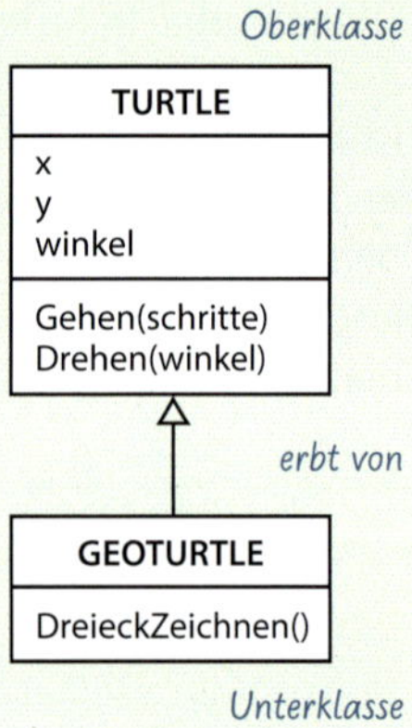

Unterklassen können von der Oberklasse geerbte Methoden neu definieren, sie können diese **überschreiben**.
In der Unterklassenmethode ist es weiterhin möglich, die überschriebene Oberklassenmethode zu nutzen.

```
überschreibe methode Saugen()
    selbst.Kehren()
    super.Saugen()
endemethode
```

Die **bedingte Wiederholung** wird verwendet, wenn eine Sequenz wiederholt werden soll, solange eine Bedingung wahr ist.
Zum Erstellen von Bedingungen können folgende Vergleichsoperatoren verwendet werden:
<, >, <=, >=, ==, !=
Bedingungen können mit logischen Operatoren verknüpft werden:
&& bzw. and (UND), || bzw. or (ODER), ! bzw. not (NICHT)

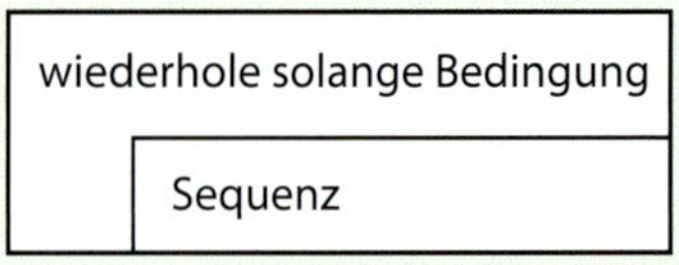

Die **bedingte Anweisung** wird verwendet, um abhängig von einer Bedingung eine von zwei verschiedenen Sequenzen auszuführen.
Ein **Algorithmus** ist eine exakt formulierte Vorgehensweise zum Lösen einer Aufgabenstellung in endlich vielen, ausführbaren und eindeutig beschriebenen Einzelschritten (Anweisungen).

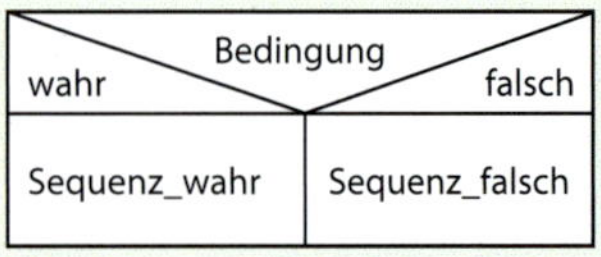

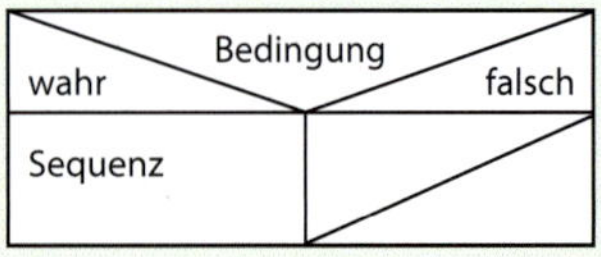

Die **Zählwiederholung** wird verwendet, wenn bereits vor Eintritt in die Wiederholung feststeht, wie oft wiederholt werden muss.

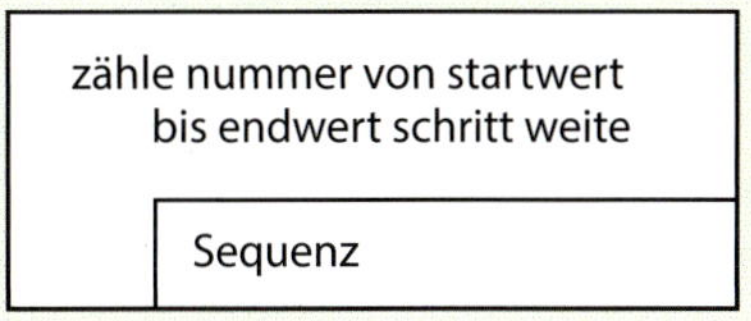

Die **Mehrfachauswahl** erlaubt es, abhängig von einem Wert aus beliebig vielen Alternativen zu wählen.

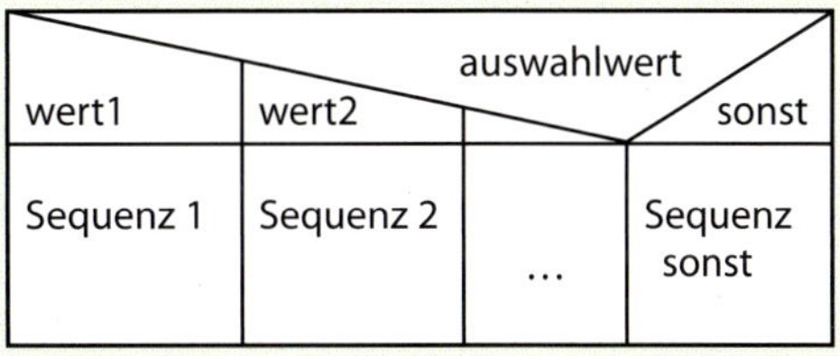

Der **Konstruktor** ist eine besondere Methode, die beim Erzeugen eines Objekts automatisch aufgerufen wird und in der den Attributen sinnvolle Anfangswerte zuwiesen werden.
Typische **Datentypen** einer Variablen sind **GANZZAHL, KOMMAZAHL, WAHRHEITSWERT, ZEICHEN** und **ZEICHENKETTE.**

```
konstruktor()
  super()   // Nur in Unterklassen nötig
  selbst.PositionSetzen(100, 300)
  selbst.Drehen(90)
endekonstruktor
```

Eine **Variable** ist allgemein eine Möglichkeit, Werte zu speichern. Dazu gehören **Attribute, Parameter** und **lokale Variablen.**
Der **Zustand** eines Objekts ist festgelegt durch die Werte all seiner Attribute. Durch die **Zuweisung** eines neuen Werts an eine Variable findet ein **Zustandsübergang** statt.

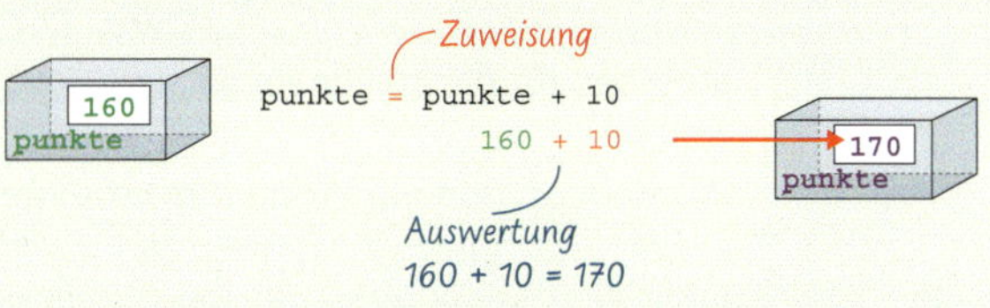

Ein Produkt erstellen bedeutet, sich zunächst alle notwendigen Eigenschaften des Produkts zu überlegen und dann die Umsetzung der Ideen zunächst informell (z. B. Text, Bilder), dann präziser (z. B. Diagramme) und schließlich vollständig formal (z. B. Term, SQL, Programmiersprache) zu beschreiben.

Zum Weiterlesen

10 Entwicklung der Programmiersprachen

Was kann der Computer?

Ein Computer besteht im Wesentlichen aus folgenden Bauteilen: dem Prozessor, dem Arbeitsspeicher und den Peripheriegeräten wie Grafikkarte, Monitor, Tastatur, Maus, Festplatte, USB-Stick. Die eigentliche Arbeit im Rechner leistet der Prozessor zusammen mit dem Arbeitsspeicher.

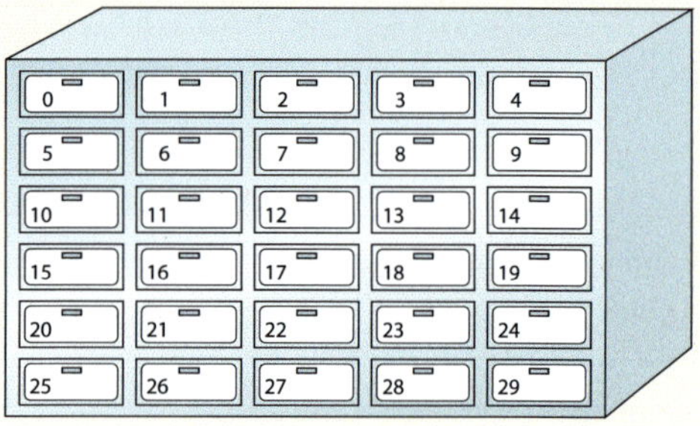

Der Arbeitsspeicher ist wie ein großer Schrank mit sehr vielen Fächern aufgebaut. Jedes Fach hat seine Nummer, die Maschinenadresse. Sein Inhalt ist eine Bitfolge, die je nach Bedarf als Zahl, Teil einer Zahl oder Zeichen interpretiert wird.

Der Prozessor des Rechners kennt einige Grundoperationen, die Maschinenbefehle. Er beherrscht die Grundrechenarten, kann zwei Zahlen vergleichen, kann Zahlen oder Zeichen an einer Maschinenadresse im Speicher ablegen bzw. von dieser Stelle lesen und er ist in der Lage, den Programmablauf durch Sprünge zu anderen Stellen des Programms zu steuern. Allen diesen Grundoperationen des Prozessors (Maschinenbefehlen) sind Bitfolgen (Nummern) zugeordnet, die wie Daten im Speicher abgelegt werden. Jeder Maschinenbefehl benötigt keine, eine oder mehrere Zusatzinformationen. Der Befehl „Addieren" benötigt z. B. noch zwei Maschinenadressen für die Stellen im Arbeitsspeicher, in denen Zahlen abgelegt sind, die addiert werden sollen.

Würde man nun ein Programm so schreiben, dass es der Prozessor direkt bearbeiten kann, so könnte man dieses Programm als eine Abfolge von Zahlen darstellen: Zahlen für Maschinenbefehle, Maschinenadressen oder konstante Zahlenwerte. Man nennt diese Darstellung eines Programms auch Maschinencode.

Maschinencode, markierter Additionsbefehl

```
83df0004 83bf0008 7fdee9d6 3bde0005 93df0000
```

Der Maschinencode ist vom verwendeten Prozessor abhängig, denn verschiedene Prozessoren besitzen oft einen anderen Umfang an Maschinenbefehlen und erfordern für die Maschinenbefehle unterschiedliche Zusatzinformationen.

Es geht besser

→ engl. to assemble: anpassen, montieren

In dieser Art und Weise zu programmieren ist nicht effektiv. Sehr früh in der Geschichte der Informatik wurden deshalb Werkzeuge, sogenannte → Assembler, entwickelt, die es erlauben, lesbare Abkürzungen für die Maschinenbefehle und Namen für die Speicheradressen anstatt der Zahlen zu verwenden. Der Assembler übersetzt diesen Code dann in Maschinencode. Aber sehr einfach ist auch das Erstellen von Assemblercode nicht.

Assemblercode, markierter Additionsbefehl

```
lwz r30, 4(r31)
lwz r29, 8(r31)
mullw r30, r30, r29
addi r30, r30, 5
stw r30, 0(r31)
```

Seit etwa 1950 hat man daher Programmiersprachen entwickelt, die die Anweisungen in einer Schreibweise zur Verfügung stellen, die für den Menschen wesentlich besser zu verstehen und zu handhaben ist. Der Entwickler erstellt den Programmtext mit den erlaubten Wörtern (Schlüsselwörter) und nach den Regeln der Sprache (der Syntax).

Die den Assemblerbefehlen entsprechende Anweisung könnte dann so aussehen:

i = j * k + 5

Quellzeile

Ein zur Programmiersprache gehöriges Werkzeug, der → Compiler, übersetzt diesen Programmtext in einen für den jeweiligen Prozessor abarbeitbaren Maschinencode.

→ engl. to compile: übersetzen

Anfangs orientierten sich die ersten Sprachen an der Forderung, den Compiler einfach schreiben zu können. Es entstanden COBOL (COmmon Bussiness Oriented Language) für geschäftliche Aufgaben und FORTRAN (FORmula TRANslation language) für den technisch-wissenschaftlichen Bereich (Abbildung 5). Mit der Vertiefung der Kenntnisse über Sprachstrukturen entstanden dann z. B. mit ALGOL60 (ALGOrithmik Language 1960) Sprachen zur gezielten Umsetzung algorithmischer Strukturen. Mit Smalltalk wurde Anfang der 1980er-Jahre das Zeitalter objektorientierter Sprachen eingeläutet.

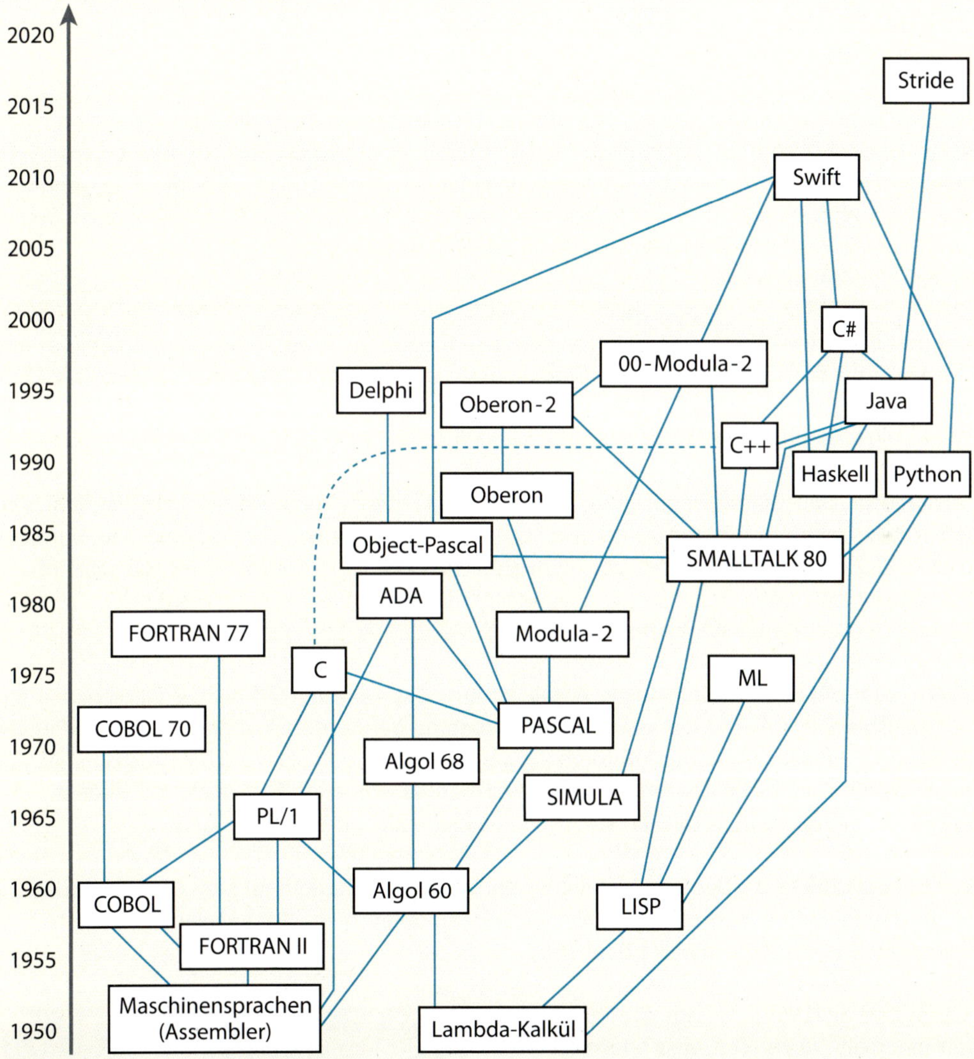

11 Kleine Fehler, große Wirkung

Nicht nur Programmieranfänger, auch Profis machen Fehler bei der Erstellung von Software! Statistiken gehen von einer durchschnittlichen Rate von 2,5 % fehlerhaften Programmzeilen aus, die sich auch mit allerhöchstem – und enorm teurem – Kontrollaufwand, wie ihn etwa die NASA bei heiklen Missionen betreibt, kaum unter 0,01 % reduzieren lässt. Bei mehreren Millionen Programmzeilen, die z. B. in Betriebssystemen oder Systemen zur Steuerung in Luft- und Raumfahrt eingesetzt werden, treten so immer noch durchschnittlich mehrere hundert Fehler auf!
Solche Fehler können enorme Folgen haben, wie einige ausgewählte Beispiele zeigen:

Boeing 737 Max (2018): Zwei neue Maschinen des Flugzeugherstellers stürzten mutmaßlich aufgrund eines Softwarefehlers im Flugsteuerungssystem ab. Dieses sollte unter anderem die „Nase" des Flugzeugs nach unten ausrichten, wenn es im Steigflug zu steil wird. Offenbar wurde die Nase aber auch im Sinkflug nach unten gedrückt.
Folge: 346 Menschen starben.

Hitomi (2016): Das mehrere hundert Millionen Euro teure Weltraumteleskop Hitomi ging nach einer Verkettung von Softwarefehlern im All verloren. Die Software war fälschlicherweise von einer zu langsamen Rotation des Satelliten ausgegangen und versuchte, dies durch Gegenmaßnahmen auszugleichen. Dadurch wurde der Satellit immer stärker in Rotation versetzt, bis er wegen der zu groß werdenden Fliehkräfte schließlich zerbrach.
Kosten: 250 Millionen Euro

Knight Capital (2012): 2012 überflutete ein Börsenhandelsprogramm der Firma Knight Capital den Markt mit fehlerhaften Handelsaufträgen und häufte so einen Berg zu teuer gekaufter Aktien an.
Folge: 359 Millionen Euro Verlust innerhalb einer Stunde

Stellwerksausfall (2009): Wegen eines um wenige Byte zu klein bemessenen Speicherplatzes in der Software eines Hamburger Stellwerks kam es 1995 zu massiven Verzögerungen im bundesweiten Zugverkehr. 2009 kam es zu einem ähnlichen Fehler im Stellwerk des Hauptbahnhofs Hannover.
Folge: massive Störungen im Bahnverkehr bundesweit

ALG II (2005): Bei der Einführung des Arbeitslosengeldes II wurden 5 % der Gelder nicht fristgerecht ausbezahlt. Ursache war ein Feld zur Aufnahme der Kontonummer. Neben den damals gängigen zehnstelligen Kontonummern verwenden manche Banken auch neunstellige Nummern. Wurde eine solche Kontonummer eingegeben, so wurde am Ende eine Null ergänzt.
Betroffen: Mehrere hunderttausend Menschen erhielten längere Zeit kein Geld.

Toll Collect (2003): Bei der Software zur Erhebung der Autobahnmaut kam es unter anderem wegen der fehlenden Kompatibilität von Softwaremodulen zu drastischen Verzögerungen.
Folge: Einnahmeausfälle in Milliardenhöhe

Sturm Lothar (1999): Messgeräte registrierten innerhalb kurzer Zeit eine enorme Luftdruckschwankung. Diese wurde von der Software als Messfehler interpretiert, deswegen erzeugte sie keine Alarmmeldung an die Meteorologen und die Unwetterwarnung unterblieb.
Folge: mindestens 10 Tote

Mars Polar Lander (1999): Die Marssonde stürzte beim Landeanflug ab. Es wurde unter anderem nicht bedacht, dass das Ausfahren der Landebeine kleine Erschütterungen bewirkt, die von der Software als Auftreffen auf der Oberfläche interpretiert wurden. Deshalb wurden die Bremsraketen zu früh abgeschaltet.
Kosten: über 100 Millionen Euro

Mars Climate Orbiter (1999): Das in Großbritannien entwickelte Messgerät, das beim Eintritt in die Marsoberfläche Information über den Abstand zur Oberfläche liefern sollte, lieferte Daten im englischen Maßsystem, während die NASA im SI-Einheitensystem rechnete. Die Sonde näherte sich deshalb dem Mars zu stark und stürzte ab.
Kosten: über 100 Millionen Euro

Ariane 5 (1996): In der Rakete wurde beim Erststart im Wesentlichen die erprobte Software von Ariane 4 verwendet. Zur Speicherung der Horizontalgeschwindigkeit wurde eine 16-bit-Ganzzahl verwendet (Werte bis 32767). Die Ariane 5 hat aber eine höhere Horizontalgeschwindigkeit als ihre Vorgängerin, was zu einem → Überlauf des Speichers führte. Als Folge führte das System Kurskorrekturen aus, die die Flugbahn instabil machten und die Selbstzerstörung auslösten.
Kosten: über 800 Millionen Euro

→ Statt 32768 steht der Wert −1 im Speicher.

Patriot-Abwehrraketen (1991): Im ersten Golfkrieg sorgte ein Softwarefehler dafür, dass gegnerische Raketen nicht getroffen wurden und Schäden in den eigenen Reihen zu beklagen waren. Um zur Ermittlung des Zündungszeitpunktes der Rakete die Zeit in zehntel Sekunden zu berechnen, wurde die Zeit in Sekunden mit dem Faktor 0,1 multipliziert. Im Binärsystem hat diese Zahl aber die periodisch unendliche Darstellung 0,0001001001… Da nach 24 Stellen abgeschnitten wurde, kam es zu einem Rundungsfehler. Bei einer Betriebsdauer von 100 Stunden vor dem Abschuss summierte sich dieser zu einem Fehler von 0,34 Sekunden – in dieser Zeit legt die Rakete ca. 500 m zurück und verfehlt deshalb das Hindernis.
Folge: über 20 Tote, mehrere hundert Verwundete

12 Zufallszahlengeneratoren

Viele Programmiersprachen bieten zur Simulation zufälliger Vorgänge Zufallszahlengeneratoren. Diese ermitteln auf der Grundlage einer Berechnungsvorschrift eine Folge von Zahlen.
Tatsächlich ist die Folge von Zahlen, die erzeugt wird, nicht zufällig. Die Zahlen erfüllen jedoch gewisse Kriterien, die sie uns als zufällig entstanden erscheinen lassen. So treten alle Zahlen aus der Menge der möglichen Ergebnisse etwa gleich häufig auf. Auch periodische Strukturen, d. h. Strukturen, bei denen sich die gleiche Zahlenfolge immer wiederholt, sind nicht zu erkennen. Man spricht deshalb in diesem Zusammenhang von Pseudo-Zufallszahlen.
Es gibt Zufallszahlengeneratoren, die bei jedem Start immer die gleiche Zahlenfolge liefern, und solche, die beispielsweise die Systemzeit in die Berechnung mit einbeziehen und somit keine reproduzierbaren Folgen liefern. Erstere sind zum Testen von Programmen besser geeignet, da bei auftretenden Fehlern das Programm verbessert und mit denselben Zahlen noch einmal getestet werden kann. So kann man sichergehen, dass der Fehler tatsächlich beseitigt und nicht bloß aufgrund einer anderen Zahlenfolge vermieden wurde.

Bei sogenannten rekursiven Generatoren geht das Ergebnis einer Berechnung in die nachfolgende Berechnung ein. Gängigste Implementierung in vielen Softwaresystemen ist dabei der lineare Kongruenzgenerator, der die Zufallszahl zz anhand folgender Berechnungsvorschrift aus der vorhergehenden Zufallszahl ermittelt:

zz = (a*zz + b) mod m

Wählt man beispielsweise a = 1, b = 2, m = 3 und als Startwert zz = 3, so ergibt sich die periodische Zahlenfolge 3; 2; 1; 0; 2; 1; 0; 2; 1; 0; 2; 1; 0; 2; 1; 0; 2; 1; 0; 2; 1… Da sich bei diesem Verfahren immer eine periodische Folge ergibt, muss man versuchen, eine möglichst große Periodenlänge zu erzielen. So wirkt die durch m = 1009, a = 2019 und b = 600 erzeugte Folge 23; 914; 505; 96; 696; 287; 887; 478; 69 doch sehr viel zufälliger!

Am besten arbeitet die Folge, wenn man für m eine möglichst große Primzahl wählt und wenn m ein Teiler von a – 1, aber kein Teiler von b ist. Man kann beweisen, dass dann jede Zahl von 0 bis m genau einmal auftritt, bevor der Eintritt in die Periodizität erfolgt.

Lösungen zu „Teste dich selbst!"

Aufgaben in Kapitel 1

T1 1 Wenn man Prinzipien in Mathe erst einmal verstanden und auch das Rechnen ausreichend geübt hat, kann man viele Aufgaben schnell und effektiv vom Tabellenkalkulationsprogramm lösen lassen.
2 Ich gehe regelmäßig Joggen und messe immer die zurückgelegten Strecken. Diese trage ich in ein Rechenblatt ein, weil ich mir dann sehr einfach anschauliche und motivierende Statistiken erstellen kann (z. B. Vergleiche wöchentlich/monatlich zurückgelegter Strecken, Darstellungen in Diagrammen, ...).
3 Ich trage die Noten in den verschiedenen Fächern in passende Rechenblätter ein, so dass ich immer einen Überblick habe, wie ich in welchem Fach stehe.

T2 a Falsch: Beispielsweise können die Funktionen SUMME, PRODUKT, VERKETTEN oder MITTELWERT eine variable Anzahl von Eingabewerten verarbeiten.
b Falsch: Das folgenden Beispiel zeigt eine WENN-Funktion, die abhängig von der Bedingung entweder einen Zahlenwert oder einen Text liefert.
WENN(A1>=0;WURZEL(A1);"Wurzel aus einer negativen Zahl existiert nicht! ")
Bemerkung: Bei der als Gegenbeispiel angebrachten WENN-Funktion handelt es sich um einen Sonderfall. Im Allgemeinen ist eine Funktion für einen ganz bestimmten Berechnungsvorgang da. Dadurch ist auch klar festgelegt, welche Art von Ergebnis die jeweilige Funktion liefert: Soll ein Zahlenwert berechnet werden, soll sich ein Text ergeben oder soll eine Aussage mit Hilfe eines Wahrheitswerts getroffen werden?
c Unvollständige Aussage: Die Aussage ist richtig, wenn man die so adressierte Formel dann auch nur weiter rechts oder links, also „in Spaltenrichtung", wieder einfügt. Möchte man die Formel an beliebiger Stelle wieder einfügen und sollen die Bezüge dabei unverändert bleiben, muss man sowohl vor den Spaltenbuchstaben als auch vor die Zeilennummer aller enthaltenen Zellbezüge ein Dollarzeichen schreiben.
d richtig
e Falsch: Beim Datenflussdiagramm gibt es keine exakten Vorschriften. Bei Verwendung dieser Modellierungstechnik kommt es darauf an, Berechnungsvorgänge eindeutig und leicht nachvollziehbar zu beschreiben. Für die (sinnvolle) Benennung von Funktionen hat man dabei aber beispielsweise gewisse Freiheiten (s. S. 27).
f Falsch: Eine Aufschlüsselung in Einzelschritte ist vor allem bei der Entwicklung des Rechenblatts hilfreich. Möchte man das Rechenblatt benutzen, ist eine kompakte Darstellung ohne unwichtige Zwischenergebnisse übersichtlicher.
g Falsch: Im Datenflussdiagramm wird in so einem Fall ein Verteiler benutzt. Dieser verzweigt den Datenstrom: In jeden Ausgang des Verteilers fließen dieselben Daten.
h richtig

T3 Die Lösungen findest du auf informatikschulbuch.de

T4 Es wird die Summe der Gesamtpunkte in Deutsch, Mathematik und einer Fremdsprache gebildet.
Zum Abitur wird man zugelassen, wenn diese Summe (Summe1) mindestens 48 beträgt.
Zudem muss die Summe aus Summe1 und den Gesamtpunktzahlen des vierten und fünften Prüfungsfachs mindestens 100 betragen.

Aufgaben in Kapitel 2

T1

Objekt	Datensatz/Zeile
Attribut	Spalte
Attributwert	Eintrag in einer Zelle der Tabelle
Klassendiagramm	Tabellenschema
Objektname	Schlüssel

T2 **a** Die Ergebnistabelle kann nur eine Spalte und nur einen Datensatz enthalten. Beispielsweise, wenn man nach einem Maximum sucht (`SELECT MAX(preis) FROM artikel`).

b Mit einer **Aggregatfunktion** können Berechnungen in der Abfrage durchgeführt werden. Hier wird mit der Funktion AVG der Durchschnitt der Laufzeiten berechnet (Zeile 1).
Eine Spalte in der Ergebnistabelle kann man mit einem **Aliasnamen** umbenennen. In dieser Abfrage wird die Spalte, welche den Durchschnitt der Laufzeiten enthält, mit LaufzeitDurchschnitt benannt (Zeile 1 und 2).
In Zeile 3 wird nach FROM die **Tabelle** der Datenbank genannt, aus der Daten abgefragt werden.
Eine **Bedingung** dient zur Auswahl der gewünschten Zeilen und steht in der SQL-Abfrage nach WHERE (bzw. HAVING). Mit **logischen Funktionen** (AND, OR, NOT) können Bedingungen verknüpft werden. Im Beispiel werden die beiden Bedingungen (**Vergleiche**) laufzeit < 180 und fsk < 16 mit AND verbunden (Zeile 4).
Durch eine **Gruppierung** können alle Datensätze desselben Wertes in der angegebenen Spalte gruppiert werden. Hier wird nach der Spalte genre gruppiert (Zeile 5).
Mit ORDER BY kann die Ergebnistabelle nach einer oder mehreren Spalten sortiert werden. Im Beispiel wird nach der Spalte LaufzeitDurchschnitt **sortiert** (Zeile 6).
Das Ergebnis einer SQL-Abfrage ist wieder eine Tabelle, die **Ergebnistabelle**.

c Gib zu jedem Genre die durchschnittliche Laufzeit aller Filme dieses Genres aus, die kürzer als 180 Minuten sind und für Jugendliche unter 16 Jahren freigegeben sind. Sortiere das Ergebnis nach der durchschnittlichen Laufzeit.

T3 **a** Eine Klasse ist ein Bauplan für Objekte. Die Struktur von Objekten kann in Klassen beschrieben werden.

b Eine Bedingung – nötig bei SQL-Abfragen hinter dem WHERE – kann mit Vergleichen formuliert werden. Eine Bedingung kann jedoch aus mehreren Vergleichen bestehen.

c Mit der Aggregatfunktion COUNT kann gezählt werden, wie viele Zeilen die Ergebnistabelle hat. Mit SUM werden alle Werte einer Spalte in den Zeilen der Ergebnistabelle addiert.

d Nach beiden Schlüsselwörtern folgt eine Bedingung zur Auswahl von Datensätzen. HAVING wird nur im Zusammenhang mit einer Gruppierung eingesetzt. In einer Abfrage mit Gruppierung bestimmt die Bedingung nach WHERE die Auswahl der Zeilen vor der Gruppierung, die Bedingung nach HAVING bestimmt die Auswahl der Zeilen nach der Gruppierung.

T4 **a** Ein Primärschlüssel ist eine Spalte oder eine Kombination von möglichst wenigen Spalten, deren Wert jeweils einen Datensatz in der Tabelle eindeutig identifiziert. In der Tabelle Film kann ein Film durch die Film-ID eindeutig identifiziert werden. Der Titel hingegen ist kein Schlüssel, da es mehrere Filme mit dem gleichen Titel geben kann.

b Um einen künstlichen Schlüssel anzulegen, muss eine neue Spalte hinzugefügt werden. Manche Werkzeuge haben eine Auto-Inkrement-Funktion, mit welcher der Wert des künstlichen Schlüssels automatisch hochgezählt werden kann.

T5 **a**

LEHRKRAFT
vorname nachname dienstalter fach1 fach2 geschlecht

b und **c**

Lehrkraft(id: GANZZAHL, vorname: ZEICHENKETTE, nachname: ZEICHENKETTE, dienstalter: GANZZAHL, fach1: ZEICHENKETTE, fach2: ZEICHENKETTE, geschlecht: ZEICHEN)

Es müsste ein künstlicher Schlüssel eingefügt werden, da keine Spaltenkombination einen Datensatz mit Sicherheit eindeutig identifiziert.

d **i**

```
SELECT vorname, nachname
FROM Lehrkraft
WHERE (fach1 = "Sport" AND fach2 = "Religion") OR
      (fach1 = "Religion" AND fach2 = "Sport")
ORDER BY nachname
```

ii

```
SELECT AVG(dienstalter) AS durchschnittlichesDienstalter, MAX(dienstalter)
AS maximalesDienstalter, MIN(dienstalter) AS minimalesDienstalter
FROM Lehrkraft
```

iii

```
SELECT COUNT(*) geschlecht
FROM Lehrkraft
GROUP BY geschlecht
```

Aufgaben in Kapitel 4

T1 **a** Falsch: Eine Unterklasse erbt Attribute und Methoden von der Oberklasse.

b richtig

c Falsch: Eine integrierte Entwicklungsumgebung (IDE) ist ein Werkzeug, mit dem Programmtexte erstellt und verwaltet, in von der Maschine ausführbare Form übersetzt und ausgeführt werden können.

d Ungenau: Mit UND und ODER können Bedingungen kombiniert werden. Diese Kombination ist dann auch wieder eine Bedingung. Die meisten elementaren Bedingungen sind Vergleiche.

e Falsch: In einer Unterklasse kann eine Methode der Oberklasse überschrieben werden.

f richtig

T2

Parameter	Zeile 1: kapitelnummer
Datentyp	Zeile 1: GANZZAHL
Methodenkopf	Zeile 1 vollständig
Methodenrumpf	Zeile 2 bis 10
Methodenname	Zeile 1: Üben
bedingte Wiederholung	Zeile 4 bis 9
Zuweisung	Zeile 2, Zeile 7
Sequenz	z. B. Zeile 2 bis 9 oder Zeile 5 bis 8
bedingte Anweisung	Zeile 6 bis 8

T3 **a** linkes Bild

figur: FIGUR
x = 200 y = 100 winkel = 0 sichtbar = wahr

rechtes Bild

figur: FIGUR
x = 300 y = 200 winkel = 270 sichtbar = wahr

b Es gibt mehrere Lösungsmöglichkeiten, z. B:
figur.Gehen(100) figur.Drehen(-90) figur.Gehen(100)

T4 Zum Vergleich ist hier der Quelltext in allgemeiner Notation angegeben:

```
klasse SPIELFIGUR beerbt FIGUR
   attribut punkte: GANZZAHL
   attribut leben: GANZZAHL

   konstruktor ()
      super()
      punkte = 0
      leben = 3
   endekonstruktor

   überschreiben methode Gehen(länge: GANZZAHL)
      wenn länge < 0
      dann
          selbst.Drehen(180)
          super.Gehen(-länge)
      sonst
          super.Gehen(länge)
      endewenn
   endemethode
endeklasse
```

Stichwortverzeichnis

Bildquellenverzeichnis

Cover: stock.adobe.com/adrian_ilie825
5/68/Paris/**o. li.**/Shutterstock.com/WDG Photo; **5/68**/Rio de Janeiro/**o. li. mi.**/Shutterstock.com/f11photo; **5/68**/London/**o. li. u.**/Shutterstock.com/Alexander Kirch; **5/68**/Fahrradunfall/**u. re.**/Shutterstock.com/Kzenon; **5/57**/Barcode als Bett/Cornelsen/Klaus Reinold; **5/57**/Barcode mit Lampen/Cornelsen/Johannes Neumeyer; **5/57**/Barcode mit Mäher/Cornelsen/Johannes Neumeyer; **14**/Tastastur Windows/**o. li.**/Shutterstock.com/Mari C; **14**/Tastatur macOS/**o. li.**/Shutterstock.com/GreenLandStudio; **16**/Fruchtspieße/Shutterstock.com/Dan Kosmayer; **18**/Schachbrett/Shutterstock.com/Roobcio; **19**/Whiteboard/Shutterstock.com/feeling lucky; **39**/Fallschirmspringer/Shutterstock.com/Mauricio Graiki; **40**/John von Neumann/dpa Picture-Alliance/A0001_UPI/picture-alliance/A0001_UPI; **40**/Ährenkranz/Shutterstock.com/Milan M; **46**/Fritten/Shutterstock.com/kiboka; **54**/junge Frau/Shutterstock.com/El Nariz; **57**/Barcode als Bett/Cornelsen/Klaus Reinold; **57**/Barcode mit Lampen/Cornelsen/Johannes Neumeyer; **57**/Barcode mit Mäher/Cornelsen/Johannes Neumeyer; **64**/Olympische Ringe/Shutterstock.com/Baka Sobaka; **66**/Europa/Shutterstock.com/nale; **68**/Paris/**o. li.**/Shutterstock.com/WDG Photo; **68**/Rio de Janeiro/**o. li. mi.**/Shutterstock.com/f11photo; **68**/London/**o. li. u.**/Shutterstock.com/Alexander Kirch; **68**/Fahrradunfall/**u. re.**/Shutterstock.com/Kzenon; **70**/Salate/**o.**/Shutterstock.com/antpkr; **70**/Smoothies/**mi.**/Shutterstock.com/viennetta; **70**/Computer/**mi.**/Shutterstock.com/Chuenmanuse; **70**/Smartphone/**mi.**/Shutterstock.com/Artos; **72**/Laptop/Shutterstock.com/Goran Bogicevic; **73**/Autorenband/Cornelsen/Florian Janus; **74**/Schwebebahn/Shutterstock.com/fritz16; **79**/Fingerabdrucksensor/Shutterstock.com/Andrea Danti; **80**/Filmplakat/Shutterstock.com/Mascha Tace; **82**/Wetterstation/**o. re.**/Shutterstock.com/ZoranOrcik; **82**/Bundestag/**u. re.**/stock.adobe.com/mdaake; **88**/Smartphone/Shutterstock.com/PHOTOCREO Michal Bednarek; **92**/Auge/Shutterstock.com/Pandur; **93**/Fingerabdruck/Cornelsen/Peter Brichzin/Shutterstock.com/Olena Voronetska; **93**/Mann mit Computer/Shutterstock.com/Gorodenkoff; **94**/Kartei/Shutterstock.com/Gertan; **104**/Dekoration/Baumann, Michael; **108**/Kran und Container/Shutterstock.com/MOLPIX; **112**/Lasercutter/mauritius images/alamy stock photo/Dmitriy Shironosov; **114**/Motte/Shutterstock.com/Chelnokov Vladimir; **114**/Notizblatt/Shutterstock.com/Rodin Anton; **114**/Badeente/Cornelsen/Klaus Reinold; **131**/Temperaturanzeige/Shutterstock.com/O.PASH;**131**/Wetterstation/Shutterstock.com/aapsky; **132**/Ofensteuerung/Shutterstock.com/brizmaker; **148**/Rasensprenger/Shutterstock.com/Nenov Brothers Images; **166**/Unwetterschaden/Shutterstock.com/Carlos Amarillo; **167**/Ariane 5/Shutterstock.com/Stephanie Rousseau

Urheber der Bildschirmschüsse sind die Autoren.
Ulrich Freiberger, RobotKarol, Version 3.0